L'ADMINISTRATION

MILITAIRE ITALIENNE

SON ORGANISATION ET SON FONCTIONNEMENT

EN TEMPS DE PAIX & EN TEMPS DE GUERRE

Par L. DUPAIN

SOUS-INTENDANT MILITAIRE DE 2ᵉ CLASSE

Extrait de la *Revue du Service de l'Intendance*.

PARIS		LIMOGES
11, Place Saint-André-des-Arts.	‖	46, Nouvelle Route d'Aixe, 46.

Henri CHARLES-LAVAUZELLE

Éditeur militaire.

—

1893

Librairie militaire Henri Charles-Lavauzelle

Paris, 11, place Saint-André-des-Arts.

Armées étrangères contemporaines : Europe, Asie, Afrique, Amérique Océanie, par A. Garçon. — 2 volumes in-32, brochés............... 1 »
   Reliés toile anglaise.. 1 50
Equitation et instruction équestre des cavaleries européennes, par Naej. — Volume in-8º de 184 pages... .... 5 »
Règlements sur les exercices et évolutions des troupes à pied en Italie, en Autriche et en Allemagne, traduits, résumés et annotés par A. de Vaucresson, colonel du 13º de ligne. — Volume in-32 de 450 pag., cart... 2 25
L'armée russe : organisation générale ; le règlement d'infanterie ; le service en campagne ; instruction sur les travaux de campagne, orné de figures (2ᵉ édition). — Volume in-32 de 96 pages, broché................. *(épuisé)*
   Relié toile anglaise .... » 75
L'armée allemande telle qu'elle est en 1890, par P. de Pardiellan. — Volume in-18 de 228 pages, couverture en chromo-lithographie....... 3 50
L'armée allemande telle qu'elle est en 1892, par P. de Pardiellan. — Volume in-18 de 268 pages, couverture en chromolithographie. 3 50
L'armée allemande, son histoire. son organisation actuelle, par le commandant A. Heumann, O. ✪ (5ᵉ édition). Ouvrage accompagné d'un supplément à la 5ᵉ édition avec notes de mise à jour a la date du 1ᵉʳ août 1891. (Fascicule de 16 pages.) — Volume in-32 de 128 pages, broché ...... » 50
   Relié toile.. » 75
   Le fascicule.. » 20
La marine et les colonies de l'Allemagne, par le commandant A. Heumann, O. ✪. Ouvrage accompagné de huit croquis. — 2 volumes, brochés... 1 »
   Reliés toile anglaise.. 1 50
L'empereur Frédéric, par Édouard Simon. — Vol. in-18 de 300 pages. 3 50
L'empereur Guillaume II et la première année de son règne, par Edouard Simon. — Volume in-18 de plus de 300 pages.............. 3 50
Aide-mémoire de l'officier français en Allemagne, par P. de Pardiellan, ouvrage accompagné de quatre gravures hors texte représentant les uniformes de l'armée allemande et de feuillets blancs pour notes. — Volume in-32 de 160 pages, relié toile anglaise.................. 2 50
Les méthodes stratégiques des Allemands en 1870. — Brochure in-8º de 36 pages... 1 »
Etude sur le réseau ferré allemand au point de vue de la concentration. Ouvrage accompagné d'une carte des chemins de fer allemands (2ᵉ édition). — Brochure in-8º de 32 pages.............................. » 75
Règlement du 23 mai 1887 sur le service des armées allemandes en campagne. — Volume in-32 de 230 pages, relié toile anglaise...... 2 50
Règlement du 1ᵉʳ septembre 1888 sur les manœuvres de l'infanterie allemande. — Volume in-32 de 160 pages, relié toile anglaise....... 2 »
Règlement du 12 février 1887 sur le tir de l'infanterie allemande, avec figure et 1 planche. — Volume in-32 de 190 pages, relié toile anglaise... 2 50
Le tir de l'infanterie, par un officier supérieur de l'armée allemande, traduit par E. Jaeglé, professeur à l'Ecole spéciale militaire de Saint-Cyr. Ouvrage accompagné d'une planche. — Volume in-8º............... 4 »
L'artillerie de l'avenir, considérations sur l'artillerie de campagne allemande. son état actuel et les réformes indispensables, par un officier supérieur d'artillerie. — Volume in-18.......................... 3 »
Ces deux ouvrages ont été honorés d'une souscription du Ministre de la guerre.
Patrouilles indépendantes, tactique nouvelle nécessitée par les armes à longue portée et la poudre sans fumée, par le baron G. von der Goltz, capitaine au 15ᵉ régiment d'infanterie, prince Frédéric des Pays-Bas, traduit, avec l'autorisation de l'auteur. par E. Jaeglé, professeur à l'Ecole spéciale militaire de Saint-Cyr. — Volume in-18................. 2 50

L'ADMINISTRATION MILITAIRE ITALIENNE

SON ORGANISATION ET SON FONCTIONNEMENT

EN TEMPS DE PAIX ET EN TEMPS DE GUERRE

L'ADMINISTRATION

MILITAIRE ITALIENNE

SON ORGANISATION ET SON FONCTIONNEMENT

EN TEMPS DE PAIX ET EN TEMPS DE GUERRE

Par L. DUPAIN

SOUS-INTENDANT MILITAIRE DE 2ᵉ CLASSE

Extrait de la *Revue du Service de l'Intendance.*

PARIS	LIMOGES
11, *Place Saint-André-des-Arts.*	46, *Nouvelle Route d'Aixe,* 46.

IMPRIMERIE ET LIBRAIRIE MILITAIRES

Henri CHARLES-LAVAUZELLE

Éditeur.

1892

L'Administration Militaire Italienne

SON ORGANISATION ET SON FONCTIONNEMENT

EN TEMPS DE PAIX ET EN TEMPS DE GUERRE

INTRODUCTION

L'organisation et le fonctionnement de l'administration militaire en Italie reposent sur des bases tellement différentes de celles adoptées dans la plupart des autres pays que leur étude un peu étendue offre un véritable intérêt.

Venue la dernière au jour des grandes nations, l'Italie a pu profiter de l'expérience de ses voisins et tenter de mieux faire qu'eux. Y a-t-elle réussi ? Incontestablement oui, pour tout ce qui se rapporte à la comptabilité.

La réponse est moins affirmative au sujet de l'administration proprement dite, mais les circonstances mêmes au milieu desquelles la nation s'est formée sont la seule cause de cette infériorité. Composée d'éléments hétérogènes en dépit de leur communauté d'origine, l'Italie, afin de tenir agglomérées entre elles les diverses populations qui la composent, a dû pousser jusqu'à l'extrême la centralisation, et cet excès, viciant à l'origine l'engrenage administratif, l'a souvent rendu un peu lourd et difficile à manier. Néanmoins, son ensemble assez harmonieux le rend digne de l'attention.

Après avoir exposé rapidement en quelques lignes l'organisme général des grands pouvoirs et les règles essentielles de l'administration publique, nous résumerons les dispositions réglementaires en vigueur pour la direction et l'exécution des services administratifs en temps de paix d'abord, puis en temps de guerre. Notre étude, par suite, se divisera en trois parties :

I. Administration publique.
II. Administration militaire du temps de paix.
III. Administration militaire du temps de guerre.

La caractéristique de l'administration militaire italienne, de même que celle de l'administration en général, est la concentration entre les mains du Ministre seul de la direction et de l'exécution, puisque seul il est ordonnateur de toutes les dépenses. Quant au contrôle, il est tout extérieur et appartient au Conseil d'Etat sur les actes de direction, à la Cour des comptes sur ceux d'exécution. Les organes particuliers de contrôle dont dispose le Ministre de la guerre ne sont que des rouages intermédiaires sans action propre effective et n'ayant pour mission que de veiller au dégagement de la responsabilité ministérielle. Le contrôle des uns et des autres, d'ailleurs, ne produit d'effets qu'*a posteriori* ; aussi, dans le but de parer jusqu'à un certain point aux inconvénients inhérents à ce système, tous les actes des diverses autorités intermédiaires ne sont que des actes préparatoires ; ils ne deviennent définitifs qu'après l'approbation du Ministre.

Dans ce même ordre d'idées, toutes les opérations relatives à la constitution et à l'emploi des matières et des matériels se traduisent en dernière analyse par des opérations en deniers ; celles-ci, à leur tour. ne sont le plus souvent accomplies qu'à l'aide de fonds d'avances régularisés et liquidés avant l'ordonnancement définitif. Tous les besoins des personnels sans exception sont satisfaits par des prestations en argent, et, lorsque des prestations en nature leur sont allouées, le montant en est remboursé à l'Etat.

Seuls, les approvisionnements de dotation des magasins divers de l'Etat sont constitués en nature; mais, comme l'ordonnancement n'en a jamais lieu que sur mandat direct du Ministre, après régularisation et liquidation préalables, c'est l'opération en deniers qui finalement règle la situation.

L'avantage considérable d'un tel procédé est de maintenir constamment et à tout moment la corrélation la plus parfaite entre les comptes-deniers et les comptes-matières. Son seul défaut est d'entraîner des lenteurs excessives, qui pourraient être parfois préjudiciables aux intérêts du Trésor. Les Italiens y ont obvié dans une certaine mesure : 1° en dotant les administrations des corps d'une avance à l'aide de laquelle elles payent toutes leurs dépenses ; 2° en dotant les administrations de magasins d'une avance pour payer à caisse ouverte les menues dépenses; 3° en autorisant les directions territoriales du commissariat, de l'artillerie et du génie à mandater des acomptes aux entrepreneurs de leur circonscription ou aux fournisseurs locaux sur les fonds mis à leur disposition à l'aide de mandats particuliers.

Les autorités militaires à tous les degrés de la hiérarchie surveillent la marche générale de l'administration dans toute l'étendue de leur ressort. Le service est dirigé dans les corps et les établissements considérés comme tels par les membres d'un conseil d'administration, dans les établissements de l'artillerie et du génie par les directeurs territoriaux de ces services, dans les établissements des subsistances et dans les entreprises de fournitures par les directeurs du commissariat. Il est exécuté par les officiers de toutes armes chargés d'emplois administratifs, par les officiers comptables et par les entrepreneurs.

En dehors des officiers de toutes armes chargés de

fonctions administratives momentanées, les personnels administratifs proprement dits, dont la carrière tout entière s'accomplit dans l'administration, sont :

1° Les officiers du corps du commissariat;

2° Les officiers du corps des comptables ;

3° Les employés et agents divers de l'artillerie, du génie, de la justice militaire, les topographes et les pharmaciens.

Les officiers du corps du commissariat ont le titre et le rang d'officier dont ils portent l'appellation et les insignes; ils en ont tous les droits et tous les devoirs, et marchent avec eux sur le pied de l'égalité la plus parfaite d'après leur grade et leur ancienneté. Toutefois, ils n'ont le droit de commandement que sur les officiers et personnels employés dans les magasins administratifs et les compagnies de subsistances; même à grade inférieur, le droit au commandement sur toutes les autres troupes appartient toujours au chef militaire de ces troupes. L'action des officiers commissaires est toute de surveillance et de direction; ils ne l'exercent que sur les personnels, magasins et entrepreneurs administratifs, et n'ont sur les autres aucune autorité, si ce n'est pour trancher les difficultés survenant entre ceux-ci et l'administration, ou lors des vérifications et inspections auxquelles les officiers commissaires prennent part comme adjoints des généraux inspecteurs.

Le commissariat ne possède aucun droit spécial de contrôle si ce n'est sur la comptabilité des magasins et entrepreneurs administratifs, dont il régularise ou liquide les comptes au premier degré. Il est vrai que le bureau de revision de la comptabilité des corps dont l'action et le contrôle portent sur l'ensemble des corps, magasins et entrepreneurs de l'armée est dirigé par un officier commissaire et se compose en majeure partie d'officiers du commissariat; mais ce bureau n'agit que par ordre et par délégation spéciale du Ministre. Choisis exclusivement, d'après leur classement de sortie, parmi les élèves de l'Ecole de Modène qui fournit des officiers à l'infanterie, à la cavalerie et au commissariat, les officiers commissaires entrent dans le corps avec le grade de sous-lieutenant et y accomplissent toute leur carrière jusqu'au grade de major général commissaire exclu; à ce moment ils entrent dans l'état-major général de l'armée et figurent désormais sur les rôles administratifs de ce dernier. Les règles ordinaires de l'avancement leur sont applicables. Cet avancement a lieu partie au choix, partie à l'ancienneté; il ne peut être conféré qu'après un temps minimum passé dans le grade inférieur et la constatation de l'aptitude à remplir les fonctions du grade supérieur. Les sous-lieutenants et les lieutenants ne peuvent être promus qu'après deux ans ; les capitaines après quatre ans; les majors, lieutenants-colonels et colonels, après trois ans; ces temps minima sont réduits de moitié en cas de guerre, il n'en est même tenu aucun compte pour action d'éclat ou s'il est impossible de pourvoir autrement aux vacances en présence de l'ennemi. L'aptitude est constatée par l'examen des feuilles de notes pour l'ancienneté, et l'inscription au tableau pour le choix. Les nominations de lieutenants ont lieu un cinquième au choix et quatre cinquièmes à l'ancienneté; celles de capitaines, un tiers au choix et deux tiers à l'ancienneté; celles de majors, moitié au choix et moitié à l'ancienneté; toutes les autres nominations ont lieu exclusivement au choix. Les nominations sont faites par décret royal, les destinations sont assignées par décret ministériel qui doit être approuvé par le roi, s'il s'agit d'un directeur.

L'ensemble du personnel du commissariat comprend :

1 major général qui compte à l'état-major général comme nous venons de le voir ;

13 colonels commissaires ;

12 lieutenants-colonels commissaires ;

26 majors commissaires;

92 capitaines commissaires;

207 lieutenants et sous-lieutenants commissaires.

Les officiers comptables ont le rang et le titre d'officier dont ils portent les insignes et ont tous les droits et tous les devoirs selon leur grade et leur ancienneté. Toutefois, ils n'ont d'autorité que sur les officiers et personnels de leur service et, quel que soit leur grade, doivent obéissance aux officiers du commissariat ou du conseil d'administration dont ils dépendent; mais, autant que faire se peut, un officier comptable ne doit jamais être subordonné à un autre officier de grade inférieur; ceux employés dans les districts ont, en cas d'absence des commandants de ces districts, toute autorité sur les recrues et hommes rappelés, convoqués pour être envoyés à leur corps. Leur mission est d'exécuter tous les détails des actes d'administration dans les corps de troupe de toutes armes, les hôpitaux militaires, les magasins d'habillement divers et les magasins des subsistances soit comme consignataires, soit comme employés en sous-ordre.

N'ayant à l'origine aucune spécialité, ils peuvent être indifféremment employés dans les divers services et comme, lors des promotions, on ne tient aucun compte de l'emploi proprement dit, mais seulement du rang sur les tableaux d'ancienneté ou de choix, il en résulte qu'un même officier comptable peut successivement être attaché aux divers services.

Recrutés exclusivement parmi les sous-officiers de toutes armes qui ont suivi avec fruit les cours de l'école des sous-officiers de Caserte, destinée à compléter l'instruction des sous-officiers candidats officiers de toutes armes, ils entrent dans le corps avec le grade de sous-lieutenant et y accomplissent toute leur carrière.

Le corps des comptables comprend :

1 colonel comptable;

9 lieutenants-colonels comptables ;
68 majors comptables ;
384 capitaines comptables ;
1,027 lieutenants et sous-lieutenants comptables.

Les employés et agents divers de l'artillerie et du génie, de la justice militaire et des prisons, les topographes et les pharmaciens n'ont ni le rang, ni le titre d'officiers ; ils portent la qualification d'employés civils et sont simplement assimilés aux officiers pour le droit aux prestations.

Rapide exposé de l'organisation militaire.

Aux termes des lois du 7 juin 1875 et du 28 juin 1891, complétées dans les détails d'application par de nombreux décrets, tous les Italiens en état de porter les armes sont astreints au service militaire à partir de l'âge de 20 ans accomplis jusqu'à 40 ans.

Le service pour le plus grand nombre est réparti, pendant ce laps de temps, en quatre périodes distinctives, savoir :

Trois ans sous les drapeaux, cinq ans dans la réserve, quatre ans dans la milice mobile et sept ans dans la milice territoriale.

Le tiers du contingent environ désigné par le sort ne passe que deux ans sous les drapeaux, mais, par contre, accomplit six ans dans la réserve.

Les hommes désignés pour la cavalerie, au contraire, demeurent quatre ans sous les drapeaux et quatre ans seulement dans la réserve.

Quelques catégories enfin, désignées soit par leur situation de famille, soit par le sort, suivant les nécessités budgétaires, ne servent activement que pendant un ou six mois, puis font partie de la milice mobile ; quant aux jeunes gens d'une instruction supérieure, ils peuvent n'être astreints qu'à une année de service actif après avoir satisfait à certains examens et moyennant le payement d'une certaine somme d'argent fixée à 1,500 francs dans l'infanterie, à 2,000 francs dans la cavalerie.

L'ensemble du territoire, en exécution des lois du 8 juillet 1883 et du 23 juin 1887, est divisé en douze régions de corps d'armée comprenant chacune deux divisions et, en moyenne, sept districts de recrutement.

Les services de l'artillerie et du génie sont respectivement dirigés par six commandements spéciaux auxquels sont rattachées un certain nombre de directions. Dans chaque région de corps d'armée existent une direction du commissariat et une direction de santé.

Les établissements d'habillement sont attachés aux districts et dépendent, au point de vue des approvisionnements, de trois magasins centraux ; les établissements des subsistances sont répartis entre les directions du commissariat et les hôpitaux entre les directions de santé.

A la tête de chacun des services de la cavalerie, de l'artillerie, du génie et de santé, se trouve un inspecteur général chargé de la haute surveillance générale de l'instruction, de l'organisation et de la marche du service.

Le commandant du corps d'état-major est chargé de ce soin en ce qui touche l'infanterie et, de plus, de tout ce qui se rapporte à la mobilisation générale de l'armée, à son organisation et à son fonctionnement en temps de guerre.

Les chefs-lieux de corps d'armée et divisions sont les suivants :

1er corps, Turin........	1re division, Turin.
	2e — Novare.
2e — Alexandrie ...	3e — Alexandrie.
	4e — Côme.
3e — Milan........	5e — Milan.
	6e — Brescia.
4e — Plaisance.....	7e — Plaisance.
	8e — Gênes.

5° corps, Vérone	9° division, Vérone.
	10° — Padoue.
6° — Bologne	11° — Bologne.
	12° — Ravenne.
7° — Ancône	13° — Ancône.
	14° — Chieti.
8° — Florence	15° — Florence.
	16° — Livourne.
9° — Rome	17° — Rome.
	18° — Pérouse.
10° — Naples	19° — Naples.
	20° — Salerne.
11° — Bari	21° — Bari.
	22° — Catanzaro.
12° — Palerme	23° — Palerme.
	24° — Messine.

En principe, chaque division comprend 2 brigades d'infanterie à 2 régiments, 1 régiment de cavalerie de ligne et 1 régiment d'artillerie de campagne ainsi que les cadres de 2 régiments d'infanterie et d'une section d'artillerie de la milice mobile.

L'infanterie se compose de :

96 régiments de ligne et 12 régiments de bersaglieri comptant chacun 3 bataillons de 4 compagnies et 1 dépôt ;

7 régiments alpins, comptant au total 22 bataillons et 75 compagnies ;

98 compagnies de district réparties à raison de 1 ou 2 entre les 87 districts de recrutement.

La cavalerie se compose de :

24 régiments dont 10 de lanciers et 14 de chevau-légers comptant chacun 6 escadrons et 1 dépôt ;

6 dépôts de remonte.

L'artillerie se compose de :

24 régiments d'artillerie de campagne à 2 divisions de 4 batteries, savoir : 12 régiments d'artillerie de corps comprenant chacun 2 divisions de 2 batteries lourdes et 2 batteries légères, 2 compagnies du train et 1 dépôt ;

12 régiments d'artillerie divisionnaire comprenant

chacun 2 divisions de 4 batteries lourdes, 1 compagnie du train et 1 dépôt ;

1 régiment d'artillerie à cheval comptant 6 batteries, 4 compagnies du train et 1 dépôt ;

1 régiment d'artillerie de montagne comptant 9 batteries et 1 dépôt ;

5 régiments d'artillerie de forteresse comptant : les deux premiers, 16 compagnies et 1 dépôt ; les trois derniers, 12 compagnies et 1 dépôt ;

5 compagnies d'ouvriers d'artillerie ;

1 compagnie de vétérans.

Le génie se compose de :

2 régiments du génie composant : 18 compagnies de sapeurs, 2 compagnies du train et 1 dépôt ;

1 régiment comptant : 8 compagnies de pontonniers, 4 de chemins de fer, 2 pour les lagunes, 3 compagnies du train et 1 de dépôt ;

1 régiment comptant : 7 compagnies de sapeurs, 6 de télégraphistes ;

1 de spécialistes (pigeons voyageurs, lumière électrique, signaux, aérostation), 2 compagnies du train et 1 de dépôt.

Les carabiniers (gendarmerie) comprennent :

11 légions territoriales et 1 légion d'élèves-carabiniers à Rome.

Les divers services comprennent, en outre :

4 compagnies des invalides ;

13 compagnies sanitaires dont 1 compagnie technique ;

13 compagnies d'approvisionnements dont 1 compagnie technique ;

Les personnels attachés aux divers établissements de santé, des subsistances, de pharmacie, vétérinaires, pénitentiaires, etc.

La milice mobile forme, y compris celle spéciale à la Sardaigne :

51 régiments d'infanterie de ligne à 3 bataillons de 4 compagnies ;

19 bataillons de bersaglieri à 4 compagnies ;

22 compagnies de troupes alpines ;

14 sections d'artillerie de campagne à 4 batteries ;

14 compagnies du train ;

40 compagnies d'artillerie de forteresse ;

3 sections d'artillerie de montagne à 3 batteries ;

8 brigades de sapeurs formant 22 compagnies ;

2 compagnies de chemins de fer ;

3 compagnies de télégraphistes ;

4 compagnies de pontonniers ;

4 compagnies du train et 1 pour les lagunes ;

13 compagnies sanitaires ;

13 compagnies d'approvisionnements.

La milice territoriale forme :

320 bataillons d'infanterie à 4 compagnies ;

22 bataillons de troupes alpines contenant au total 75 compagnies ;

100 compagnies d'artillerie de forteresse ;

30 compagnies du génie ;

13 compagnies sanitaires ;

13 compagnies d'approvisionnements.

ADMINISTRATION PUBLIQUE

—

I. — *Les grands pouvoirs de l'Etat.*

Aux termes de la constitution ou statut organique de l'Etat, en date du 4 mars 1848, applicable au royaume de Sardaigne, mais étendu aux pays annexés le 17 mars 1871, le roi est le chef du gouvernement et comme tel réunit dans ses mains l'exercice suprême des trois pouvoirs qui, de même que dans tous les gouvernements représentatifs ou parlementaires, constituent l'ensemble du pouvoir gouvernemental, c'est-à-dire : le pouvoir exécutif, le pouvoir législatif et le pouvoir judiciaire. Toutefois, suivant l'expression jadis employée par M. Thiers, le roi n'étant pas responsable, règne mais ne gouverne pas, et tous ses actes doivent être contresignés par un ministre responsable. Ces actes sont rendus sous forme de décrets approuvés par le Conseil d'Etat et enregistrés par la Cour des comptes, sur la proposition d'un ou de plusieurs ministres ou en exécution des votes du Parlement.

Chef du pouvoir exécutif, le roi dirige le ministère, nomme les ministres et les fonctionnaires de tous ordres, approuve leurs actes mais sans jamais couvrir ni entraver leur responsabilité.

Chef du pouvoir législatif, il présente les lois au Parlement, après avoir pris l'avis du Conseil d'Etat et de la

Cour des comptes et celui du ministère ou les fait présenter en son nom par les ministres. Toutes les lois votées par le Parlement, y compris les lois budgétaires, sont promulguées et rendues exécutoires par lui; il veille à leur exécution et approuve tous règlements à cet effet.

Chef du pouvoir judiciaire, il a le droit de grâce et d'amnistie, et la justice est rendue en son nom.

Réprésentant au premier degré de la nation, enfin, il préside à toutes les cérémonies publiques, conclut et signe les traités d'alliance, de paix ou de commerce, déclare la guerre et commande en chef toutes les forces de terre ou de mer.

Le Parlement est l'organe principal de la volonté nationale, chargé de procéder à la discussion et au vote de toutes les lois qui ne peuvent être promulguées et produire d'effets qu'après avoir reçu son approbation; au même titre que le gouvernement, il a tout droit d'initiative pour leur présentation.

Le Parlement se compose de deux chambres distinctes et sans action l'une sur l'autre: la Chambre des députés et le Sénat. Toutes les lois, celles du budget exceptées, peuvent tout d'abord être soumises à l'une ou à l'autre des deux Chambres, ou présentées indistinctement par les membres de chacune d'elles, mais doivent être votées par toutes les deux. Les lois établissant un impôt ou approuvant des bilans et comptes de l'Etat doivent être sanctionnées par la Chambre des députés avant toute discussion devant le Sénat. Ce dernier a la faculté de remanier à son gré le budget adopté par la Chambre des députés, d'augmenter ou de diminuer le chiffre des dépenses, d'accroître ou de réduire celui des recettes. Il n'use évidemment de cette faculté qu'avec la plus extrême réserve; mais si la Chambre n'approuve pas à son tour le budget rectifié par le Sénat, il en peut résulter un conflit grave qui ne se résout le plus souvent que par la dissolution de la Chambre.

La Chambre des députés se compose des représentants élus de la nation. Ils sont au nombre de 508 nommés pour cinq ans et répartis entre les divers collèges électoraux, à raison de 1 représentant pour 50,000 habitants en moyenne. Chaque province forme un collège électoral si le nombre des députés à nommer d'après la population est de 5 représentants au maximum; sinon, elle est divisée en plusieurs collèges, chacun d'eux ayant 5 candidats à élire et le dernier seul, un nombre moindre.

On compte présentement 35 collèges de 5 représentants et 100 de 4, 3 ou 2 seulement. L'élection a lieu au scrutin de liste et le droit de représentation des minorités est réservé. A cet effet, les électeurs des collèges à 5 ou 4 représentants ne doivent mettre sur leur bulletin de vote que 4 ou 3 noms; seuls les électeurs des autres collèges en mettent un nombre égal à celui des députés.

Sont électeurs tous les citoyens italiens âgés de plus de 21 ans, sachant lire et écrire et justifiant, en outre, qu'ils ont satisfait aux examens du brevet de capacité élémentaire ou paient un impôt direct supérieur à 19 fr. 80. Ne sont dispensés de ces justifications que les membres des diverses académies de lettres, de sciences et d'art, constituées depuis plus de dix ans; les membres des chambres de commerce et conseils des associations agricoles; les titulaires de fonctions ou chefs d'industrie exigeant des connaissances supérieures ou des titres académiques; les soldats ou anciens soldats ayant servi plus de deux ans; les officiers et sous-officiers et les anciens officiers ou sous-officiers; les titulaires des diverses médailles ou décorations. Toutefois, les sous-officiers et soldats sous les drapeaux ne votent pas.

Sont éligibles tous les citoyens italiens âgés de plus de 30 ans et jouissant de leurs droits civils et politiques, excepté les fonctionnaires publics salariés de l'Etat, si ce n'est quelques-uns d'entre eux, exerçant de hautes fonctions au nombre de 40 au maximum, ainsi que les officiers généraux et supérieurs, mais à la condition de ne pas être nommés dans les districts électoraux où ils exercent actuellement ou bien où ils exerçaient six mois avant le jour de l'élection. Un projet de loi déposé cette année à la Chambre enlève aux officiers supérieurs la faculté d'être élus députés.

Le Sénat se compose des princes royaux qui y prennent rang et séance dès l'âge de 21 ans accomplis, mais n'ont voix délibérative qu'à partir de 25 ans et des personnes notables nommées et choisies directement par le roi entre les titulaires ou anciens titulaires des hautes fonctions de l'Etat, les grands propriétaires ou les illustrations du pays ; ils conservent leur mandat toute la vie durant ; leur nombre est indéterminé et s'élève présentement à 334 environ. La seule condition légale pour pouvoir devenir sénateur est d'être âgé de 40 ans au moins. Le cas échéant, le Sénat peut être appelé à prononcer sur l'opportunité de dissoudre la Chambre des députés ou être constitué en haute cour de justice pour juger les ministres décrétés d'accusation par elle et les prévenus de crime de haute trahison ou l'un de ses propres membres pour un méfait quelconque.

Le conseil des ministres est l'organe essentiel par l'entremise duquel se manifeste l'action du roi sur la marche générale des affaires de l'Etat. Chacun de ses membres, au nombre de onze, est à la tête d'une des branches principales de l'administration publique ou ministère. Nommés et choisis par le roi, le plus souvent, mais pas nécessairement, parmi les membres du Parlement, les ministres discutent en assemblée, sous sa présidence, les plus graves questions et les autres en conseil sous la présidence de l'un d'eux qui a le titre de président du conseil. Responsables individuellement et solidairement de leurs actes, ils peuvent être décrétés d'accusation par la Chambre des députés, mais ont toute latitude, chacun dans son ressort, pour prendre toute décision de détail, celles d'intérêt général seules devant être prises en commun.

Les onze ministères existant actuellement sont :

Les ministères de l'intérieur; de l'agriculture, de l'industrie et du commerce; des postes et des télégraphes; de l'instruction publique; des grâces, de la justice et des cultes; des affaires étrangères; de la guerre; de la marine; des finances; du Trésor.

Le Conseil d'Etat se compose de membres choisis par le roi, sur l'avis du conseil des ministres, parmi les anciens fonctionnaires élevés des diverses administrations et comprend 1 président, 3 présidents de sections, 24 conseillers, 6 référendaires, 1 secrétaire général et 3 secrétaires de sections.

Les trois sections entre lesquelles sont réparties les affaires sont les sections de l'intérieur, des finances, de la justice et des cultes. Le Conseil d'Etat donne son avis sur toutes les questions qui lui sont soumises, prépare les traités de commerce, élabore les projets de loi a soumettre aux Chambres et formule son avis sur les actes importants d'administration. Il juge des abus de pouvoir, des conflits entre l'autorité administrative et l'autorité judiciaire, mais les tribunaux ordinaires sont compétents pour toutes les difficultés pendantes entre les particuliers et l'Etat, et la Cour des comptes est juge suprême de celles pouvant s'élever entre l'Etat et les comptables ou entrepreneurs de tous ordres.

Tous les projets de contrats ou de marchés à passer par adjudication publique, dont l'importance présumée est supérieure à 40,000 francs, aussi bien que ceux à consentir par licitation ou de gré à gré devant entraîner une dépense ferme de plus de 8,000 francs, ou une dépense annuelle de plus de 2,000 francs, doivent lui être soumis et ne peuvent être conclus sans son avis favorable. Cet avis porte non seulement sur la teneur et la régularité du projet de contrat, mais encore sur sa convenance, et les ministres doivent lui fournir tous documents et tous éclaircissements requis.

Cet avis devra être ultérieurement transmis à la Cour des comptes en même temps que le marché conclu sera soumis à son enregistrement.

Si dans le cours d'exécution d'un contrat qui, par suite de son importance secondaire, n'avait pas été lors de sa conclusion soumis à la formalité de l'avis préalable du Conseil d'Etat, survient la nécessité de changements ayant pour but de porter cette importance au niveau de ceux pour lesquels cet avis est requis, les comptes devront lui être communiqués, avant de procéder à l'ordonnancement du solde.

Tous les règlements spéciaux applicables aux services à gérer à l'économie aussi bien qu'à ceux d'intérêt général doivent être approuvés par décret royal après avis du Conseil d'Etat.

Un avis particulier est encore indispensable pour déterminer les détails des services à l'économie lorsque les dépenses incombant à ces services sont supérieures à 4,000 francs.

La Cour des comptes, dont les présidents et conseillers sont nommés par le roi sur proposition du conseil des ministres et les autres membres sur la proposition du ministre des finances après avis des présidents des deux chambres, se compose d'un président, de deux présidents de sections, de conseillers, de référendaires, d'un procureur et d'un secrétaire général. Elle a pour mission de contrôler la comptabilité générale de l'Etat, de vérifier si le budget a été appliqué conformément aux notes du parlement, de surveiller les divers agents comptables, d'enregistrer les décrets royaux ou ministériels, les contrats et marchés passés, les mandats émis par les ministres et de juger les litiges survenant entre l'Etat et ses agents, comptables ou entrepreneurs.

Aux termes de la loi du 14 août 1862, tous les décrets

royaux, quel que soit le ministre qui les a contresignés, doivent être présentés à la Cour des comptes pour qu'elle y appose son visa et qu'elle les enregistre. Il en est de même pour tous les décrets ministériels sans exception. Les investigations de la Cour s'appesantissent principalement sur ceux de ces décrets de nature à engager les finances de l'Etat, mais la Cour est seule juge des distinctions à établir à cet égard entre les divers décrets soumis à son enregistrement. Les attributions de la Cour des comptes sont donc, de ce chef, de l'ordre le plus élevé.

Lorsque la Cour, dans des cas tout à fait exceptionnels d'ailleurs, croit devoir refuser son visa et par suite l'enregistrement, elle énonce les motifs de son refus dans un avis motivé transmis au ministre compétent. Si ce dernier persiste à maintenir sa décision et si le conseil des ministres après délibération partage son avis, la Cour, toutes sections réunies, examine de nouveau l'affaire et, quand bien même elle ne modifierait pas sa résolution primitive, doit enregistrer le décret, mais le visa qu'elle appose dans ce cas ne l'est que sous réserve. Copie de ses avis motivés est alors transmise au parlement afin d'attirer son attention sur le litige et de lui permettre de se prononcer dans la forme qu'il jugera convenable sur la légalité de l'acte du pouvoir exécutif.

Les conseils d'administration des corps de troupe et établissements, de même que les consignataires de matériels de l'Etat dans les établissements non pourvus d'un conseil d'administration, doivent soumettre un compte judiciaire des matières dont ils ont la charge à la Cour des comptes qui seule a qualité pour juger définitivement leur gestion. A cet effet, les registres de charge originaux, après l'approbation des écritures par le bureau de revision et la vérification par le bureau de comptabilité, sont transmis à la Cour des comptes avec toutes les pièces et documents justificatifs.

La Cour les contre-vérifie et, s'il y a lieu, ordonne toutes rectifications avant de prononcer la décharge. Les observations faites sont transmises par l'intermédiaire du ministre et du bureau de revision qui en prennent note, de même que les décisions définitives après acceptation ou refus, s'il y a lieu, des nouvelles justifications produites. Les décisions sont sans appel et rendues sous forme d'arrêtés portant quitus ou constituant en débet.

Tous les décrets d'approbation de contrats, marchés ou conventions doivent être transmis à la Cour des comptes afin d'y être enregistrés et, par suite, rendus exécutoires. A l'appui de ces envois sont produits la copie textuelle des actes, des documents explicatifs, des cahiers des charges, de l'avis du Conseil d'Etat, s'il y a lieu, et des procès-verbaux d'adjudication ou de licitation.

Tous les mandats d'ordonnancement émis par les ministres doivent être soumis à l'enregistrement de la Cour des comptes avant d'être valables auprès du Trésor auquel ils parviennent par ses soins. En aucun cas, et sous la plus stricte responsabilité personnelle des agents du Trésor, ceux-ci ne doivent payer une somme dont l'ordonnance n'a pas été visée.

La Cour doit refuser l'enregistrement d'un mandat qui par ce seul fait est annulé, lorsque la somme inscrite excède les ressources du budget ou ne peut être satisfaite à l'aide des fonds de réserve. Son refus devra être absolu lorsqu'à son avis l'imputation sera fausse ou devra porter sur un chapitre autre que celui mentionné. Les comptables employés auprès des ministres pour le visa des mandats émis par eux, les fonctionnaires de tous ordres ordonnateurs secondaires recevant des mandats à la disposition, les conseils d'administration et les consignataires touchant des mandats d'avances sont justiciables de la Cour des comptes et passibles des peines édictées en cas de négligence, d'erreur ou d'omission.

L'enregistrement d'un mandat ministériel à la Cour

des comptes, d'ailleurs, ne libère pas le comptable du ministère quant à la justification de la dépense et au montant de la somme portée.

Aussi, lorsqu'il ne croit pas devoir viser un mandat en refère-t-il au ministre et si ce dernier persiste à maintenir l'émission, il en doit donner l'ordre par écrit et cet ordre devra être joint au mandat lors de l'envoi à la Cour des comptes pour être conservé par elle et mis à l'appui de son rapport au Parlement.

Un tel rapport est envoyé tous les ans après la clôture définitive de l'exercice, aussitôt après la réception et la vérification des comptes généraux. Ce rapport motivé est accompagné d'un relevé général des contrats enregistrés par la Cour, sur lesquels le Conseil d'Etat a été appelé à donner son avis ; il est transmis au Ministre du Trésor pour lui permettre de faire, dans le courant du mois de décembre. l'exposé général de la situation financière de l'Etat.

II. — *Le budget.*

Le budget dans son ensemble, portant approbation des recettes et des dépenses, est voté par le Parlement. Son établissement et son exécution donnent lieu à la promulgation de trois lois générales distinctes :

1° Loi portant approbation du budget de prévision pour l'exercice à venir ;

2° Loi portant approbation du budget d'arrangement pour l'exercice en cours ;

3° Loi portant application du compte rendu général du budget clos.

L'une et l'autre de ces trois lois sont présentées en même temps au Parlement, à la Chambre des députés d'abord, au Sénat ensuite, dans le courant du mois de novembre, par le Ministre du Trésor.

Au cas où le Parlement ne serait pas réuni lors de l'époque fixée pour le dépôt des lois budgétaires, les divers documents imprimés devraient être communiqués à chacun de ses membres; si la Chambre des députés était dissoute, ils seraient publiés dans le journal officiel du royaume et soumis à la nouvelle Chambre aussitôt après sa réunion.

Le budget de prévision contient l'ensemble des recettes prévues et des dépenses à prévoir établi distinctement par ministère et dans chacun d'eux par chapitres. Les états de prévision pour chaque ministère sont résumés dans un état récapitulatif faisant ressortir leurs résultats; les uns et les autres de ces états doivent être approuvés par autant de lois spéciales, celle applicable à l'état récapitulatif devant former la loi budgétaire proprement dite.

Les recettes et les dépenses se distinguent en recettes et dépenses ordinaires ou extraordinaires; les dépenses ordinaires se distinguent elles-mêmes en dépenses fixes et dépenses variables. Les unes et les autres, réparties par chapitres, donnent lieu à autant de votes séparés et les dépenses extraordinaires supérieures à 30,000 francs. à des lois spéciales annexes de la loi budgétaire.

Les recettes et les dépenses étant de cette façon fixées par chapitre, tout transport d'un chapitre à l'autre est formellement interdit.

Mais la répartition des sommes allouées à un chapitre entre les divers articles constituant ce chapitre est réservée aux divers ministres qui procèdent à cette opération aussitôt après la promulgation de la loi budgétaire et demeurent libres, par conséquent, de la modifier à tout instant et d'ordonner, selon les nécessités, le transport d'un article à l'autre. Cette répartition première, aussi bien que les transports successifs, s'il y a lieu, sont approuvés par décret ministériel enregistré à la Cour des comptes.

La loi d'arrangement du budget a pour but d'apporter

au budget de prévision précédemment voté toute modification rendue utile par suite de circonstances imprévues ou de la marche générale des affaires.

Le projet de loi déposé à cet effet comprend :

1° L'état des chapitres du budget à modifier soit comme conséquence de lois antérieurement votées par le Parlement depuis la promulgation de la loi budgétaire, soit pour satisfaire à des besoins nouveaux, soit enfin pour régulariser les prélèvements déjà autorisés sur les fonds de réserve ;

2° Le résumé du budget de prévision rectifié conformément aux diverses modifications et adjonctions résultant de ces variations.

A ce projet de loi est ajoutée une situation faisant ressortir l'actif et le passif de l'administration du Trésor à la fin de l'exercice clos.

La loi d'arrangement votée porte uniquement sur les chapitres soumis à variations et sur le résumé du budget de prévision rectifié.

Aussitôt après l'approbation de cette loi, le Ministre du Trésor rédige, pour être remis aux membres du Parlement, un tableau explicatif dans lequel il indique :

1° Les sommes approuvées par le budget de prévision ;

2° Les variations approuvées par la loi d'arrangement ;

3° Les sommes constituant les prévisions définitives ;

4° Les résidus actifs et passifs du précédent exercice. Par résidus actifs, on entend les recettes constatées et non recouvrées ; par résidus passifs, les dépenses liquidées et ordonnancées, mais non payées ;

5° Les prévisions de caisse.

Aucune nouvelle dépense ne peut plus être autorisée après la promulgation de la loi d'arrangement du budget, si ce n'est par une loi spéciale, et les voies et moyens nécessaires pour y pourvoir devront être indiqués en même temps que le projet de loi, dûment approuvé par le Conseil d'Etat, sera soumis au Parlement. Le compte des résidus forme un compte distinct de celui de l'exercice en cours sur les crédits duquel aucune dépense imputable aux résidus ne peut être soldée.

Afin de pourvoir aux déficits imprévus, il est ajouté à la gauche de la loi d'arrangement deux chapitres dénommés : le premier, fonds de réserve pour les dépenses obligatoires ; le second, fonds de réserve pour les dépenses imprévues. Les sommes nécessaires à ces deux chapitres seront prélevées sur les ressources ordinaires ou le restant disponible. Les prélèvements à opérer sur le premier chapitre et leur inscription au chapitre besoigneux du budget seront effectués selon les besoins, par décret du Ministre du Trésor, enregistré à la Cour des comptes. Des sommes affectées au second chapitre, il est disposé de la même façon, mais après délibération du conseil des ministres, et si la dépense imprévue survient pendant la session parlementaire elle doit être autorisée par une loi.

Toute somme reçue par l'Etat à titre de subvention pour l'extinction d'une dépense provenant des provinces, des communes ou des particuliers est inscrite d'office au budget par décret royal, enregistré à la Cour des comptes, le Conseil d'Etat entendu, et doit être employée au but en vue duquel elle a été versée ou consentie.

Le compte rendu général du budget est destiné à mettre le Parlement à même de se rendre compte de la manière dont les sommes votées par lui ont été employées pour la satisfaction des besoins durant le cours de l'année financière écoulée.

L'année financière, ouverte le 1er juillet de chaque année, est close le 30 juin de l'année suivante, mais l'exercice se prolonge jusqu'au jour du vote de la loi d'arrangement. Antérieurement à 1884, l'année financière coïncidait avec l'année commune.

Le compte rendu général se compose de deux parties :

1° Le compte du budget;

2° Le compte général du patrimoine de l'Etat.

Le compte du budget comprend :

1° Les recettes constatées et échues du 1er juillet au 30 juin suivant ;

2° Les dépenses ordonnancées et liquidées et celles engagées dans le même espace de temps, en vertu de décrets ministériels rendus sur justifications produites et enregistrées à la Cour des comptes ;

3° Les recettes, versements et paiements effectués dans cette période.

Le compte du patrimoine de l'Etat, outre les variations apportées dans ce patrimoine par l'exercice du budget, enregistre également toutes celles qui lui ont fait subir des augmentations ou des diminutions.

Ces deux comptes sont établis et présentés par le Ministre du Trésor sous la direction et la surveillance immédiate duquel fonctionnent une comptabilité générale et une direction générale du Trésor.

La comptabilité générale du Trésor tient en partie double les écritures pour la mise en évidence des résultats des comptes en relation non seulement avec les divers chapitres du budget, mais encore avec les divers services et administrations. Ceux-ci lui transmettent, à cet effet, une copie des inventaires et des relevés de variations.

La comptabilité générale prépare les situations financières et remet au Ministre du Trésor, d'après les éléments fournis par les divers ministres, le projet de prévision pour le prochain budget, celui de la loi d'arrangement du budget en cours et le compte rendu du budget de l'exercice clos à soumettre au Parlement.

Les bureaux de comptabilité existant dans les divers ministères tiennent leurs comptes en concordance avec ceux de la comptabilité générale, à la diligence et sous la surveillance de cette dernière.

Aussitôt après l'achèvement de l'année financière, chaque ministre fait rédiger par le chef de la comptabilité à l'administration centrale le compte rendu particulier de son administration.

Ce compte rendu particulier doit parvenir au plus tard le 30 septembre à la comptabilité générale qui, de son côté, doit transmettre, au plus tard le 25 octobre, à la Cour des comptes le compte rendu général de l'exercice expiré.

Ce compte rendu général doit établir, en résumé, la parfaite concordance entre les deux parties, c'est-à-dire entre la comptabilité budgétaire d'une part et la comptabilité patrimoniale d'autre part. Il est accompagné de tous les comptes spéciaux nécessaires pour éclaircir les résultats des divers services.

III. — *Contrats, conventions et marchés.*

Tous les contrats, conventions et marchés devant entraîner une recette aussi bien qu'une dépense pour l'Etat doivent être passés à la suite d'une adjudication publique sauf dans les circonstances prévues par lois spéciales ou dans les cas suivants :

1° Pour l'achat des choses dont la fabrication est garantie par un brevet ou qui par leur nature ne peuvent être soumises à un concours public ;

2° Pour les fournitures, travaux et transports urgents ou intéressant la sûreté de l'Etat ;

3° Pour les matières et denrées qui ne peuvent être acquises que sur les lieux de production ou directement chez les producteurs uniques ;

4° Pour les produits d'art, machines et outils de précision dont la fabrication ne peut être confiée qu'à des artistes spéciaux ;

5° Pour la location des immeubles et autres locaux d'habitation ;

6° En cas d'adjudication infructueuse, mais alors on ne peut modifier les prix-limites ministériels fixés par l'adjudication, si ce n'est à l'avantage de l'Etat.

Lorsque des circonstances particulières s'opposent à l'emploi du recours à l'adjudication publique, on peut encore passer des marchés de gré à gré dans tous les cas suivants :

1° Si la dépense totale à consentir en une fois n'est pas supérieure à 10,000 francs, ou la dépense annuelle à 2,000 francs, mais à la condition que le marché pour cette dernière aura une durée de moins de cinq ans;

2° Pour la vente des objets, denrées ou matériel hors d'usage, et dont la valeur vénale estimative actuelle n'atteint pas 8,000 francs ;

3° Pour l'affermage des immeubles dont la mise à prix est inférieure à 1,000 francs, le bail consenti ne devant pas durer plus de six ans;

4° Pour l'achat des chevaux de remonte ;

5° Pour les réparations à l'habillement, à l'équipement et au harnachement de l'armée;

6 Pour les fabrications et fournitures à titre d'expérience;

7° Pour les fournitures aux prisons et travaux à faire exécuter par les détenus.

Un décret tout récent (février 1892) vient d'autoriser des achats à l'économie, spéciaux pour les grains nécessaires au service des subsistances militaires. Lorsque le Ministre de la guerre juge pour des raisons particulières que les approvisionnements de grains nécessaires ne peuvent être convenablement constitués à l'aide d'adjudications publiques ou de marchés particuliers, il peut, par décret motivé, autoriser des achats à l'économie.

Ces achats sont effectués par les directeurs territoriaux du commissariat, assistés du consignataire de la boulangerie militaire locale et d'un officier supérieur de la garnison, désigné chaque fois par le Ministre, et pris en dehors des officiers du commissariat.

En principe, les grains doivent être versés dans les boulangeries ou les moulins de l'administration aux frais des vendeurs; toutefois, la consignation pourra être consentie au lieu même d'achat lorsque le transport peut être assuré par les moyens de l'administration, ou bien lorsque le prix demandé pour ce transport paraîtra excessif.

Si le grain est à bord des navires ou en entrepôts, on pourra décider si les droits de douane doivent rester à la charge du vendeur ou de l'administration. Ces achats sont considérés comme contrats verbaux.

Tous les contrats écrits, conventions ou marchés doivent indiquer, avec les plus grands détails, l'objet des stipulations; la durée de l'engagement, les prix de prévision et ceux consentis; le nom, le domicile et la qualité des contractants. Lorsqu'il est traité de gré à gré, on signale les motifs en vertu desquels il a été procédé de cette façon.

Ils doivent être consentis par le Ministre, ou en son nom par ses délégués. Ceux-ci sont : les secrétaires généraux et directeurs compétents pour les marchés relatifs à l'administration centrale ou applicables à l'ensemble du territoire; les directeurs territoriaux (directeurs du commissariat, de l'artillerie ou du génie) pour ceux applicables à leur circonscription; les présidents de conseils d'administration ou les consignataires pour ceux d'un corps, d'un service ou d'un établissement.

Les adjudications sont faites par les officiers ministériels à ce délégués, et dans les formes réglementaires;

les actes qui en résultent ont le caractère d'actes authentiques. Les délégués sont assistés de membres choisis dans le service ou corps intéressé réunis en commission, et, lors des ventes de matériel appartenant à l'Etat, un agent des Domaines fait partie de la commission et intervient dans les opérations lorsque la valeur estimative du matériel dépasse 2,000 francs. Le marché qui en résulte est signé par le président de la commission d'adjudication seul. Lorsque les adjudicataires déclarés tels à la suite d'une adjudication refusent de signer les contrats définitifs, le procès-verbal de la séance d'adjudication tient lieu de marché et possède la même valeur légale. Il en est de même pour les contrats par licitation. Ces derniers contrats sont dressés lorsque l'adjudication publique n'est pas obligatoire, selon l'une ou l'autre des formes suivantes :

1° Les personnes jugées aptes à exécuter un service sont invitées, à l'aide d'un avis particulier qui leur est adressé, à présenter par écrit ou de vive voix leurs offres au jour dit dans un lieu et à une heure déterminés. Le meilleur offrant est choisi ;

2° La teneur du marché à passer avec indication de son objet et de ses conditions est communiquée par lettre aux personnes jugées aptes à remplir le service, en les invitant à retourner la formule revêtue de leurs offres. Le meilleur offrant est également choisi.

Pour les simples marchés enfin, il est traité directement et sur place entre le représentant de l'administration et la personne jugée la plus apte à exécuter le service. Ces marchés peuvent être conclus :

1° Par l'obligation souscrite au bas de la lettre d'invitation ;

2° Par acte particulier devant un officier ministériel ;

3° Par simple correspondance, suivant l'usage ordinaire du commerce ;

4° Par acte sous seing privé, rédigé de concert entre l'offrant et le représentant de l'administration.

Les adjudications définitives et les contrats qui en résultent, aussi bien que les contrats, conventions et marchés passés par licitation sont subordonnés, en ce qui touche l'Etat et son seul intérêt, à l'approbation du Ministre ou de son délégué à cet effet; l'approbation, en outre, pour donner à l'acte toute sa valeur doit être enregistrée à la Cour des comptes.

Lorsqu'il s'agit d'objets à livrer sur le lieu même de vente, entre les mains de l'acquéreur, le contrat est approuvé directement et rendu exigible par le président de la séance d'adjudication.

Mais cette faculté ne peut être concédée qu'après avis du Conseil d'Etat et le décret ministériel le concédant doit être enregistré par la Cour des comptes à laquelle ultérieurement copie du contrat sera transmise accompagnée des documents justificatifs.

Les délégués ministériels doivent toujours, d'ailleurs, transmettre au Ministre, en même temps que la copie des contrats passés ou approuvés par eux et toutes les pièces à l'appui, un rapport succinct sur les opérations, leur convenance et leurs résultats.

L'original des contrats, conventions ou marchés est conservé par ces mêmes délégués dans des répertoires analytiques où ils sont rangés par ordre de date et distinctement pour les ventes et pour les achats.

Quant à l'approbation des contrats, elle est toujours réservée au Ministre pour ceux relatifs à l'administration centrale ou sur le projet desquels le Conseil d'Etat a été appelé à donner son avis.

Les autres contrats, conventions ou marchés seuls peuvent être approuvés par le Ministre ou en son nom par un délégué nommé par lui; mais ce délégué ne peut jamais être celui-là même qui a été précédemment commis à l'opération pour le compte de l'administration, sauf l'exception relatée plus haut pour les ventes d'objets à livrer sur place. Le délégué à l'approbation doit être supérieur de grade ou de fonction au délégué à la signature du contrat.

Lorsqu'il y a lieu de procéder à l'adjudication publique d'une fourniture ferme en un ou plusieurs termes ou bien à celle d'une entreprise périodique, l'avis en est publié quinze jours à l'avance par le délégué ministériel. Cet avis indique la date, le lieu et l'heure de la séance d'adjudication; le service à entreprendre; la circonscription à laquelle il doit s'étendre, le cas échéant, et les bureaux où les cahiers des charges peuvent être consultés. La publication a lieu dans la commune où siègera la commission et l'avis est, en outre, inséré dans le Bulletin officiel de la province si l'importance du marché projeté s'élève à 8,000 francs, et dans la *Gazette officielle* du royaume si elle atteint 40,000 francs. Ces publications et insertions sont obligatoires pour la validité des opérations, mais le terme normal de quinze jours d'avance peut être réduit à cinq jours s'il y a urgence ou nécessité. Au cas où des preuves de capacité devraient être fournies par les concurrents, mention en serait faite sur les avis et les documents probants et authentiques demandés, adressés au président de la commission avant le jour fixé pour la séance préparatoire. La commission demeure seule juge sans appel de la validité des documents et de l'acceptation des concurrents à soumissionner; à cet effet, elle se réunit en séance préparatoire sur la convocation du président, assez à temps pour que les concurrents admis, prévenus, puissent présenter leurs offres. Il est procédé de la même façon lorsque l'adjudication doit avoir lieu sur échantillons pour déterminer l'échantillon type qui deviendra la base des fournitures à produire et, par suite, des offres à proposer.

Au jour, à l'heure et dans le lieu fixés, le président ouvre la séance et reçoit incontinent les offres verbales s'il est procédé à une adjudication par extinction des feux ; on dépouille les soumissions dans le cas où l'adjudication a lieu par voie de soumission.

Les opérations, toutefois, ne peuvent pas commencer tant qu'il ne s'est pas présenté deux concurrents au moins pour y prendre part. Si une heure durant un seul candidat existe, la séance est remise à un jour ultérieur, mais cette fois les offres sont acceptées lors même qu'il n'y aurait qu'un seul soumissionnaire.

Au préalable, en tous cas, le Ministre a envoyé sous pli cacheté un prix minimum et un prix maximum en dehors des limites desquels aucune offre ne pourra être agréée.

Si deux ou plusieurs concurrents présentent, lors de l'adjudication par voie de soumission, des prix égaux et renfermés dans les limites acceptables, il est, séance tenante, procédé à une nouvelle adjudication à l'extinction des feux entre ces seuls concurrents qui ne peuvent naturellement proposer que des prix inférieurs à leur offre primitive, sinon le sort décide entre eux.

Lors de l'adjudication à l'extinction des feux, il est allumé successivement trois bougies ; si aucune offre acceptable n'est présentée pendant ce temps, il n'y a pas adjudication ; s'il en est présenté plusieurs, au contraire, une quatrième est allumée et le moins offrant à l'extinction de cette dernière est déclaré adjudicataire.

Lors de l'adjudication sur soumission cachetée, le moins offrant dans les limites des prix fixés est déclaré adjudicataire après lecture à haute voix de toutes les soumissions ; s'il y a égalité d'offres, il est procédé comme nous l'avons dit plus haut ; s'il n'y a pas lieu à adjudication, le président donne lecture des prix-limites ministériels et procède sur-le-champ à une nouvelle adjudication à l'extinction des feux dans la limite de ces prix.

Les soumissions peuvent toujours être retirées tant que la séance n'a pas été déclarée ouverte ; elles ne peuvent plus l'être aussitôt après, non plus que les offres verbales, et les soumissionnaires sont liés par elles.

En principe, les concurrents ou leurs mandataires dûment autorisés doivent assister à la séance.

L'adjudicataire ou son représentant doit signer le procès-verbal de la séance avec le président et les autres membres de la commission ; toute commission, outre le président, se compose de deux membres au moins qui signent comme témoins.

Dans les adjudications de toute nature pour les services de l'armée, si le président ou l'un des membres n'est pas un officier commissaire, il est adjoint à la commission, comme troisième membre, un officier commissaire.

Les officiers commissaires agissent comme officiers ministériels et donnent, par leur signature, caractère authentique au procès-verbal dressé qui désormais fait foi et pourra au besoin suppléer le marché.

Si l'adjudicataire n'assistait pas à la séance où n'y était pas représenté, il doit renouveler ses offres et signer le procès-verbal dans les trois jours.

En cas de refus, sa soumission sera jointe au procès-verbal qui lui est alors signifié par voie judiciaire.

Lorsque l'importance de la fourniture ou du service à entreprendre l'exige, des dépôts provisoires en valeurs de l'Etat ou en argent peuvent être exigés ; ces dépôts doivent en principe être versés dans les trésoreries contre récépissé transmis au président de la commission ou éventuellement entre les mains de ce dernier ; les dépôts provisoires des concurrents non déclarés adjudicataires leur sont rendus ; celui de l'adjudicataire est transmis à la Caisse des dépôts et consignations, ou bien, pour les fournitures à moins de trois mois, demeure dans la caisse de la trésorerie à titre de dépôt définitif non productif d'intérêts.

Les résultats des adjudications sont publiés dans les lieux et insérés dans les journaux où l'avaient été les avis avec indication de la période de temps pendant laquelle de nouvelles offres pourront être déposées ; cette période doit être de quinze jours au moins, pouvant être réduite à cinq jours par décret ministériel enregistré par la Cour des comptes ; pour les marchés inférieurs à 6,000 francs, il n'est même pas fait de publication du tout et l'adjudication est définitive.

Les nouvelles offres à déposer doivent être en augmentation ou en rabais, selon le cas, de 1/20 au moins sur les prix adjugés ; elles sont adressées à la commission qui détermine l'offre la plus avantageuse à accepter, le sort en décidant s'il y a plusieurs offres également avantageuses. Il est alors procédé à une nouvelle adjudication à l'extinction des feux, en prenant pour base l'offre agréée par la commission ; cette adjudication est alors définitive, quand même un seul candidat se présenterait ; s'il ne s'en présentait aucun, le dépositaire de l'offre agréée est lui-même déclaré adjudicataire.

Le procès-verbal de l'adjudication définitive est transmis pour être approuvé au Ministre ou à son délégué.

Aussitôt après cette approbation et l'enregistrement à la Cour des comptes, il est procédé à la passation du marché, à moins que le procès-verbal de la séance d'adjudication n'en doive lui-même servir.

L'ensemble des dispositions à remplir pour l'exécution des contrats, conventions et marchés, est exposé dans des cahiers des charges rédigés à l'avance et dont la teneur est communiquée aux concurrents et deviendra la loi des parties. Ces cahiers des charges sont généraux ou particuliers ; les uns et les autres sont approuvés par le Ministre et enregistrés à la Cour des comptes. Les cahiers des charges généraux s'appliquent aux conditions à imposer indistinctement à un même genre déterminé de fournitures ou de travaux et aux formes des contrats ; les particuliers déterminent les conditions spéciales à l'objet propre du contrat ; on y fixe les dispositions à remplir par les concurrents, les clauses pénales à appliquer, l'action administrative à exercer et les garanties à produire.

En principe, les paiements ne doivent avoir lieu qu'après service fait, aucune avance ne pouvant être consentie ; le solde ne doit être ordonnancé que par mandat direct du Ministre, mais des acomptes peuvent être réglés par les ordonnateurs secondaires ; leur montant ne doit pas s'élever à plus des 9/10 des sommes dues et justifiées pour les marchés inférieurs à 50,000 francs, aux 19/20 pour les autres.

Toutefois, il est fait exception pour les marchés de fourniture à la ration dont le paiement intégral peut être effectué. Lorsque la fourniture dure plusieurs années, les règlements de comptes ont lieu périodiquement par trimestre, par semestre ou par année.

Tous les frais de taxe, d'impôts et de droits existants demeurent à la charge des entrepreneurs, et aucune exception ne peut leur être consentie ; néanmoins, les cahiers des charges peuvent indiquer à qui devra incomber ceux de ces impôts, taxes ou droits qui viendraient à être établis postérieurement à la signature du contrat.

Tous les frais d'affichage, de timbre, de publication, d'insertion ou d'impression sont à la charge des entrepreneurs, ainsi que ceux d'enregistrement, sauf clauses spéciales pour ces derniers ; les sommes avancées de ce chef par l'administration sont retenues aux fournisseurs sur la première facture ; ils doivent se procurer eux-mêmes les imprimés, formules et autres pièces comptables nécessaires pour les justifications à produire conformément aux modèles réglementaires que l'administration peut d'ailleurs leur donner elle-même, mais contre remboursement.

Tous les contrats à passer doivent avoir une durée déterminée et un terme fixe à indiquer dans le décret d'approbation soumis à l'enregistrement de la Cour des comptes. Pour les dépenses ordinaires, cette durée ne peut excéder neuf années et aucune prolongation ne peut être consentie au cours du marché. Les décrets d'approbation signalent, s'il y a lieu, les modifications dans la valeur du patrimoine de l'Etat qui résulteront de l'exécution du contrat ; les variations ultérieures seront fixées par décret ministériel, enregistré à la Cour des comptes.

Selon l'importance des contrats, les contractants doivent fournir bonne et valable caution en numéraire ou en rente sur l'Etat, au cours de la Bourse, le jour de la signature.

Cette caution peut être remplacée par une caution personnelle :

1° Si l'Etat ne fournit rien aux contractants ;

2° Pour les affermages dont le montant est payé à l'aide d'avances semestrielles ;

3° Pour les ventes dont le prix est payé d'avance ;

4° Pour les fournitures à moins de trois mois, d'une valeur inférieure à 4,000 francs, à condition d'abandonner, jusqu'en fin de marché, un sixième du prix total dû sur le montant du premier acompte payé.

Pour les contrats de longue durée, une caution immobilière avec inscription hypothécaire peut être acceptée après avis du Conseil d'Etat, rendu sur rapport de l'avocat du Trésor, en ce qui touche la valeur de l'immeuble présenté.

Seuls, les titulaires d'un marché en cours peuvent être dispensés de donner caution pour un nouveau marché continuant le premier, à condition de réaffecter à celui-ci l'ancienne caution, ainsi que les particuliers qui louent leurs immeubles à l'Etat. Les sommes versées à titre de cautionnement et les papiers de valeur sont déposées à la trésorerie par les fournisseurs de l'Etat, aux caisses des corps par les fournisseurs particuliers de ceux-ci, et les chefs ouvriers.

IV. — *Engagement, liquidation et ordonnancement des dépenses.*

Les seules dépenses pouvant être engagées dans le cours de l'année financière sont celles inscrites dans le budget, et pour la satisfaction desquelles des fonds y ont été votés. Les ministres ordonnancent ces seules dépenses et ne peuvent se prévaloir de recettes ni de profits de quelque provenance que ce soit pour augmenter les ressources disponibles et affectées aux divers chapitres.

Cet ordonnancement est effectué à l'aide de mandats sur le Trésor.

Aucun mandat ne peut être émis avant que la cause légale et la justification de la dépense n'aient été reconnues valables et les comptes liquidés pour constater l'exécution des lois et règlements ainsi que le maintien de la dépense dans les limites du budget et des tarifs.

Toutes les dépenses passent donc par trois états successifs : l'engagement, la liquidation, l'ordonnancement.

Les diverses dépenses pouvant être engagées et imputées sur les fonds qui s'y rapportent dans le budget sont de six espèces différentes :

1° Les dépenses permanentes résultant de l'exécution des lois organiques et engagées par le seul jeu de ces lois ;

2° Les dépenses ordonnées par lois spéciales, devant s'étendre sur plusieurs exercices successifs, pour la quote-part afférente à l'exercice en cours, engagées en exécution de ces lois ;

3° Les dépenses provenant de contrats enregistrés à la Cour des comptes, engagées en vertu de cette approbation ;

4° Les dépenses pour traitements, prestations, pensions, achats de chevaux, de canons et d'autres matériels résultant de la marche normale des divers services ;

5° Les dépenses obligatoires et d'ordre dont l'engagement résulte de l'acte même de leur liquidation ;

6° Les dépenses facultatives et éventuelles engagées spécialement par décrets royaux ou ministériels en exécution des lois.

L'exercice financier étant clos au 30 juin de chaque année, aucune dépense ne peut plus être engagée à dater du 1er juillet au titre de cet exercice. Mais les sommes dues pour dépenses antérieurement engagées continuent à pouvoir être payées au titre de l'exercice écoulé, après le 1er juillet, mais avant le dépôt du compte rendu général, pourvu que le montant ne dépasse pas celui des restants disponibles à cette date au chapitre correspondant du budget ou que les sommes aient été imputées au compte spécial des résidus relevés à cette date, avant que ces résidus n'aient été arrêtés par la loi d'arrangement du budget.

Les mandats régulièrement émis avant le 1er juillet continuent à être payables après cette date, dans les mêmes conditions. Au cas où elles ne seraient pas remplies, les mandats devraient être annulés, sauf aux créanciers à en demander le renouvellement au titre des résidus applicables à l'exercice expiré.

La liquidation comprend l'ensemble des opérations servant à déterminer les droits réels des créanciers. Ces droits résultent des pièces et documents probants, justifiant l'exécution des services dans les formes et conformément aux prescriptions réglementaires. Les pièces et documents justificatifs d'une fourniture doivent être accompagnés d'un certificat du consignataire qui l'a reçue attestant la réception des matières, denrées ou matériels et leur inscription dans les inventaires.

Toutes les pièces et documents à l'appui des comptes et sur le vu desquels les mandats ou ordres de payements sont établis doivent être produits en expédition originale; les copies de ces originaux seront remises par les administrations à l'appui de leurs propres comptes; ces copies devront être rendues authentiques par la signature d'un officier ministériel, c'est-à-dire, pour l'administration de la guerre, d'un officier commissaire qui en remplit les fonctions.

Tous les paiements des dépenses incombant à l'Etat, inscrites au budget, régulièrement liquidées et dûment justifiées, sont effectuées par les agents du Trésor soit directement, soit par l'intermédiaire des caisses des corps, établissements ou services; ces dernières recevront des agents du Trésor les sommes nécessaires.

Les paiements sont ordonnancés en faveur des ayants droit :

1° Par mandat direct de l'administration centrale;

2° Par ordre de paiement des fonctionnaires délégués sur les crédits qui leur sont ouverts par mandats à disposition;

3° Par mandats d'avances pour les corps, établissements ou services;

4° Ou payés directement sur rôles pour les dépenses fixes, telles par exemple que les pensions militaires.

Tous les mandats ou ordres de paiement quels qu'ils soient pour les dépenses imputables à l'exercice en cours sont distincts de ceux de l'exercice échu et les mandats ou ordres de paiement au titre des résidus mentionnent l'exercice auquel ils se réfèrent.

Les mandats directs, à la disposition ou d'avances sont signés par le Ministre ou son délégué spécial à cet effet; ils sont, en outre, visés par le chef du bureau de la comptabilité installé près de chaque ministre qui en constate et certifie la régularité.

Tous les mandats émis sont transcrits sur le registre correspondant de la comptabilité ministérielle par le chef du bureau de cette comptabilité en même temps qu'il y appose son visa, puis il les transmet à la Cour des comptes à l'aide de deux bordereaux énonciatifs dont l'un est aussitôt retourné par la Cour revêtu de son accusé de réception.

La Cour vérifie à son tour les mandats, constate qu'aucune loi n'a été violée, que les imputations sont correctement faites au chapitre du budget qui les doit supporter, qu'elles n'excèdent pas le montant des sommes disponibles, puis les vise et les enregistre.

Les documents joints à l'appui des mandats sont, après vérification, retournés au ministère qui les a adressés par la Cour des comptes qui envoie les mandats admis, visés et enregistrés par elle à la direction du Trésor avec autant de bordereaux énumératifs en double expédition qu'il y a d'administrations centrales intéressées.

La direction du Trésor renvoie l'un de ces bordereaux à la Cour avec mention de l'acceptation à paiement. Elle vise les mandats acceptés par elle à paiement, les enregistre et les transmet à la trésorerie centrale ou aux intendants des finances, selon les localités où le mandat doit être payé, en les invitant à donner des ordres aux trésoriers, caissiers ou percepteurs chargés d'assurer les paiements. Chaque jour, la direction générale du Trésor transmet à la direction de la comptabilité générale le relevé des mandats admis à paiement par chapitre du budget de chacun des ministères.

Afin de donner avis aux créanciers des mandats émis en leur faveur, les administrations peuvent y joindre des états individuels nominatifs qui demeurent unis aux mandats et sont, à la réception par la trésorerie centrale ou les intendances des finances, adressés par celles-ci aux ayants droit. Le ministère de la guerre adresse directement aux corps, établissements ou services l'avis des mandats émis en leur faveur.

Les mandats directs au nom de créanciers individuels sont revêtus d'un numéro d'ordre progressif par exercice et par chapitre du budget, aucun d'eux ne pouvant comprendre des dépenses imputables à plusieurs exercices ni à plusieurs chapitres. Ces mandats, inscrits sur un registre particulier, indiquent : l'exercice ; le numéro et la dénomination du chapitre ; la spécification des articles ; les nom, prénoms et qualité du créancier ; l'objet de la dépense ; la somme à payer en toutes lettres et en chiffres ; l'énumération des pièces à l'appui ; la date de l'émission ; la province et le lieu de paiement.

Les ministres ont la faculté de déléguer à des ordonnateurs secondaires le paiement des acomptes dus pour fournitures effectuées ou services exécutés en vertu de contrats, conventions ou marchés dûment approuvés.

Cette délégation s'exerce par l'envoi de mandats particuliers portant ouverture de crédits dits mandats à la disposition, dont le montant ne doit jamais dépasser 30,000 francs. De tels mandats, en ce qui touche l'administration de la guerre, ne peuvent être émis qu'en faveur des directeurs territoriaux (directeurs du commissariat, de l'artillerie et du génie) et tirés seulement sur les trésoreries provinciales pour l'un ou l'autre des objets ci-après :

1° Paiement des dépenses pour entrées autorisées par la loi du budget ;

2° Achats, services ou fournitures à l'économie quand il n'est pas possible d'y pourvoir à l'aide de mandats d'avances ;

3° Paiement des dépenses fixes ou indemnités dont le montant ne peut pas être exactement déterminé.

Ces mandats sont inscrits au bureau de la comptabilité ministérielle sur un registre portant compte ouvert au nom de chaque ordonnateur secondaire avec inscription distincte pour chaque chapitre du budget.

La Cour des comptes tient un registre analogue, les intendances des finances également ainsi que la direction générale du Trésor qui de plus enregistre d'autre part, au compte de chaque ordonnateur secondaire, les mandats émis par lui.

Ces mandats sont des bons extraits d'un registre à souche, ou « à mère et à fille » selon l'expression italienne, fourni par les intendances des finances et dont chaque feuille est revêtue du timbre sec du Trésor. Les bons de paiement extraits de ce registre sont établis par les ordonnateurs secondaires en faveur des créanciers; ils ne peuvent en aucun cas être établis au nom des ordonnateurs eux-mêmes; ils sont revêtus d'un numéro d'ordre progressif et marqués du timbre de l'ordonnateur apposé sur sa signature. Les indications à y porter sont les suivantes : nom de l'ordonnateur; nom du trésorier payeur; nom, prénoms et qualité du créancier; objet de la dépense et exercice sur lequel elle est imputée avec mention du chapitre et de l'article budgétaires; sommes à payer en toutes lettres et en chiffres; numéro d'ordre du mandat à la disposition auquel il se réfère; énumération des pièces à l'appui; date de l'émission.

Les bons de paiement sont adressés par l'ordonnateur à l'intendance provinciale des finances avec un double bordereau énumératif dont l'un lui est retourné revêtu de l'accusé de réception. L'intendance des finances vise et enregistre les mandats après vérification et les transmet à la trésorerie ou caisse chargée du paiement. En aucun cas les mandats ne peuvent être remis directement aux créanciers; ceux de ces mandats payables par les agents locaux de la trésorerie sont envoyés directement à ces agents en même temps que l'ordonnateur adresse une lettre d'avis à l'intendance des finances, mais ces bons ne sont reçus définitivement à la décharge des agents de trésorerie qu'après vérification de l'intendance des finances. Ces agents ont donc qualité pour en vérifier au préalable la régularité matérielle, sans avoir toutefois à s'immiscer jamais dans la question de savoir si l'ordonnancement est ou non justifié. L'ordonnateur seul, en effet, est personnellement responsable des dépenses liquidées, approuvées et ordonnancées par lui, le payeur n'étant responsable que de l'acte matériel du paiement.

Les titulaires de mandats sont prévenus de leur émission par les soins du payeur, l'ordonnateur y pourvoyant par l'adjonction aux bons de paiement d'un avis individuel nominatif qui sera adressé par l'agent du Trésor à l'intéressé.

A la fin de chaque mois, les ordonnateurs secondaires présentent les comptes des sommes employées par eux appuyés des documents justificatifs qui leur ont été retournés par l'intendance des finances après vérification, visa et enregistrement des bons de paiement.

Ces comptes, comme tous les autres, sont transmis à la Cour des comptes pour être vérifiés définitivement par elle.

Les dépenses à faire à l'économie sont payées directement par les caisses des corps, établissements ou services sur le vu bon à payer apposé au bas des factures par les conseils d'administration ou les consignataires. A cet effet, les uns et les autres sont pourvus d'une avance dont le montant est fixé d'après l'importance et les nécessités du service ; cette avance, toutefois, pour les divers établissements autres que ceux de l'armée, ne peut jamais être supérieure à 30,000 francs. Aussitôt après la justification de l'emploi des deux tiers de l'avance consentie, il est procédé par le Ministre à la reconstitution de l'avance totale par l'envoi de mandats ordonnancés par lui ou son délégué sous le nom de mandats d'avances.

Cette justification est produite dans les mêmes formes et conditions que celle des mandats à la disposition par l'envoi des comptes appuyés de pièces et documents justificatifs. Dans les corps, établissements et services de l'armée, toutefois, la justification des avances n'est produite qu'en fin de trimestre, bien que celles-ci soient renouvelées par quinzaine ou par mois.

Pour que les mandats à la disposition aussi bien que ceux d'avances soient admis à paiement par la direction générale du Trésor, ils doivent, de même que les mandats directs du Ministre, être revêtus de sa signature ou de celle de son délégué, de la signature du comptable chef de la comptabilité ministérielle et avoir été enregistrés par la Cour des comptes.

De même que pour l'enregistrement des mandats à la disposition, il est tenu des registres portant comptes ouverts aux ordonnateurs secondaires pour l'enregisment des mandats d'avances ; le bureau de la comptabilité ministérielle, la Cour des comptes et la direction générale du Trésor tiennent un registre portant comptes ouverts aux corps, établissements ou services en faveur desquels sont émis ces mandats. Sur celui de ces registres tenu à la direction générale du Trésor sont reportés les résultats des comptes d'emploi fournis par les corps, établissements ou services à l'aide de résumés trimestriels transmis à cet effet par le bureau de la comptabilité ministérielle qui de son côté en tient note sur son propre registre.

Les divers agents des divers ministères chargés d'un maniement de fonds ou de matériels sont placés sous la surveillance du Ministre du Trésor et la juridiction de la Cour des comptes. Ils sont astreints au versement d'un cautionnement, à l'exception des officiers membres ou agents d'un conseil d'administration.

IIe PARTIE

ADMINISTRATION MILITAIRE DU TEMPS DE PAIX

I. — *Administration centrale.*

Ministère de la guerre.

Le roi, nous l'avons dit, est le chef suprême des forces de terre et de mer dont il a le commandement à la fois et l'administration.

Son action, en ce qui touche l'armée de terre, s'exerce par l'intermédiaire du Ministre de la guerre.

Ce dernier est le chef immédiat de l'armée et le haut directeur de son administration ; il pourvoit à tout ce qui regarde l'organisation, l'instruction, le service, la discipline et l'administration militaires.

Supérieur d'emploi de tous les officiers sans exception, le Ministre, quel que soit son grade, donne à tous des ordres et veille à leur exécution par les diverses autorités de tous grades et de tous rangs.

Auprès de lui fonctionnent le ministère de la guerre, l'état-major général et les diverses inspections ; son activité s'exerce sur tout le territoire par l'entremise des commandants militaires de tous ordres et des chefs de service des circonscriptions territoriales.

Le ministère de la guerre a pour mission de donner

une solution définitive à toutes les questions d'ordre militaire ou administratif.

Il est divisé en un certain nombre de directions générales, celles-ci en divisions, les divisions en sections et les sections en bureaux ; toutes les affaires sont réparties entre ces diverses subdivisions par le secrétariat général chargé de l'ouverture et de l'expédition du courrier, ainsi que des affaires d'intérêt général ou plus spécialement réservées à la décision du Ministre.

Présentement le ministère de la guerre, outre le secrétariat général, compte cinq directions générales.

Le secrétariat général comprend le cabinet du ministre, quatre divisions et trois bureaux indépendants.

Le cabinet du Ministre s'occupe : des affaires générales, de la réception et de l'expédition des dépêches, de la signature et des affaires réservées au Ministre ;

La division d'état-major : de l'instruction en général, de la mobilisation, de l'institut géographique et de l'étude des armées étrangères ;

La division de la justice et du service de santé : des tribunaux et hôpitaux militaires, des compagnies d'infirmiers, du service de santé dans les corps et du service vétérinaire ;

La division des écoles militaires : de l'instruction en particulier, des programmes, examens, concours et de l'administration des écoles ;

La division du personnel, des gratifications et des subsides : des employés divers de l'administration centrale, des pensions, secours et indemnités diverses ;

Le bureau de l'économat : du matériel de chancellerie et de bureau, du chauffage, de l'éclairage et du service intérieur ;

Le bureau de la comptabilité centrale : des comptes du ministère, de l'établissement du budget, du paiement des dépenses intérieures, des relations avec le ministère du Trésor ;

Le bureau des prestations et services divers : de la solde et des indemnités aux divers personnels du ministère.

Chacune des cinq directions générales se compose : 1º d'un bureau chargé de traiter les affaires réservées, de répartir les autres entre les divisions compétentes et de préparer la signature ; 2º d'un certain nombre de divisions s'occupant du détail des divers services dont chacune a la direction.

La direction générale de l'infanterie et de la cavalerie compte trois divisions :

La division de l'infanterie s'occupe : des régiments d'infanterie de ligne, de bersaglieri, de grenadiers et des corps alpins ;

La division de la cavalerie : des régiments de cavalerie, des manèges et des écoles d'équitation ;

La division des milices : des régiments de la milice mobile et de la milice territoriale.

La direction générale de l'artillerie comprend deux divisions :

La division du personnel s'occupe : des régiments de campagne et de forteresse, des directions et des inspections territoriales ;

La division du matériel : des arsenaux, fonderies, manufactures, magasins et autres établissements.

La direction générale du génie a également deux divisions :

La division du personnel et du contentieux s'occupe : des régiments du génie, des directions territoriales, des places fortes, des commandements du génie et des affaires litigieuses ;

La division du matériel : des fabriques, fortifications, constructions, contrats, conventions et marchés relatifs au service du génie.

La direction générale des services administratifs forme cinq divisions :

La division des subsistances s'occupe : des boulangeries militaires et civiles, des magasins de vivres de réserve, des entreprises diverses ;

La division de l'habillement : des magasins centraux de l'habillement et de l'équipement, des magasins de districts et de corps ;

La division de la comptabilité des corps de troupe : des ordonnancements divers, de la solde et des indemnités ;

La division du casernement et des transports : du service des entrepreneurs du casernement, des indemnités de voyage et de la liquidation des frais de transport ;

La division des personnels administratifs et comptables : des officiers commissaires, des officiers comptables, des agents subalternes, des ouvriers et employés en sous-ordre militaires et civils, des compagnies des subsistances.

La direction générale du recrutement et des troupes comprend cinq divisions :

La division des affaires générales, de la statistique et des inspections s'occupe : de la tenue au complet des effectifs des corps de l'armée active et des milices, de l'établissement des rôles administratifs, des revues d'effectif et des inspections administratives ;

La division des levées : des opérations relatives au recrutement, de la répartition du contingent, des appels, mises en route et congédiements ;

La division des matricules : de l'état civil des divers personnels, de l'incorporation et de l'immatriculation ;

La division des troupes : des nominations, promotions et mutations ;

La division des rengagements : du rappel des classes, des engagements volontaires, du rengagement des sous-officiers et des soldats.

Des officiers de tous grades et de tous services sont employés dans les diverses branches de l'administration centrale comme directeurs généraux, chefs de divisions, de sections et de bureaux.

Des employés civils sont répartis entre les divers bureaux pour l'exécution matérielle du service avec la qualification, selon l'emploi : d'expéditionnaires, d'écrivains, de commis d'ordre, de vice-secrétaires ou de secrétaires; ils peuvent, dans certains services, aspirer aux emplois de chefs de bureaux et de sections, voire même de chefs de divisions, lorsqu'il n'est pas nécessaire de confier ces emplois à des officiers.

A l'administration centrale du ministère se rattachent : le commandement général des carabiniers royaux (gendarmes), le tribunal suprême de la guerre et de la marine, le bureau de l'avocat général, ainsi que les diverses inspections. Ces dernières sont nombreuses et leur action toute consultative. On compte actuellement : les inspections générales de la cavalerie, de l'artillerie et du génie; les inspections particulières de l'artillerie de campagne au nombre de deux, la première pour les régiments des cinq premiers corps d'armée, la seconde pour ceux des sept derniers ; les bureaux d'inspection de l'artillerie de forteresse, des armes et manufactures d'armes, des commissions d'expériences, des troupes du génie, des directions territoriales du génie et des forteresses ; enfin l'inspectorat du service de santé.

La comptabilité ministérielle a pour but non seulement de diriger les opérations des bureaux de comptabilité chargés de tenir les comptes propres de l'administration centrale, de procéder à l'émission des mandats et de régulariser les comptes des ordonnateurs, mais encore de contre-vérifier les comptabilités de tous les corps, établissements ou services de l'armée après le bureau de revision de la comptabilité des corps, et de contrôler les opérations de comptes courants du bureau d'administration des personnels divers. Ces deux derniers bureaux sont des organes de contrôle importants, opérant en dehors du Ministère, et dont l'équivalent ne se retrouve nulle part ailleurs.

A la tête du service de la comptabilité ministérielle se trouve un officier supérieur commissaire, chargé du visa des comptes produits et de leur transmission à la Cour des comptes, après liquidation et approbation. Le chef du service de la comptabilité est sous la surveillance du Ministre du Trésor, au point de vue de la marche et de la régularité des opérations comptables.

Les résultats des vérifications sont notifiés aux corps, établissements ou services à l'aide d'une note d'observations sur laquelle sont indiqués les débits ou les crédits à rectifier. Les intéressés examinent les propositions, et, s'ils n'ont rien à objecter, retournent la note avec la mention : « Accepté ». Dans le cas contraire, ils font valoir leurs arguments sur la note qui est retournée et sur le vu desquels le Ministre prononce définitivement. Le solde n'est ordonnancé qu'après cette décision. Lorsque par leur nature les comptes ne peuvent se reporter d'un trimestre à l'autre, les soldes successifs s'accumulent jusqu'à la fin de l'année financière. A la clôture finale des comptes, si les résultats en débit des divers corps, établissements ou services ne peuvent trouver de compensation dans les résultats en crédit d'autres corps, établissements ou services, le Ministre y pourvoit à l'aide de retenues sur les avoir ou de versements au Trésor.

Un des officiers commissaires employés à la comptabilité ministérielle est chargé de réunir les comptes du bureau d'administration des personnels divers, sous le titre d'officier de compte rendu. Cet officier tient l'une des clefs de la caisse où sont renfermés les registres des ordres de paiement de ce bureau, vérifie les documents et les transmet au Ministre du Trésor. Il tient compte au jour le jour des demandes de fonds des diverses administrations, vérifie la régularité des ordres de payement et en rend compte au Ministre.

Etat-major de l'armée. — Corps d'état-major.

A côté du Ministre et sous sa dépendance, quoique en dehors du ministère fonctionne, pour la haute direction des études diverses concernant la mobilisation et la préparation à la guerre, le grand état-major de l'armée, à la tête duquel se trouve le commandant supérieur du corps d'état-major. Ce commandant, qui a le grade de général d'armée ou de lieutenant-général, est destiné à devenir, en temps de guerre, le chef d'état-major général des armées.

Il est aidé pour la direction générale des détails du service par un commandant en second du grade de lieutenant-général appelé à remplir les fonctions de directeur général des transports et, plus spécialement pour les études logistiques administratives, d'un commandant en second adjoint, lieutenant-général ou major général, dont le rôle consistera à prendre la direction de l'intendance générale des armées.

Auprès de ce dernier se trouve le major général commissaire, auquel incombent plus particulièrement les études relatives au bon fonctionnement des services administratifs.

Afin de leur faciliter l'exécution des détails du service dont ils sont chargés, sont attachés à chacun de ces officiers généraux un certain nombre de bureaux composés d'officiers d'état-major, d'officiers commissaires et d'officiers comptables.

Dans les corps d'armée et les divisions, des états-majors composés à la fois d'officiers d'état-major et d'officiers détachés de leurs corps ou services dirigent ou exécutent les détails du service. Les officiers d'état-major forment un corps particulier.

L'administration du corps d'état-major appartient à un conseil d'administration dont le siège est à Rome.

L'officier supérieur le plus élevé en grade est le président de ce conseil, dont font partie comme membres les deux officiers supérieurs les plus anciens après le président, un major comptable, rapporteur, et un officier comptable, secrétaire.

Le major comptable surveille les détails d'administration et, plus spécialement, ceux de la comptabilité exécutés par le bureau de comptabilité que dirige l'officier comptable. Ce bureau est divisé en deux sections : 1° comptes envers l'Etat et matricule ; 2° caisse et comptabilité intérieure.

La franchise télégraphique n'existant pas, toutes les dépenses de télégrammes effectuées par les divers commandements territoriaux leur sont remboursées par le conseil d'administration du corps d'état-major. Ces commandements territoriaux sont : les corps d'armée et les divisions, les gouvernements (Sardaigne, Spezzia, Mantoue et Vérone), les directions d'artillerie et du génie, les brigades d'infanterie et de cavalerie, les directions de santé, les directions du commissariat et les juridictions militaires. Pour être remboursés, les divers commandements adressent, tous les trimestres, au commandant du corps d'armée dont ils dépendent, une note portant relevé des dépenses faites ; le commandant du corps d'armée vérifie les notes reçues et provoque le remboursement. S'il juge les dépenses exagérées, il se fait communiquer une copie des dépêches envoyées.

Les prestations dues aux officiers et hommes de troupe employés dans les divers états-majors et non placés en subsistance dans un corps de troupe leur sont payées par la caisse de l'état-major auquel ils sont attachés pour le compte du conseil d'administration ; celui-ci prend en charge dans ses propres comptes les bons de pain et les bons de vivres délivrés aux hommes de troupe. Les bons de fourrages sont établis par les officiers eux-mêmes et retirés mensuellement par l'officier d'administration de chacun des état-majors de corps d'armée ou de division en échange d'un bon récapitulatif remis à l'entrepreneur, établi distinctement pour chacun des corps auxquels appartiennent les officiers. Sur ce bon récapitulatif ne sont pas compris les bons particuliers des officiers généraux qui, comme nous le verrons, sont administrés par le bureau d'administration des personnels divers.

A la fin de chaque mois, le compte rendu des mouvements de caisse, les talons des bons de prestations en nature et le journal de comptabilité, vérifiés et visés par le chef d'état-major, sont adressés au conseil d'administration du corps d'état-major, qui en donne décharge après vérification et en porte les résultats dans ses propres comptes.

**Bureau de revision de la comptabilité des corps,
établissements et services.**

Le bureau de revision de la comptabilité des corps de troupe, établissements et services de l'armée, établi à Florence, a pour mission de vérifier les comptes-deniers et les comptes-matières de tous les corps, établissements ou magasins, de préparer l'ordonnancement des avances de fonds, de liquider les dépenses d'octroi et celles de transport au compte de l'Etat.

Il est dirigé par un officier général assisté d'un certain nombre d'officiers du commissariat, du corps des comptables, de l'artillerie et du génie, ainsi que d'employés de ces deux derniers services répartis entre quatre bureaux distincts auxquels sont attachés comme agents subalternes des employés civils, écrivains, commis d'ordre et secrétaires.

Le premier bureau contrôle et vérifie la comptabilité-deniers de tous les corps, établissements et services indistinctement.

Le deuxième bureau : la comptabilité-matières des corps en ce qui touche les matériels des services administratifs, les comptes-matières des établissements et magasins de ces services, ainsi que les comptes des entreprises ;

Le troisième bureau : la comptabilité-matières des corps en ce qui touche les matériels de l'artillerie, les comptes-matières des établissements et magasins et tous les comptes des entrepreneurs du service de l'artillerie.

Le quatrième bureau effectue ces mêmes opérations pour le service du génie.

A la tête de chacun des deux premiers bureaux se trouve un officier supérieur commissaire ; à la tête des troisième et quatrième, respectivement, un officier supérieur d'artillerie et un du génie.

Les divers bureaux adressent aux corps, établissements ou services toutes instructions de détail pour la bonne exécution du service de la comptabilité ; lorsqu'il y a lieu toutefois de donner des instructions générales, ils en réfèrent au Ministre. Ils exercent leur action sur toutes les opérations administratives sans exception, vérifient les comptes divers, s'assurent de la justification régulière de l'emploi des fonds et des matières, constatent l'observance des lois et règlements qui régissent l'administration et tiennent le Ministre au courant de la marche des comptes et de leur reddition. En ce qui touche plus spécialement les établissements et magasins gérés par des consignataires, ils reconnaissent les résultats économiques de leur gestion, signalent aux directions compétentes (commissariat, artillerie, génie) les actes non conformes aux règlements, décident sur certains faits ou en réfèrent au Ministre, transmettent aux directions note des observations relevées pour les éclaircissements à fournir ou les rectifications à opérer.

Toutes les observations faites par les bureaux de revision sont transmises directement aux conseils d'administration ou par l'intermédiaire des directions compétentes aux consignataires. Le président du conseil ou le consignataire répondent sur la note d'observation ellemême en fournissant tous les renseignements nécessaires ; les réponses des consignataires passent par l'intermédiaire des directeurs et ceux-ci (directeurs, chefs de sections ou de bureaux pour le commissariat) y mentionnent leur propre avis ainsi que tous les éclaircissements complémentaires qu'ils jugent utile de donner et qu'ils revêtent de leur signature et de leur cachet.

Variations de l'effectif. — Les variations journalières de l'effectif présent sous les armes dans chaque unité sont indiquées sur les situations-rapports établies journellement par les commandants de ces unités et adressées au conseil d'administration. Résumé de ces variations est transmis, dans les dix premiers jours de chaque quinzaine, pour la quinzaine écoulée, à l'aide d'un état des variations dressé nominativement pour les mutations individuelles et numériquement pour les mouvements collectifs, au bureau de revision qui procède à leur vérification. Les divers mouvements mentionnent l'ordre les prescrivant et sont appuyés des documents justificatifs : avis de transfèrement, feuilles de route, rôles de marche, titres de permission, actes de décès, etc.

L'état des variations n'est envoyé que tous les mois pour les établissements qui n'ont pas d'hommes de troupe à l'effectif.

Les états sont établis par le directeur des comptes de chaque conseil d'administration et vérifiés par le rapporteur qui vise les documents à l'appui pour justifier de leur inscription dans les écritures. Dans les établissements qui n'ont pas de conseil d'administration, les états sont dressés et les documents certifiés par le consignataire.

Avances de fonds. — Les demandes d'avances de fonds

nécessaires aux conseils d'administration pour le paiement de toutes les dépenses, aux consignataires pour le paiement de certaines dépenses, sont transmises au Ministre par l'intermédiaire du bureau de revision auquel elles doivent parvenir quinze jours au moins avant le commencement de la quinzaine ou du mois qu'elles concernent.

Les demandes des consignataires parviennent par l'entremise des directions chargées de concentrer celles de tous les établissements de leur ressort et de les viser pour approbation.

Le bureau de revision s'assure que les demandes sont régulières et en harmonie avec les besoins, puis les transmet au Ministre pour ordonnancement avec les états rectificatifs dressés par lui; le double de ces états rectificatifs est adressé aux corps ou établissements intéressés, et le bureau conserve le double des états de demande pour servir de base à la vérification des demandes ultérieures.

Tous les comptes relatifs à l'emploi des fonds d'avance doivent également parvenir au Ministre par le bureau de revision qui procède à leur vérification. Les conseils d'administration envoient leurs comptes directement au bureau de revision, et les consignataires par l'entremise des directions, au plus tard le 15 du mois qui suit l'expiration de chaque trimestre.

Prestations ordinaires. — Afin de pouvoir contrôler la comptabilité des prestations ordinaires, le bureau de revision tient un double du compte de ces prestations pour chacun des corps, établissements ou magasins de l'armée, à l'aide des éléments fournis par les états de quinzaine ou les états mensuels envoyés pour le contrôle des effectifs dans le courant du trimestre et reconnus exacts ou rectifiés. Ce compte, arrêté le dernier jour, fait ressortir l'avoir en prestations ordinaires des divers corps ou établissements d'après leur effectif, et doit être en parfaite concordance avec ceux qu'ils produiront eux-mêmes, ce dont le bureau de revision s'assure en même temps qu'il contrôle la régularité des justifications produites. Il vérifie également les prestations en pain, vivres et autres objets en nature par confrontation des états des corps avec les relevés des bons trimestriels adressés d'autre part par les magasins militaires et les entrepreneurs et certifiés, au préalable, par les corps eux-mêmes. Son attention se porte sur le fait de savoir si les distributions sont en rapport exact avec les effectifs.

Comme la corrélation la plus parfaite doit exister entre les comptes des corps et ceux des magasins distributeurs et des entrepreneurs, aucun bon ne peut être délivré par duplicata sans autorisation expresse du bureau de revision, et, si le primata est retrouvé, il doit lui être transmis sans délai afin que note en soit prise.

Aussitôt que les comptes ont été vérifiés par le bureau de revision, celui-ci y appose une déclaration de conformité réglant le débit et le crédit du corps ou de l'établissement vis-à-vis de l'Etat. En cas de différences ou d'erreurs, le crédit et le débit rectifiés sont communiqués au conseil ou au consignataire intéressé qui en prend copie sur son registre des notes de rectifications dont extrait sera joint à sa comptabilité intérieure.

La revision achevée, les rendu-comptes sont transmis au Ministre afin de lui permettre de procéder à l'ordonnancement du solde final.

Comptes-matières. — Pour pouvoir exercer leur contrôle sur la comptabilité-matières, les bureaux de revision tiennent le double des registres de charges des corps, établissements et magasins.

Les inscriptions sont portées aussitôt après la réception des journaux des augmentations et des diminutions dont la deuxième expédition est envoyée directement par les corps dans le mois qui suit l'expiration de chaque semestre et trimestriellement par les directions pour les établissements ou magasins de leur ressort dans la quinzaine qui suit l'expiration de chaque trimestre. Ces journaux sont accompagnés des demandes en charge et en décharge, des dispositions ministérielles spéciales, des procès-verbaux de vente, des quittances du Trésor et autres documents à l'appui de même nature.

Les reports de leurs résultats sur les registres de charge ne sont, bien entendu, effectués qu'après vérification et rectification, s'il y a lieu.

Des restants dans les écritures au dernier jour de l'année financière, les bureaux de revision concluent les premières inscriptions qui devront être portées sur l'expédition des nouveaux livres de charges que les corps et établissements devront envoyer pour les comptes de la nouvelle année et qu'ils auront portées également sur l'expédition conservée par eux.

Les registres de charge de l'année écoulée constituent les comptes judiciaires des corps et établissements. Ils seront, conjointement avec les journaux des augmentations et des diminutions corrélatifs et les documents justificatifs qui s'y réfèrent transmis par les bureaux de revision au ministère pour y être contre-vérifiés par la comptabilité ministérielle.

Les bureaux de revision dressent en même temps et envoient au ministère pour chacun des trois groupes entre lesquels tout le matériel de l'armée est réparti (groupe A, habillement et équipement; groupe B, vivres, matériels divers des services administratifs; groupe C, harnachement, matériel roulant, matériels divers de l'artillerie et du génie), un état récapitulatif des variations survenues dans le matériel appartenant à l'Etat, accompagné d'un état des matériels déclarés hors de service par procès-verbaux, et de plus, pour les établissements et magasins, un tableau des économies réalisées.

Quant aux comptes-deniers relatifs aux dépenses effectuées pour la gestion des matériels divers, les bureaux de revision, aussitôt après leur réception, les vérifient et les transmettent au Ministre pour ordonnancement du solde; ils conservent la deuxième expédition de ces comptes pour les joindre en fin d'exercice à la comptabilité-matières avec laquelle ils doivent être en corrélation parfaite.

Ordonnancement pour solde des dépenses ordonnancées par les ordonnateurs secondaires ou payées par les consignataires. — Les soldes dus après liquidation des dépenses engagées et sur lesquelles des acomptes ont été réglés par les ordonnateurs secondaires, de même que ceux résultant des payements effectués par les conseils d'administration ou les consignataires, sont ordonnancés par le Ministre après vérification par les bureaux de revision.

Aussitôt après la clôture trimestrielle des comptes de l'habillement dans les corps ou magasins chargés d'une gestion d'habillement, un double des états de dépenses effectuées et de sommes reçues pour satisfaire à l'entretien des effets est transmis au bureau de revision; celui-ci les vérifie et les envoie au Ministre pour ordonnancement du solde, en même temps qu'une copie des procès-verbaux de réforme.

Les directions adressent trimestriellement aux bureaux de revision les comptabilités des entrepreneurs en même temps qu'un relevé des acomptes ordonnancés par leurs soins; les corps, de leur côté, transmettent un relevé des fournitures reçues par ces mêmes entrepreneurs. Après vérification et relèvement, s'il y a lieu, effectués par l'entremise des directions, le tout est envoyé au Ministre pour l'ordonnancement du solde.

Les comptes rendus des prestations reçues et des dépenses effectuées pour les transports de personnels sur les bateaux à vapeur sont transmis tous les mois par les corps au bureau de revision pour y être vérifiés. Celui du troisième mois est accompagné d'un relevé analytique résumant l'ensemble des opérations du trimestre. Les trois fascicules mensuels et le relevé analytique sont, après vérification, adressés au Ministre pour le payement du solde ou la retenue des excédents.

Ordonnancement des liquidations opérées directement par les bureaux de revision. — Les matières, denrées et autres objets soumis au payement de taxes d'octroi en faveur des villes sont admis en libre pratique dans les magasins de l'Etat ou des corps ; les taxes ne sont dues que pour les consommations effectives par la troupe.

Les comptes qui en résultent sont transmis aux bureaux de revision qui les vérifient en les comparant aux licences de dépôt et aux certificats de décharge et adressent trimestriellement un exemplaire des comptes vérifiés au Ministre pour lui permettre de pourvoir au payement des sommes dues en émettant un mandat au nom de la personne déléguée de la commune intéressée.

Les sommes dues à l'entreprise générale des transports pour les frais de transport de matériels incombant à l'Etat sont ordonnancées par le Ministre après liquidation par les bureaux de revision correspondants, le bureau de la comptabilité des corps liquidant les dépenses relatives aux matériels des services administratifs, ceux de l'artillerie et du génie les dépenses relatives aux matériels de chacun de ces services.

A la fin de chaque trimestre, en conséquence, les conseils d'administration envoient directement, les consignataires des magasins par l'entremise des directions compétentes, un relevé des contre-lettres de voiture indiquant pour chacune le numéro, la date et le poids total du matériel expédié, en ayant soin de noter sommairement pour les colis et caisses leur contenu et pour les voitures si elles ont été expédiées sur roues ou démontées, avec ou sans timon.

L'entreprise générale des transports, de son côté, a envoyé sa facture trimestrielle accompagnée du relevé par corps ou magasin des lettres de voitures et autres documents justificatifs.

Les bureaux de revision procèdent aussitôt à la vérification des comptes, s'assurent de la concordance entre les écritures et les pièces à l'appui, constatent la juste application des tarifs et portent au débit de l'entreprise, s'il y a lieu, les imputations pour avaries, les amendes pour retards et les frais d'expertise laissés à sa charge, dont ils ont eu connaissance au fur et à mesure des faits par l'envoi des procès-verbaux les constatant. La valeur des matériels perdus ou inutilisables est déduite des sommes dues en tenant compte toutefois de la valeur marchande de ceux inutilisables qui ont néanmoins été conservés au lieu d'être abandonnés en toute propriété à l'entreprise. Avis est donné aux corps ou magasins intéressés des imputations opérées afin de leur permettre de se porter en décharge dans leurs propres comptes.

Quant aux imputations pour avaries qui ne leur auraient pas été payées directement, le bureau d'administration des personnels divers en est prévenu et il crédite en conséquence les destinataires dans leurs comptes courants.

En cas de différences ou autres irrégularités relevées dans la comptabilité de l'entreprise, le bureau en poursuit auprès d'elle la rectification par l'envoi d'une note indicative des modifications à opérer.

Une fois les comptes apurés, les bureaux y apposent leur « Vu pour conformité » et les transmettent à la comptabilité ministérielle qui, après contre-vérification, procédera à l'établissement du mandat des sommes dues.

Comptabilité intérieure des corps ou établissements. —

Les bureaux de revision vérifient enfin la comptabilité intérieure des corps et établissements. Cette vérification a pour but de constater que les opérations de recettes et de dépenses ont été bien appliquées au compte qui leur est propre, que les inscriptions et les reports sont exacts et les droits justifiés, qu'il y a concordance entre les diverses écritures, qu'il a été tenu compte des notes de rectification envoyées et que les virements à opérer sont réglementaires et corrects, que les règlements ont été observés et appliqués, que les recettes et les dépenses imputables aux masses sont justifiées.

Le double des situations de vivres de réserve en dépôt dans les corps et les magasins divers est transmis au bureau de revision qui les récapitule et envoie au Ministre l'état général de ces vivres. A la fin de l'année financière, il est joint à l'état des vivres de réserve un relevé spécial des conserves de viande faisant ressortir les existants dans chaque corps ou magasin par laboratoire et par année de fabrication.

Les magasins administratifs, en particulier, transmettent au bureau de revision pour chacun des services dont ils sont chargés : vivres, pain et biscuit, vivres et fourrages de distribution, vivres de dépôt et matériels de remplacement ou de dotation : les procès-verbaux de vérification de caisse, les comptes d'avances, les relevés des matériels et matières achetés sur ces comptes, le compte courant individuel des prestations aux ouvriers civils, le tableau des retenues et comptes de masse de ces ouvriers.

Après avoir vérifié la comptabilité des divers corps et établissements, les bureaux en réfèrent au Ministre auquel ils envoient un rapport sur les résultats de leurs vérifications portant annotation des faits à signaler, des questions non définitives soumises à son approbation, des instructions nouvelles à adresser.

Ils comparent de plus entre elles les gestions des

divers corps ou établissements, font ressortir les résultats économiques de chacun d'eux et signalent les dépenses excessives résultant de cette comparaison.

Fonds particuliers au bureau de revision. — Les traitements et prestations diverses des officiers et personnels employés au bureau de revision leur sont payés par la caisse de ce bureau, pour le compte du bureau d'administration des personnels divers, à l'aide des fonds envoyés par ce dernier.

Pour assurer la conservation de ces fonds, le bureau de revision est doté d'une caisse à deux clefs conservées l'une par le vice-directeur, l'autre par l'officier chargé de remplir les fonctions d'officier d'administration. Les opérations de caisse sont effectuées et les comptes rendus établis dans les formes prescrites pour l'administration des détachements.

Bureau d'administration des personnels divers.

Le bureau d'administration des personnels divers, établi à Rome, est chargé de payer ou de faire payer pour son compte les prestations dues aux officiers et personnels sans troupe et à ceux n'appartenant pas à un corps pourvu d'un conseil d'administration, de servir d'intermédiaire entre les divers corps et établissements pour les échanges de fonds entre eux ou avec le Trésor et pour les recettes ou les paiements qu'ils ont à effectuer à Rome.

A la tête de ce bureau se trouve un colonel commissaire et le personnel se compose d'officiers comptables et d'employés répartis entre cinq sections, dirigées chacune par un capitaine comptable, savoir : comptabilité envers l'Etat ; comptabilité intérieure ; caisse et comptes courants avec le Trésor ; comptes courants avec les corps et établissements ; matricule.

Rôles administratifs. — Pour chacune des catégories d'officiers et de personnels dont le bureau a l'administration, il est tenu un rôle administratif distinct. Ces rôles sont au nombre de vingt-deux :

Ministre et officiers employés au ministère; officiers de la maison du roi et des princes de la couronne; officiers d'état-major non compris sur d'autres rôles; officiers de l'état-major de l'artillerie; officiers de l'état-major du génie; officiers et employés des comités, des inspections, des commandements territoriaux, aides de camp des brigades d'infanterie et de cavalerie; état-major des carabiniers royaux (gendarmes); officiers et employés des depôts d'élevage de jeunes chevaux; officiers-médecins, pharmaciens et employés du comité de santé; officiers commissaires, officiers comptables et employés du bureau de revision; officiers et employés des magasins centraux d'habillement et du dépôt des modèles; vétérinaires en dehors des corps de troupe; personnels de la justice militaire et employés des tribunaux militaires; comptables et employés de l'artillerie; géomètres, comptables et employés du génie; personnel technique de l'artillerie et du génie; officiers comptables et employés du bureau d'administration des personnels divers; officiers comptables, pharmaciens et employés de la pharmacie centrale; officiers et employés en disponibilité; officiers condamnés à la prison et à la réclusion; officiers du service auxiliaire; décorés militaires de l'ordre de Savoie.

Paiement et régularisation des prestations dues. — Le bureau d'administration des personnels divers effectue directement entre les mains des ayants droit, liquide et régularise immédiatement les sommes dues aux catégories de personnels ci-après :

Officiers et employés du bureau lui-même; Ministre et officiers supérieurs du ministère; officiers de la maison du roi et des princes de la couronne; officiers généraux et supérieurs à la disposition du Ministre; officiers et employés des comités de l'infanterie, de la cavalerie et de santé, de l'inspectorat général de la cavalerie et du commandement général des carabiniers royaux.

Il fait payer pour son compte, liquide et régularise après justification les sommes dues aux autres officiers ou personnels dont il a l'administration par les caisses des administrations auprès desquelles ils sont employés.

Afin d'être en mesure d'effectuer les paiements pour le compte du bureau d'administration des personnels divers, les bureaux d'administration des diverses caisses lui envoient, dans la première dizaine de chaque mois, une demande spéciale des fonds présumés nécessaires pour les besoins de ce même mois. Après examen et vérification des demandes, le bureau envoie les fonds. A la fin du mois, les caisses lui adressent des comptes rendus d'emploi de fonds qui, après vérification, donnent lieu au renvoi d'une déclaration de conformité et à la prise en charge dans la comptabilité du bureau.

Les trop ou moins perçus constatés sont retenus ou remboursés par les soins des chefs de service sur le vu d'une note de rectification envoyée par le bureau, le cas échéant.

Afin de tenir au courant la comptabilité des prestations dues aux officiers du service auxiliaire, le bureau les inscrit sur le rôle administratif qui les concerne et leur fait parvenir un certificat de position par l'intermédiaire du district dans le ressort duquel se trouve leur domicile, avec délégation à la caisse de ce district de pourvoir aux paiements dus. Aussitôt après la liquidation de leur pension, le bureau dresse le calcul du supplément annuel qui leur est dû en cas d'appel et le transmet au district; il établit et transmet de même toutes les modifications y survenant. Les officiers du service auxiliaire admis à la retraite ou dispensés de out service doivent rendre leur certificat de position au district qui le retourne au bureau d'administration des personnels divers pour lui permettre d'opérer leur radiation sur les rôles administratifs.

Opérations pour les corps et établissements. — Les montants de demandes de fonds faites par les corps ou établissements pour les indemnités de voyage dues aux officiers et personnels, sont intégralement assignés au bureau d'administration des personnels divers et entrent dans sa caisse d'où ils seront extraits selon les besoins par inscription en compte courant.

Ce bureau est également chargé :

1° De toucher pour le compte des corps les mandats de remboursement des prestations comprises sur comptes rendus spéciaux relatifs aux prestations à charge des budgets des divers ministères ou de la caisse militaire transmis directement à ces ministères ou à cette caisse, ainsi que les mandats relatifs aux dépenses faites pour le compte de l'Etat et d'en créditer leur compte courant;

2° De toucher et de rembourser aux corps les intérêts dus pour les certificats de rentes des sous-officiers mariés;

3° De toucher et de rembourser les intérêts des certificats de rentes constituant les masses spéciales de chaque corps ;

4° De verser dans les caisses de l'Etat les sommes dues au Trésor par les corps ;

5° D'accomplir tous les actes nécessaires pour le versement à la Caisse des dépôts et consignations de la succession des militaires défunts.

Les fonds en excédent des besoins dans les corps sont versés dans la caisse du bureau d'administration pour lui permettre d'avancer les fonds nécessaires aux services extraordinaires et aux services communs aux diverses administrations. Les assignations sont faites sur les demandes de prestations ordinaires; elles ne peuvent être inférieures à 500 francs.

Quand il y a lieu de pourvoir à des dépenses qui ne peuvent être différées et pour lesquelles les fonds de leur caisse ne sont pas suffisants, les corps adressent la demande de ces fonds au ministère (Direction générale des services administratifs) par l'intermédiaire du bureau de revision, ou directement s'il y a urgence. Au fur et à mesure que les états de demande lui parviennent, le Ministre les transmet au bureau d'administration pour l'envoi des fonds auquel ce dernier procède en mentionnant le montant au débit du compte courant de l'administration intéressée. Lorsqu'il y a nécessité absolue, les corps peuvent emprunter les sommes voulues à la caisse d'un corps voisin mieux pourvue sur autorisation écrite du commandant de la garnison. Les prêts sont restitués aussitôt que les fonds nécessaires envoyés par le bureau d'administration sont parvenus.

Comptes courants. — La régularisation des débits et des crédits que les corps et établissements ont entre eux, les recettes et les payements réciproques ne donnent pas lieu à des mouvements matériels de fonds; toutes les opérations s'effectuent en comptes courants par l'entremise du bureau d'administration. Ce dernier, en conséquence, tient des comptes courants ouverts :

1° Avec tous les corps et établissements ayant un conseil d'administration ;

2° Avec les directions et établissements du commissariat, de l'artillerie et du génie, avec les magasins centraux d'habillement, le dépôt des modèles, la pharmacie centrale et les dépôts d'élevage des jeunes chevaux ;

3° Avec l'administration de la caisse militaire ;

4° Avec les sociétés de navigation ;

5° Avec l'entreprise générale des transports;

6° Avec les administrations d'hôpitaux.

Les opérations sont inscrites sur le registre des comptes courants divisé en deux parties : la première est relative aux opérations intéressant directement la caisse, la seconde aux opérations de compensation entre les divers comptes.

Il est tenu, en outre, autant de registres d'avis d'opérations qu'il y a d'administrations avec lesquelles des comptes sont ouverts. C'est de ces registres que sont extraits les avis d'opérations effectuées adressés aussitôt après leur accomplissement aux divers intéressés.

A la fin de chaque trimestre l'ensemble des opérations est arrêté, et l'avis constatant les résultats obtenus prend le nom d'avis spécial. En même temps, les totaux de la seconde partie du registre des comptes courants sont reportés à la première et les différences indiquent les restants de crédits. Copie des restants de chaque compte individuel est transmise au Ministre.

Les corps et établissements, de leur côté, tiennent pour le service de leurs propres comptes courants :

1° Un journal des opérations pour leur inscription au jour le jour ;

2° Un compte ouvert avec les diverses administrations pour la transcription des opérations concernant chacune d'elles ;

3° Un registre des avis de comptes-courants d'où l'on détache les avis à envoyer aux diverses administrations des opérations les concernant ;

4° Un registre de notes d'opérations de comptes courants d'où l'on détache les avis de comptes intéressant le bureau d'administration.

Les opérations de comptes courants sont en effet de deux sortes :

1° Comptes courants de corps à corps ;

2° Comptes courants avec le bureau d'administration.

Il y a lieu d'ajouter pour ce dernier bureau un troisième compte :

3º Comptes courants avec le Trésor.

Comptes courants de corps à corps. — Les opérations concernant ces comptes courants sont : la liquidation des comptes des officiers et hommes de troupe changés de corps; le remboursement des prestations aux agrégés, c'est-à-dire aux officiers et hommes de troupe en subsistance et administrés pour le compte de leur corps ou service par un autre corps; le paiement des sommes dues aux hôpitaux militaires pour le traitement des officiers et hommes de troupe malades ou blessés; les paiements et les recettes effectués par un corps pour le compte d'un autre.

Ces comptes, ainsi que nous venons de le voir, sont clos trimestriellement et les résultats des opérations effectuées donnent lieu à l'envoi d'un relevé faisant ressortir le débit et le crédit de chacun des corps entre eux. Les débits et les crédits résultant des états de rectification envoyés par la Cour des comptes ne sont également reportés par les corps dans leurs comptes intérieurs que quand le Ministre, par l'intermédiaire du bureau d'administration, aura fait parvenir le mandat de solde ou le certificat de décharge.

Comptes courants avec le bureau d'administration des personnels divers. — Les opérations relatives à ces comptes courants sont : le recouvrement des mandats adressés sur demandes d'avances; le recouvrement des mandats adressés pour solde; le recouvrement des sommes dues pour hautes payes de rengagement ou autres à la charge du budget; le paiement des sommes dues par les corps aux divers services et établissements ayant leur siège à Rome; la régularisation des comptes courants des corps entre eux; l'expédition de toutes les affaires dont le bureau est chargé par les divers règlements.

L'exécution de ces opérations est notifiée aux corps par l'envoi d'une note explicative à laquelle sont joints tous les documents justificatifs et de la note ou avis spécial résultant du relevé trimestriel.

Comme conséquence de ces envois aussi bien que de l'envoi réciproque par les corps de leurs relevés particuliers, les opérations sont closes et les résultats portant crédits et débits trimestriels arrêtés sur les journaux.

Les sommes restant dues aux corps par les officiers qui quittent l'armée d'une façon ou d'une autre leur sont remboursées par le bureau d'administration des personnels divers. Celui-ci porte le débit sur son propre registre et en poursuit le remboursement en adressant au fur et à mesure les lettres d'avis au ministère (Direction générale des services administratifs). Celui-ci en prévient le Trésor pour qu'il effectue les retenues correspondantes sur la pension ou procède par voie judiciaire dans le cas où une pension ne serait pas due.

Lorsque le recouvrement intégral n'est pas possible, il en est passé écritures dans les comptes domaniaux.

Comptes courants avec le Trésor. — Les fonds ordonnancés au profit du bureau d'administration ou en son nom au profit des corps et établissements, aussi bien que les fonds en excédent des besoins de ces derniers, ne demeurent pas dans la caisse du bureau, mais sont conservés par la trésorerie centrale de l'Etat, chargée de les faire fructifier. Le bureau est donc en comptes courants avec le Trésor. Les sommes inscrites au crédit de ces comptes proviennent :

1° Du montant des mandats ordonnancés au nom du bureau;

2° Des intérêts échus des dépôts divers;

3° De l'ordonnancement des suppléments de solde et des pensions acquis aux rengagés avec primes;

4° Des recettes diverses effectuées directement à Rome.

Les sommes inscrites à leur débit résultent :

1° Des avances consenties aux districts pour le paiement des indemnités de voyage, des crédits de masse et autres dépenses pour le compte des corps;

2° Des avances consenties aux hôpitaux pour les frais de traitement des malades;

3° Des avances consenties aux directions du génie pour pourvoir aux dépenses des réparations à la charge des corps;

4° Des payements effectués à la Société de navigation pour les transports par mer;

5° Des payements au Trésor des sommes dues à l'Etat par les corps;

6° Des payements effectués aux personnels et employés par le bureau;

7° Des payements divers effectués pour le compte de ce bureau.

Les montants des mandats émis au nom du bureau d'administration des personnels divers sont payés directement à la caisse de ce bureau; les sommes résultant de tous les autres mandats sont versées dans les caisses des trésoreries provinciales sur quittance du conseil d'administration.

Les trésoreries, en échange, satisfont à tous les payements ordonnés sur leur caisse par le bureau d'administration sur ordres de payement signés par le président et deux membres du conseil. Les trésoreries inscrivent les sommes payées par leurs soins en sortie dans leurs écritures au compte de la trésorerie centrale qui les rembourse. Pour justifier ces remboursements, le bureau d'administration transmet à la direction générale du

Trésor le relevé de tous les ordres de payement émis
par lui.

Conseil d'administration et comptes de caisse. — Toutes
les opérations du bureau d'administration des personnels
divers sont dirigées par un conseil d'administration qui
se compose de cinq membres :

1° L'officier commissaire directeur, président;

2° L'officier comptable le plus élevé en grade vice-
directeur, rapporteur;

3° L'officier comptable le plus élevé en grade après
lui, secrétaire;

4° Deux autres capitaines comptables, membres.

Lorsque l'officier comptable le plus élevé en grade
après le vice-directeur est l'officier payeur, il ne remplit pas les fonctions de secrétaire qui sont alors dévolues
à celui qui marche après lui.

Les trois clefs de la caisse de réserve sont tenues par
le président, par le rapporteur et par le secrétaire; les
deux clefs de la caisse courante, par le rapporteur et
par l'officier payeur.

Les demandes de fonds nécessaires pour l'exécution
du service sont distinctes à la fois par chapitres du
budget et par catégories des personnels divers à admi-
nistrer.

Le registre de caisse sert à l'inscription, non seulement des opérations relatives aux propres comptes du
bureau, mais encore à celles se rapportant aux comptes
des diverses administrations. Sur le registre, toutefois,
les inscriptions sont portées distinctement selon qu'elles
se rapportent : au bureau lui-même, à d'autres administrations, aux comptes courants.

II. — *Administration territoriale.*

Divisions générales.

L'action ministérielle sur la direction générale des services administratifs, leur surveillance et leur exécution s'exerce par l'intermédiaire des commandements et directions entre lesquels l'ensemble du territoire est réparti, tant au point de vue du commandement qu'au point de vue de l'administration. A la tête de chacune de ces grandes divisions est un chef responsable vis-à-vis du Ministre. Son rôle est d'assurer, d'une part, la marche uniforme de l'instruction, de la discipline et de l'exécution des services; d'autre part, de surveiller la marche administrative des affaires, la bonne gestion des deniers et des matériels de l'Etat ou fournis par lui, en même temps que de veiller à la satisfaction des besoins de chacun selon ce qui lui est dû aux termes des règlements.

Les commandants de corps d'armée ont le commandement supérieur de tous les corps, établissements ou services établis sur leur territoire; ils ont la haute direction et la responsabilité de l'administration dans tous ses détails et donnent à cet effet tous ordres, prennent toutes décisions ou en réfèrent au Ministre. Tous les ordres et instructions de ce dernier passent par leur intermédiaire.

Leur action s'exerce : au point de vue du commandement, par l'entremise des commandants de division et des chefs de services particuliers; au point de vue de l'administration, par ces mêmes organes et les conseils d'administration.

Les commandants de divisions sont les premiers organes d'exécution des commandants de corps d'armée; ils ont sous leur impulsion et en exécution de leurs ordres toute autorité sur les brigades et corps de troupe d'infanterie, de cavalerie et d'artillerie, sur les corps spéciaux, sur les chefs de services particuliers et sur tous les établissements de leur territoire. Cette autorité, toutefois, ne s'exerce qu'au point de vue du commandement proprement dit et de la discipline générale en même temps que de l'activité des divers personnels, sans s'étendre en rien aux détails d'administration pure, si ce n'est par délégation du commandant de corps d'armée et avec l'adjonction des chefs de services compétents ou de leurs délégués spéciaux.

Les chefs de services spéciaux sont chargés de la direction générale des services particuliers de toutes les formations ou établissements techniques de leur ressort, sous la surveillance des commandants de divisions et l'autorité des commandants de corps d'armée.

Les principaux services spéciaux sont :

Les commandements d'artillerie de campagne et de forteresse ;

Les commandements du génie, des forts et de forteresse ;

Les directions d'artillerie et du génie ;

Les directions du commissariat ;

Les directions de santé et les directions de districts.

Ces trois dernières catégories de directions ont leur siège au chef-lieu du corps d'armée correspondant; ce sont les seules qui rentrent plus spécialement dans notre cadre et sur l'organisation et le fonctionnement desquelles nous donnerons quelques détails.

États-majors de corps d'armée et de divisions.

Les officiers du corps d'état-major et les officiers détachés de leurs corps employés dans les états-majors de corps d'armée et de divisions aux détails d'exécution du service sont administrés par le commandement ou état-major auquel ils sont affectés. Chacun de ces commandements est considéré, au point de vue administratif, comme un détachement du corps d'état-major, et administré en conséquence par le chef d'état-major assisté, pour la tenue des registres et des écritures, par un officier inférieur désigné par le commandant du corps d'armée ou de la division, et qui prend la qualification d'officier d'administration.

Les deux clefs de la caisse sont confiées au chef d'état-major et à l'officier·d'administration ; les registres à tenir sont ceux prescrits pour tous les détachements, c'est-à-dire : journal de caisse, registre des bons de prestations en nature, registre des mandats, registre des feuilles de voyage, registre des transports et journal de comptabilité.

Les fonds nécessaires sont demandés mensuellement ou, en cas d'urgence, selon les besoins, par le chef d'état-major au conseil d'administration du corps d'état-major. Ils sont envoyés par le bureau d'administration des personnels divers à l'aide d'ordres de paiement au nom du chef d'état-major ou directement à l'aide de bons du Trésor, adressés par le conseil d'administration.

Les hommes de troupe, écrivains et ordonnances employés au service du bureau ou des officiers sont placés en subsistance dans un corps de la garnison ou administrés directement. Pour subvenir à leurs besoins dans ce dernier cas, l'officier d'administration reçoit un fonds permanent à titre d'avance, dont l'emploi est justifié et le montant renouvelé dans les formes ordinaires par le conseil d'administration. Les effets d'habillement et d'équipement leur sont fournis sur bons, par le magasin de district ou, si la place n'est pas chef-lieu de district, d'un corps de la garnison ; les réparations sont exécutées par ces mêmes magasins sur production d'une note des réparations à faire. Les districts ou corps demandent le remboursement des dépenses en résultant au corps auquel les hommes appartiennent effectivement.

L'administration et la comptabilité des quartiers généraux aux camps, aux manœuvres et en temps de guerre sont dirigées de la même façon, mais les fonctions d'officier d'administration y sont remplies par un officier comptable.

Directions du commissariat.

Dans chaque région de corps d'armée existe une direction du commissariat dont le siège est au chef-lieu de la région et dont l'action s'étend sur l'ensemble des établissements et des entrepreneurs administratifs du territoire ; dans chaque division, au chef-lieu de celle-ci et dans les chefs-lieux de chaque province se trouve une section du commissariat chargée de la surveillance immédiate de ces mêmes établissements et entrepreneurs de leur ressort.

Les directions se subdivisent en un certain nombre de sections chargées plus spécialement d'un service particulier, dont le nombre et les fonctions correspondent aux divisions de la direction générale des services administratifs au ministère : section des subsistances militaires, de l'habillement et de l'équipement, de la comptabilité des corps, du casernement, du chauffage, de l'éclairage et des transports.

Les sections elles-mêmes se subdivisent en un certain nombre de bureaux, ces derniers étant établis non seulement dans les localités sièges des directions et des sections, mais encore dans les places où se trouvent des établissements administratifs importants, telles par exemple que Parme, Venise, Spezzia, Cagliari, Caserte.

Dans toutes les autres localités, tous les actes qui nécessiteraient l'intervention d'un officier commissaire sont accomplis par l'officier adjoint au commandant de la garnison ou par le commandant de la garnison s'il n'a pas le grade de colonel, lorsqu'un officier commissaire n'est pas spécialement délégué à cet effet; ils sont accomplis par le syndic (maire) de la commune lorsqu'en l'absence d'un officier commissaire et la question à décider intéressant le corps, l'officier le plus élevé en grade n'étant pas officier supérieur est en même temps le chef de la troupe.

Les directions ont à leur tête un colonel ou lieutenant-colonel-commissaire; les sections, un lieutenant-colonel ou un major commissaire; les bureaux, un capitaine commissaire. Tous les détails du service intérieur sont dirigés ou exécutés par des officiers subalternes commissaires, des écrivains fournis par les compagnies de subsistances et des employés civils.

Lorsque dans le cours de notre étude nous parlerons des directions du commissariat, il demeure entendu qu'il s'agira, selon le cas ou l'importance des opérations, des directions, des sections ou des bureaux du commissariat, et, lorsque nous parlerons des actes d'un officier commissaire, il s'agira du chef de l'une ou l'autre de ces subdivisions ou bien de son délégué spécialement commis par lui.

Fonctions générales du commissariat. — Les directions du commissariat ont pour mission de diriger et de surveiller la marche générale du service dans les magasins territoriaux des subsistances, de veiller à l'exécution du service par les entrepreneurs des fournitures du pain, des vivres, des fourrages, du casernement, du chauffage et de l'éclairage, d'assurer les comptes des prestations en nature fournies aux corps de troupe et établissements de tous genres pour le compte de l'Etat, de liquider les dépenses de transport au compte des corps.

Tous les marchés généraux relatifs aux établissements ou entreprises des divers services dont les directions du commissariat ont la direction ou la surveillance sont passés par leurs soins; elles en liquident les dépenses et ordonnancent les acomptes sur la demande des fournisseurs, l'ordonnancement du solde étant toujours réservé au Ministre.

Direction et surveillance des magasins administratifs. — Toutes les dépenses à effectuer pour les achats directs, les grosses réparations ou les transformations sont proposées par les consignataires des établissements ou magasins administratifs aux directions du commissariat à l'aide de demandes envoyées trimestriellement. Sur ces demandes, les dépenses doivent être évaluées aussi exactement que possible et ce n'est qu'à titre tout à fait exceptionnel que des demandes spéciales peuvent être adressées en dehors des demandes trimestrielles.

A la fin de chaque trimestre, les directions du commissariat transmettent au Ministre une copie des demandes qu'elles ont approuvées.

Les débits et les crédits à la charge des consignataires sont arrêtés trimestriellement par les directions lors de l'envoi de la comptabilité, sauf appel au Ministre par l'intermédiaire du bureau de revision en cas de contestation.

Tous les actes d'administration, y compris les mises hors de service des matières, des denrées et des matériels sont constatés par procès-verbaux du commissariat; les ordres de charge et de décharge sont signés, les écritures vérifiées et les documents à l'appui rendus valables et authentiques par un officier commissaire.

Les ordres de charge et de décharge sont établis au fur

et à mesure des opérations, sauf pour celles qui se reproduisent fréquemment et journellement ou celles relatives aux transformations, lesquelles ne donnent lieu qu'à des ordres de charge et de décharge trimestriels.

Les écritures sont vérifiées trimestriellement, mais les documents à l'appui visés selon les besoins avant leur inscription sur les registres. Aucune pièce ne doit être signée, aucun fait constaté par un officier commissaire s'il n'a été témoin des opérations effectuées ou s'il ne s'est rendu compte de leur réalité.

Des procès-verbaux sont dressés toutes les fois qu'il importe de constater des faits ou des circonstances de gestion intéressant l'administration de l'armée ou engageant la responsabilité du consignataire. Ils sont rédigés en principe par des officiers commissaires, ou, dans des cas exceptionnels et urgents ou bien en leur absence, par les consignataires eux-mêmes assistés comme témoins d'un officier ou d'un employé sous leurs ordres; dans ces deux derniers cas, ils sont de plus homologués par un officier commissaire.

Leur rédaction doit suivre immédiatement les faits à rapporter, présenter le clair exposé des circonstances propres à déterminer les responsabilités et déduire les conséquences qui en résultent.

Le rédacteur signe le procès-verbal conjointement avec le consignataire et, s'il y a lieu, avec les autres personnes qui ont collaboré.

Il est dressé autant d'exemplaires originaux qu'il est nécessaire pour en pourvoir le rédacteur, le consignataire et les autorités supérieures qui en doivent recevoir aux termes des règlements.

Un exemplaire des procès-verbaux rapportés par les sections détachées, les bureaux extérieurs et les consignataires éventuellement doit toujours être transmis à la direction du commissariat, qui le conserve dans son répertoire à son rang et à sa date.

En règle générale, les procès-verbaux sont adressés au ministère et au bureau de revision en même temps que les comptes auxquels ils se réfèrent. Toutefois, ils sont envoyés immédiatement après leur rédaction, si la nature et l'importance des faits constatés sont telles qu'il soit nécessaire de les signaler, sans délai, au Ministre ou au bureau de revision pour les mesures à prendre, ou bien si cet envoi immédiat est prescrit par les règlements.

Liquidation des comptes des fournisseurs et entrepreneurs du service des subsistances. — Les fournitures livrées par achat direct avec ou sans marché et payables sur les fonds d'avance des établissements territoriaux des subsistances sont réglées directement par les soins des consignataires à présentation de la facture quittancée par le fournisseur ou l'entrepreneur. Elles ne sont, par suite, liquidées qu'occasionnellement lors de la vérification des écritures et des comptes des consignataires eux-mêmes.

Les fournitures effectuées par marchés généraux d'entreprises livrées aux magasins sont payées sur factures quittancées appuyées des procès-verbaux de réception et des reçus des consignataires, portant mention de l'inscription dans les écritures. Ces pièces, remises au commissariat, sont vérifiées et signées par le directeur, et transmises, dans le plus bref délai, au ministère par l'intermédiaire du bureau de revision, afin qu'il soit procédé à l'ordonnancement. Lorsque les fournitures, au lieu d'être livrées en bloc, le sont par livraisons échelonnées, chacune de ces livraisons peut donner lieu à un payement d'acompte ordonnancé par la direction du commissariat. Dans ce cas, le montant total de la facture finale est diminué de la somme des acomptes réglés et la direction transmet au bureau de revision, en même temps que les autres pièces comptables, un relevé de ces acomptes.

Les fournitures assurées directement aux troupes par marchés de fournitures à la ration sont réglées trimestriellement et les comptabilités qui en résultent, établies conformément aux prescriptions du cahier des charges, remises à la direction du commissariat par les entreprises territoriales en même temps que les comptabilités des magasins. La transmission des unes et des autres au bureau de revision a lieu à la même époque, c'est-à-dire dans la quinzaine qui suit l'expiration du trimestre.

La facture trimestrielle décomptée, appuyée des relevés des bons des corps établis distinctement pour chacun d'eux, de ces bons eux-mêmes, des extraits des procès-verbaux d'imputation s'il y a lieu, du relevé des acomptes qui ont pu être ordonnancés mensuellement par la direction du commissariat, est arrêtée, d'une part, au montant total des sommes réellement dues pour l'exécution du service et, d'autre part, au montant effectif du restant à payer.

Aussitôt après la réception de ces comptabilités, la direction en vérifie la régularité, ainsi que la parfaite concordance des bons particuliers et des relevés; s'il y a des erreurs, elle en poursuit le relèvement. Afin de lui permettre de faire cette vérification, les corps envoient à la direction, à la fin de chaque quinzaine, un relevé des fournitures reçues, distinct pour le pain, pour les vivres et pour les fourrages; sur chacun de ces relevés, les denrées de toute nature perçues sont inscrites par jour de prestation et séparément pour chaque espèce de denrée. La direction récapitule ces relevés individuels en un relevé collectif pour l'ensemble des corps de troupe du corps d'armée. Ce relevé collectif est, lui-même, composé de trois parties : la première, relative au pain; la deuxième, aux vivres; la troisième, aux fourrages, et, dans chacune, les denrées sont distinguées d'après leur nature. En même temps qu'elle vérifie la comptabilité des entreprises, la direction s'assure que, par suite des variations qui ont pu être apportées à la composition des rations, on n'a pas dépassé le prix du tarif de chacune d'elles.

Dès que la direction a reconnu la régularité de la comptabilité, vérifié l'inscription des dépenses à la charge de l'entreprise ou inscrit elle-même ces dépenses, telles que imputations, amendes encourues, acomptes payés, elle y appose la déclaration de conformité et la transmet au bureau de revision avec les relevés récapitulatifs qu'elle a dressés, tandis qu'elle retourne aux conseils des corps les relevés qui les concernent.

Lorsque, dans des circonstances tout à fait exceptionnelles, le service du pain, des vivres ou des fourrages n'est pas assuré par les magasins ou les entreprises de l'Etat, ou bien lorsque, par suite de refus de denrées ou d'autres manquements au service, les corps sont obligés de se procurer par achat direct dans le commerce le pain, les vivres ou les fourrages, les directions du commissariat procèdent à la liquidation des dépenses qui en résultent pour ces corps. Cette liquidation est basée sur les relevés de dépenses envoyés par les corps, accompagnés des procès-verbaux constatant les faits et des factures quittancées par les fournisseurs. Elle est envoyée au ministère par l'entremise du bureau de revision et le Ministre pourvoit aussitôt au remboursement en faveur des corps, en même temps qu'il donne des ordres pour la mise à la charge, s'il y a lieu, des magasins ou des entreprises, du montant des sommes remboursées.

Liquidation des sommes dues aux entrepreneurs du casernement, du chauffage et de l'éclairage. — Le service du casernement, du chauffage et de l'éclairage est dirigé et surveillé par les directions du commissariat ; leur action s'exerce par les chefs de sections et de bureaux dans les localités qui en sont pourvues et par les commandants de garnison dans les autres. Elle s'applique principalement :

1° Aux dispositions à prendre pour la formation de l'inventaire du matériel de l'Etat lors des changements et prises de service ;

2° A la rédaction des procès-verbaux concernant les faits intéressant l'Etat ;

3° Aux dispositions relatives aux remplacements et mouvements de matériel ;

4° Aux visites inopinées et inspections administratives ;

5° Aux ordres à donner et aux soins à prendre pour l'exécution du service ;

6° Aux décisions à prendre en cas de contestations avec les corps ;

7° Au règlement des acomptes et à la vérification des comptes.

Tous les ans, une fois au moins, il est procédé à la visite du matériel en magasin ou en service dans les corps ; au cours de cette visite, les objets inutilisables ou mal réparés sont classés hors de service.

La direction tient :

1° Un livre-maître de la dotation en matériel dans l'intérieur de chaque arrondissement de fourniture portant inscription des résultats des inventaires et des conclusions des procès-verbaux de réception des matériels fournis en remplacement ;

2° Un registre numérique des matériels existant dans chaque garnison et distinctement pour chacune d'elles ;

3° Un registre de la valeur des remplacements effectués indiquant à tout moment la situation à cet égard de l'entreprise vis-à-vis de l'Etat.

Les sommes dues par l'Etat sont payées à l'entrepreneur par acomptes ordonnancés par la direction ou pour solde par le Ministre. Les acomptes sont réglés par quinzaine à raison des 8/10 dûs pour le service effectué durant les quinze jours écoulés ; ils sont suspendus pendant les six derniers mois du marché, l'entrepreneur n'en continuant pas moins à fournir régulièrement sa comptabilité. Cette comptabilité se compose, comme celle des fournisseurs du service des vivres, d'une facture décomptée accompagnée d'un relevé par corps des bons fournis par ceux-ci, des bons eux-mêmes et d'un relevé des acomptes touchés. Le montant de ces derniers ainsi que celui des sommes à retenir pour imputation sont déduits sur la facture qui est arrêtée à la fois à la somme totale trimestrielle et au restant à payer effectivement dû.

Aussitôt la réception de la comptabilité, les directions informent le Ministre du solde dû et le bureau de revision de l'époque à laquelle cette comptabilité entièrement vérifiée pourra lui être adressée ; cet envoi doit avoir lieu au plus tard dans les quinze jours qui suivent l'expiration du trimestre.

Les entrepreneurs du casernement étant le plus souvent les entrepreneurs également du chauffage et de l'éclairage, la comptabilité de ces derniers services est confondue avec la première ; toutefois, les fournitures spéciales des combustibles aux boulangeries militaires sont toujours comprises dans des comptes particuliers indépendants adressés en même temps que les précédents.

Liquidation des dépenses de transport de matériel à la charge des corps. — La direction du commissariat de Rome est chargée de la liquidation des sommes dues à l'entreprise générale des transports pour les expéditions de matériel à la charge des corps.

L'entreprise adresse à la direction, accompagnés des lettres de voitures, au fur et à mesure de l'exécution des services, autant de comptes particuliers qu'il y a de corps intéressés. Aussitôt la réception des comptes, la direction procède à leur vérification, fait le nécessaire pour obtenir des diverses parties les éclaircissements et justifications indispensables, arrête chacun d'eux, reproduit les résuldats de ces arrêtés sur son registre de dépôt de comptes et envoie les comptes eux-mêmes ainsi que les lettres de voiture correspondantes aux corps. Ceux-ci les vérifient à leur tour et, après en avoir reconnu l'exactitude, les retournent à la direction avec la mention d'acceptation des sommes mises à leur charge.

Toutes les déclarations d'acceptation d'un même trimestre sont récapitulées dans un relevé des sommes à imputer aux corps, chacun d'eux y étant inscrit séparément ; ce relevé est transmis au Ministre appuyé des déclarations elles-mêmes ainsi que de deux états de doit et d'avoir dont les résultats doivent être concordants entre eux, applicables l'un à l'entreprise, l'autre aux corps. Le ministère vérifie la conformité de ces résultats avec ceux de ses propres écritures, fixe la somme réellement due à l'entreprise et transmet au bureau d'administration des personnels divers les états récapitulatifs reçus afin qu'il puisse faire au compte courant de chaque corps l'imputation des sommes dues par lui.

Quant aux sommes dues à l'entreprise, elles sont ordonnancées trimestriellement par le Ministre sur production d'une facture appuyée d'un relevé des lettres de voiture. Cette facture est vérifiée et le compte liquidé par la direction de la même façon que nous l'avons vu faire par le bureau de revision pour les dépenses à la charge de l'Etat.

Administration propre des directions du commissariat. — Les officiers, personnels et employés attachés aux directions, sections et bureaux du commissariat, aussi bien que ceux des magasins ou établissements administratifs et les compagnies de subsistances, sont administrés par un conseil d'administration unique.

Le conseil d'administration est constitué auprès de la direction du commissariat de Rome ; le personnel présent au siège de cette direction concourt seul à sa formation ; il se compose :

1° Du directeur du commissariat, président ;

2° Des deux officiers commissaires les plus élevés en grade après lui ;

3° D'un major comptable, directeur des comptes ;

4° De trois officiers comptables remplissant respectivement les fonctions de payeur, d'officier de magasin et d'officier de matricule.

Les prestations dues aux officiers, personnels et employés sont payées : par la caisse du conseil d'administration, aux personnels employés à Rome ; pour le compte de cette caisse, par les caisses dont sont dotés les directions, sections, bureaux et établissements divers aux personnels de chacune de ces subdivisions.

Les clefs de ces caisses secondaires sont confiées, l'une au chef de la subdivision correspondante, l'autre à l'officier remplissant les fonctions d'officier d'administration.

Les comptes sont tenus et rendus dans les formes prescrites pour les détachements et transmis au conseil d'administration pour figurer sur ses propres comptes, seuls soumis à la vérification du bureau de revision.

Afin de tenir compte de la force présente sous les armes et de ses variations, d'établir les feuilles de solde et les situations périodiques, chaque direction tient un rôle des positions pour les officiers et un pour les hommes de troupe.

Le rôle des officiers se compose de deux rôles distincts : le premier, applicable aux officiers commissaires, aux officiers comptables et aux écrivains locaux du cadre actif attachés à la direction, à la compagnie et aux établissements des subsistances, est trimestriel et transmis au conseil à la fin de chaque trimestre ; le second, applicable aux officiers commissaires et comptables de complément et distinguant ceux de la milice mobile ou de la milice territoriale, est annuel et transmis de même à la fin de chaque année.

Le relevé des variations survenues dans les divers personnels est envoyé, tous les quinze jours pour la quinzaine écoulée, au conseil d'administration.

Le rôle des hommes de troupe se compose de trois rôles distincts : le premier, annuel, comprend les hommes de l'armée active présents sous les armes ; le deuxième, permanent, les hommes de l'armée active en congé illimité ; le troisième, permanent, les hommes de la milice mobile.

Les variations survenues sont transcrites au jour le jour sur les rôles de position et les rapports de situations journaliers adressés au conseil d'administration.

Directions du service de santé.

Dans chaque région de corps d'armée fonctionne une direction du service de santé dont l'action s'étend sur tous les hôpitaux du territoire, sur les personnels de la compagnie de santé du corps d'armée et sur la direction technique du service dans les corps de troupe.

Au chef-lieu de chaque division est un hôpital principal dont l'action, au point de vue administratif, s'étend à tous les hôpitaux de la division qui fonctionnent comme ses succursales.

Dans les localités où ne se trouve pas d'hôpital militaire, la direction passe des contrats avec les hôpitaux civils pour le traitement des malades.

L'administration de chaque hôpital principal est confiée à un conseil d'administration permanent, composé :

de l'officier médecin directeur, président ; de deux officiers médecins les plus élevés en grade après lui ; du major comptable rapporteur et de l'officier comptable directeur des comptes, secrétaire. S'il n'y a pas de major comptable, le directeur des comptes, secrétaire, est en même temps rapporteur.

Le conseil d'administration de l'hôpital principal de la 1re division, c'est-à-dire de la division dont le siège est au chef-lieu du corps d'armée, dirige en même temps l'administration du personnel de la direction et celle de la compagnie de santé.

Les pelotons de cette compagnie détachés sur le territoire de la 1re division sont considérés comme détachements directs ; ceux sur le territoire de la 2e, comme détachements de l'hôpital principal de cette deuxième division.

Les agents du conseil d'administration de chaque hôpital principal sont les détenteurs des divers matériels : l'officier de dépense, le pharmacien, les consignataires des divers magasins, l'officier payeur ; ce dernier est en même temps officier de matricule ; l'officier de dépense remplit les fonctions d'officier de magasin.

Chaque hôpital principal tient deux comptes distincts : un comme établissement et un comme corps de troupe.

Les sommes dues par les corps de troupe ou services pour le traitement des officiers et soldats malades tant à l'hôpital principal qu'aux hôpitaux succursales ou aux hôpitaux civils, sont remboursées à l'hôpital principal par qui de droit.

A cet effet, le bureau d'administration de chaque hôpital tient pour chaque corps ou service ayant des militaires en traitement un compte de journées trimestriel.

Les inscriptions y sont portées au jour le jour et le compte est arrêté en fin de trimestre et adressé à l'hôpital principal. Celui-ci reproduit sur son propre compte de journées les résultats des comptes des succursales et des hôpitaux civils et y joint les relevés des sommes payées aux intéressés pour gratifications, indemnités de transport et autres, ainsi que les relevés des sommes dues pour fournitures de médicaments aux officiers, corps ou administrations qui lui ont été transmis également. Ces divers relevés établis en double expédition sont envoyés aux corps pour être vérifiés et approuvés par eux ; l'une des expéditions approuvées, retournée à l'hôpital principal, sera par ses soins adressée au bureau d'administration des personnels divers chargés de transcrire les sommes à imputer à la fois au débit des corps dans leurs comptes courants et au crédit de l'hôpital principal.

C'est sur le montant des crédits ainsi ouverts que les hôpitaux recevront les fonds nécessaires pour les frais d'exploitation du service. Ces crédits, toutefois, n'étant inscrits qu'en fin de trimestre, les sommes leur sont en réalité avancées par le bureau.

Chaque mois, les hôpitaux principaux adressent au Ministre, par l'intermédiaire du bureau de revision, un état des sommes présumées nécessaires pendant le mois suivant pour pourvoir non seulement à ses propres besoins, mais encore à ceux de ses succursales et distinctement pour chacune d'elles. Le bureau d'administration des personnels divers, sur l'invitation du Ministre, adresse un ordre de payement aux divers hôpitaux ; les hôpitaux succursales informent l'hôpital principal des sommes ainsi reçues.

Les sommes dues aux hôpitaux civils en exécution de leurs contrats pour les journées de traitement des militaires malades leur sont payées directement par l'hôpital principal, sur présentation d'un relevé des billets d'entrée et de sortie, à l'aide de mandats sur le Trésor ou de mandats-poste.

Directions de districts.

Au chef-lieu de chaque corps d'armée résidait, jusque dans ces derniers temps, un directeur supérieur de districts ayant le grade de colonel, dont l'action s'étendait sur tous les districts entre lesquels le territoire de la région est répartie.

Depuis le 1ᵉʳ avril 1892, par raison d'économie, si les fonctions de directeur supérieur de districts existent toujours, le directeur lui-même a disparu. C'est le général commandant la division dont le siège est au chef-lieu du corps d'armée qui en a hérité.

Les districts sont au nombre de quatre-vingt-sept ; ils sont établis aux chefs-lieux de provinces et dans les autres centres importants ; ils se divisent en deux classes : les districts de 1ʳᵉ classe, au nombre de cinquante-quatre, sont commandés par un colonel ; ceux de 2ᵉ classe, au nombre de trente-trois, par un lieutenant-colonel.

Auprès de chaque district se trouvent une ou deux compagnies permanentes et un magasin d'habillement ; la compagnie est commandée par un capitaine et le magasin dirigé par un capitaine comptable.

Les districts ont pour mission : de recevoir chaque année les recrues de la première catégorie du contingent résidant dans leur ressort ; de constater leur aptitude au service ; de les répartir entre les divers corps ou services ; d'habiller et d'équiper entièrement les hommes affectés à l'infanterie et partiellement ceux affectés aux autres armes et services ; de les former en détachements et de les diriger sur leurs corps. Ils sont également chargés de recevoir les hommes congédiés pour leur retirer les effets reçus simplement à titre de prêt et les renvoyer ensuite dans leurs foyers. Ils tiennent les registres des diverses classes de réserve qu'ils administrent, procèdent à leur rappel, habillent les hommes, les arment et les dirigent sur leurs corps.

Le rôle des districts est surtout capital au point de vue de la mobilisation.

L'administration en est confiée à un conseil d'administration composé :

1° Du commandant de district, président ;

2° De l'officier le plus ancien après lui, rapporteur ;

3° Du capitaine comptable consignataire du magasin, directeur des comptes ;

4° D'un officier comptable faisant les fonctions de payeur ;

5° Du commandant de la compagnie permanente.

Le bureau du commandant dirige les opérations, rédige les ordres, prépare les cantonnements, les réquisitions de chevaux et de voitures, les transports.

Le bureau d'administration se procure les fonds nécessaires, envoie aux syndics les sommes à payer aux appelés pour rejoindre le district, remet à la compagnie permanente et aux commissions de réquisition les fonds voulus, surveille l'administration des milices.

La section de matricule prépare les ordres de rappel des hommes en congé ou appartenant à la deuxième catégorie du contingent et aux classes renvoyées dans leurs foyers.

La section de magasin s'occupe de toutes les opérations de l'habillement.

Tous les officiers, personnels et hommes de troupe appartenant au district sont inscrits sur des rôles de position distincts pour les uns et les autres ; les officiers et personnels spéciaux des forteresses de leur ressort y figurent.

Tous les hommes dans leurs foyers, mais soumis au service militaire, sont inscrits sur des contrôles de position distincts par catégorie, par classe et par spécialité de service.

Tous les hommes comptant réellement au district, de l'armée permanente, de la milice mobile ou de la milice territoriale sont inscrits sur les contrôles de position ordinaire, les autres sur des contrôles spéciaux. Chaque contrôle contient autant de fascicules séparés qu'il y a de classes en congé.

Chaque régiment ou compagnie recruté par le district a son contrôle spécial ; ceux contenant diverses catégories de personnels ont un contrôle distinct pour chacune d'elles. Ces contrôles sont envoyés chaque année aux districts par les corps aussitôt le renvoi de la classe et ceux-ci n'ont plus qu'à les tenir à jour ou les compléter au fur et à mesure des variations.

Les effets nécessaires aux hommes appelés leur sont distribués, sous la direction du commandant de la compagnie assisté par les cadres de conduite envoyés des corps, par les soins du consignataire du magasin.

Les hommes de toutes armes rappelés pour l'instruction sont reçus et habillés par le district auquel ils se présentent ; il est donné avis au district qui les a sur ses contrôles de l'arrivée des hommes étrangers au district qui les reçoit. Les hommes appartenant aux régiments alpins sont immédiatement dirigés sur ces régiments et ne reçoivent que les frais de route nécessaires pour rejoindre ; il en est de même pour les hommes appartenant aux régiments de bersaglieri ; toutefois ils sont dirigés non pas sur leurs régiments, mais bien sur les districts centres de formation de chacun d'eux. Les hommes des régiments d'infanterie et des compagnies de subsistance et de santé sont habillés et équipés puis envoyés aux corps chargés de les instruire ; ceux de la cavalerie, de l'artillerie et du génie sont seulement habillés ; ils ne seront équipés qu'à leur arrivée au corps.

Les hommes de la 2e catégorie du contingent sont reçus, habillés et équipés par les districts ; l'instruction leur est donnée par la compagnie permanente elle-même ; les hommes de cette catégorie appartenant à d'autres districts sont conservés par le district auquel ils se présentent et pris en subsistance par la compagnie permanente. Les effets distribués aux uns et aux autres sont choisis parmi ceux en cours de durée ayant le moins de valeur.

Lorsque le logement fourni par les communes donne lieu à remboursement, les sommes dues sont payées à l'aide de mandats sur le Trésor ou de mandats-poste adressés par les commandants de districts. Pour obtenir le remboursement des sommes qui leur reviennent de ce chef, les communes envoient au district auquel elles ressortissent un relevé distinct par corps de troupe, accompagné des bons contenant toutes les indications nécessaires qui leur ont été délivrés par les parties prenantes individuelles.

Ces relevés et ces bons sont, avant tout payement, soumis à la vérification du corps intéressé qui les retourne après avoir revêtu les relevés de son certificat d'exécution et de son acceptation.

Afin de pourvoir aux dépenses qui leur incombent, les commandants de districts établissent des demandes d'avances mensuelles transmises au Ministre par le bureau de revision et auxquelles il est satisfait sur ordre ministériel par le bureau d'administration des personnels divers. Les clefs de la caisse contenant les fonds qui en résultent sont confiées au commandant de district et à l'officier payeur.

III. — *Administration locale.*

Conseils d'administration.

L'administration des corps est confiée à un conseil d'administration responsable envers l'Etat et le Ministre représentant de l'Etat. Par corps, les Italiens entendent non seulement les corps de troupe proprement dits, mais encore les établissements et services organisés comme tels.

Ont donc chacun un conseil d'administration : les régiments d'artillerie, du génie, d'infanterie et de cavalerie; les districts; le corps des invalides et vétérans; les légions de carabiniers; les directions d'hôpitaux; le corps d'état-major; l'Institut géographique; les écoles militaires; le bureau d'administration des personnels divers; le commandement des prisons; les compagnies d'ouvriers d'artillerie; le service du commissariat.

Les autres formations ou services n'ont pas de conseils d'administration ou n'en ont que pour la gestion des matériels qui leur sont confiés, ou bien sont administrés directement par le consignataire de l'établissement.

Les mêmes règles d'administration et de comptabilité n'en sont pas moins suivies dans leur ensemble.

Les principales de ces formations sont : les commandements et directions d'artillerie et du génie; les magasins centraux d'habillement; le dépôt des modèles; les magasins territoriaux des subsistances; la pharmacie centrale; les dépôts d'étalons et les dépôts d'élevage des jeunes chevaux.

Des conseils d'administration en général. — Chaque corps est administré par un conseil permanent seul responsable de l'ensemble de l'administration pour tout le corps quel que soit le nombre et l'importance des détachements. Il peut être installé pour l'administration en particulier de chacun d'eux des conseils éventuels appelés conseils de régiment si l'état-major est réuni au dépôt et conseils de détachements pour les fractions ayant au moins la force d'un bataillon; les fractions de force moindre sont administrées directement par leurs chefs.

Chaque conseil comprend en principe : 1 président, 1 rapporteur, 1 secrétaire et 1 ou plusieurs autres membres.

Les membres des conseils ne sont jamais renouvelés, mais seulement remplacés en cas de mutation; le chef de corps ou de détachement en fait toujours partie comme président et nomme les autres membres.

Normalement, le nombre total des membres est de quatre au moins; il peut cependant être réduit à trois si le nombre des officiers présents est insuffisant et l'officier de magasin n'en doit faire partie que s'il n'y a pas assez d'officiers pour atteindre le nombre voulu.

Tous les actes du conseil sont consignés sur un registre des délibérations; ces délibérations sont toujours prises à la majorité des voix et les conclusions signées par tous les membres, les non-adhérents ayant toutefois le droit de consigner leurs observations à la suite du procès-verbal pour dégager leur responsabilité. Tous les membres ont voix délibérative, sauf sur leurs propres actes, et les délibérations sont exécutoires sur-le-champ; néanmoins le président a le droit de suspendre leur effet en en référant au Ministre s'il est chef de corps ou au conseil permanent s'il est seulement chef de détachement.

Le chef de corps, seul, prononce sur la répartition des officiers comptables, la désignation des officiers chargés de surveiller les ateliers, la réglementation de l'ordinaire, la dotation des magasins.

Le président, seul également, qu'il soit ou non chef de corps, assure le remplacement des membres du conseil absents, surveille les caisses et le service des munitions, ordonne les distributions extraordinaires, veille à l'entretien des bâtiments par le service du génie.

Le conseil, en séance, s'occupe de toutes les questions intéressant le gouvernement économique du corps : demandes de fonds aux caisses de l'Etat ou du bureau d'administration des personnels divers; demandes de matériels; versement d'excédents; fournitures de vivres non assurées par l'Etat; concession de rations supplémentaires de pain et de paille; achats et confections de matériels et d'effets; réception des envois; surveillance des ateliers; établissement des tarifs intérieurs; déclassement et réforme de matériels et d'effets; vente des matériels et effets réformés et inutilisables; envoi des fonds aux détachements; installation d'infirmeries; imputation aux membres du conseil et aux agents comptables; règlement des successions; réforme, vente et abat des chevaux.

Il doit, en outre, procéder ou assister aux vérifications de caisses et de magasins; suivre les relèvements dans les comptes prescrits par le bureau de revision, la comptabilité ministérielle ou la Cour des comptes; accomplir, en un mot, tous les actes nécessaires pour arriver à une bonne et correcte administration.

Diverses espèces de conseils d'administration. — Le conseil d'administration permanent, lorsque tout le corps est réuni, comprend :

1° Le chef de corps, président ;

2° Un officier supérieur désigné par le Ministre, rapporteur ;

3° Tous les autres officiers supérieurs présents ;

4° L'officier comptable, directeur des comptes, secrétaire.

Lorsque le chef de corps doit quitter le dépôt avec une fraction du corps, il procède à la reconstitution du conseil permanent comme suit :

1° Le commandant de la troupe restée avec le dépôt, président ;

2° Le rapporteur, qui demeure toujours avec le dépôt ;

3° Les deux officiers les plus élevés en grade après le commandant ;

4° Le directeur des comptes, secrétaire.

Si le rapporteur est appelé à prendre le commandement, il garde ses fonctions tout en devenant président du conseil ; s'il n'y a pas d'officier plus élevé en grade que le directeur des comptes, celui-ci quitte ses fonctions de secrétaire et devient président et rapporteur ; si l'officier de magasin est appelé à devenir président, il quitte ses fonctions qui sont confiées à un autre officier, et devient président et rapporteur.

Le conseil de régiment, c'est-à-dire du détachement où se trouve le chef de corps, comprend :

1° Le chef de corps, président ;

2° Tous les officiers supérieurs présents ; l'un d'eux, désigné par le chef de corps et changé tous les trimestres, remplit les fonctions de rapporteur ;

3° L'officier comptable qui marche avec le régiment, secrétaire.

Dans les détachements de la force au moins d'un bataillon, il est constitué un conseil d'administration éventuel comprenant :

1° Le chef de détachement, président et rapporteur ;

2° Les deux officiers les plus élevés en grade après lui ;

3° Un adjudant-major en second, secrétaire, remplissant auprès du détachement les fonctions d'officier d'administration.

Les détachements de force moindre n'ont pas de conseil et sont administrés directement par leurs chefs.

Agents du conseil d'administration. — Les divers agents chargés d'exécuter ou de faire exécuter les divers détails du service sous les ordres et la responsabilité du conseil d'administration sont : le directeur des comptes, l'officier payeur, l'officier des comptes, l'officier de magasin et l'officier de matricule. La plupart de ces agents sont choisis parmi les officiers du corps des comptables. Peuvent également être considérés comme agents du conseil en ce qui touche les actes spéciaux dont ils sont chargés : les commandants de compagnies, escadrons ou batteries; les directeurs d'infirmerie, les directeurs de tables de sous-officiers; les directeurs des écoles régimentaires, etc... Les conseils éventuels, outre ces derniers agents spéciaux, n'ont comme agents proprement dits que le rapporteur et l'officier chargé des fonctions d'officier d'administration.

Le rapporteur est le principal agent d'exécution. Il surveille tous les détails de l'administration et de la comptabilité, expose au conseil les besoins, constate et vérifie les mesures prises pour y satisfaire, surveille les mouvements de fonds et de magasin, certifie les écritures, examine les demandes de fonds des détachements, vise toutes les pièces établies.

Le directeur des comptes dirige et surveille les officiers comptables, pourvoit aux opérations de caisse, tient en double les rôles administratifs, vérifie l'exactitude des prestations et veille à la mise en ordre de la comptabilité intérieure.

L'officier payeur fait les recouvrements et les payements, tient en double expédition les livres de caisse et de comptes courants, aide le directeur des comptes dans toutes les opérations relatives à la mise en ordre des comptes intérieurs.

L'officier des comptes vérifie les comptabilités des compagnies, escadrons ou batteries, tient les comptes des masses, met en évidence les résultats de la gestion trimestrielle.

L'officier de magasin reçoit en consigne tous les matériels, les conserve et maintient en bon état, pourvoit à leur distribution, en tient les écritures et en rend les comptes.

L'officier de matricule tient les livrets, les contrôles et les états de service, procède à toutes les opérations relatives à l'état civil, exécute les écritures se rapportant au recrutement, aux hautes payes et aux gratifications.

Les commandants de compagnie, escadron ou batterie tiennent et présentent les comptes de leur unité, rendent compte de l'emploi des prestations reçues par eux pour les hommes et des effets de toute nature touchés pour leur habillement, leur équipement, leur armement, ainsi que le harnachement des chevaux.

L'officier d'administration des conseils éventuels remplit à la fois les fonctions d'officier payeur et celles d'officier de magasin.

Toutes les opérations relatives à l'administration et à la comptabilité sont effectuées par le bureau d'administration. Ce bureau, dirigé par le rapporteur, est divisé en trois sections : comptes et caisse, magasin, matricule.

Le rapporteur, chef du bureau d'administration, surveille et dirige les travaux des sections, s'assure de la transmission régulière des pièces à adresser périodiquement et veille à l'exacte production des comptes par les unités. Il rédige la correspondance générale et tient le protocole.

La première section est dirigée par le directeur des comptes ; l'officier payeur et l'officier des comptes des unités en font partie.

La deuxième section est dirigée par l'officier de magasin et la troisième par l'officier de matricule.

Dans certaines circonstances, les diverses fonctions d'officier comptable peuvent être cumulées par un même officier ; toutefois, celles de payeur et d'officier de magasin ne peuvent jamais être remplies par le rapporteur ni par le directeur des comptes.

Les officiers comptables subalternes sont répartis entre les diverses sections par le chef de corps, mais ils ne peuvent être attachés à un même service pendant plus de deux ans.

Lorsque la portion principale quitte le dépôt, l'officier payeur suit le chef de corps, et ses fonctions au dépôt sont confiées à l'officier de magasin ; les fonctions d'officier des comptes, cumulées avec celle d'officier payeur, sont exercées par le directeur des comptes.

Gestion des conseils d'administration. — La gestion des conseils d'administration donne lieu à l'établissement de deux comptabilités distinctes : comptes du corps envers l'Etat et comptes intérieurs.

Chacun de ces comptes se divise en deux comptabilités : la comptabilité-deniers et la comptabilité-matières.

La comptabilité-deniers envers l'Etat rend compte des prestations dues, la comptabilité-matières des variations du matériel appartenant à l'Etat et consigné ou prêté au corps.

La comptabilité-deniers intérieure rend compte de l'emploi des prestations, et la comptabilité-matières des mouvements de magasins.

Les divers conseils éventuels, de régiment ou de détachement rendent leurs comptes au conseil permanent, seul chargé des comptes généraux comme seul et unique gestionnaire.

Responsabilité des divers agents des conseils d'administration. — Les officiers divers, officiers comptables ou autres investis de fonctions administratives sont responsables de leurs actes et des conséquences qui en résultent; ils n'en peuvent être exonérés que pour cas de force majeure. Cette responsabilité administrative n'exclut ni la responsabilité disciplinaire ni la responsabilité pénale.

La responsabilité étant personnelle et inhérente à la charge, les titulaires d'emplois sont responsables des actes de leurs agents et de leurs subordonnés.

Etablissements territoriaux des subsistances militaires.

Les établissements territoriaux des subsistances militaires comprennent des établissements principaux chargés à la fois des divers services relatifs aux subsistances militaires et des établissements particuliers n'effectuant qu'un ou plusieurs de ces services; les boulangeries militaires et les biscuiteries sont le plus souvent rattachées à un autre établissement, mais elles sont toujours dirigées par un comptable particulier. A la tête de chaque établissement se trouve un officier comptable chargé de sa gestion sous la dénomination de consignataire. Il est assisté par des officiers comptables en sous-ordre et le service est exécuté par des ouvriers civils ou des ouvriers militaires appartenant aux compagnies de subsistances ou à des corps de la garnison.

Les places où il existe présentement des boulangeries et des magasins de subsistances réunis au nombre de vingt-deux, sont : Turin, Novare, Alexandrie, Cunéo, Milan, Brescia, Plaisance, Parme, Gênes, Vérone, Padoue, Bologne, Ancône, Florence, Livourne, Rome, Pérouse, Naples, Salerne, Bari, Palerme et Messine.

On compte vingt-et-une boulangeries sans magasins de subsistances à : Vercelli, Casale, Savigliano, Crémone, Pavie, Savone, Mantoue, Venise, Udine, Trévise, Modène, Forli, Cesara, Siène, Lucca, Spezia, Cagliari, Caserte, Capoue, Gaète et Syracuse.

Au contraire, il n'y a que deux magasins des subsistances, sans boulangeries, à Ravenne et à Catane.

Enfin, à Casaralta se trouve une fabrique de conserves, à Foligny une biscuiterie et à Aldifredo un moulin.

Le nombre total des établissements de subsistances militaires comprend donc :

43 boulangeries,
 1 biscuiterie,
 1 moulin,
 1 fabrique de conserves,
24 magasins de vivres.

Les consignataires sont placés sous les ordres directs et immédiats des officiers commissaires chargés de constater ou d'ordonner les actes de gestion, de recevoir et de liquider les comptes, de surveiller dans tous ses détails la marche générale du service.

Ils sont comptables en deniers et en matières, responsables envers l'Etat, astreints à un cautionnement et justiciables de la Cour des comptes, les autorisations ou visas donné par le commissariat ne restreignant en rien leur responsabilité personnelle.

L'installation d'un consignataire est toujours assurée par un officier commissaire qui reconnaît l'existence des fonds et des matières à prendre en charge, détermine et constate leur existence par un procès-verbal servant de point de départ à la gestion.

Cette gestion commence à courir du jour de l'installation du comptable et finit au jour de son départ ; néanmoins, les comptes en sont rendus annuellement et par exercice ; ils sont de plus séparés, selon qu'il s'agit de la gestion des deniers ou de la gestion des matières.

L'une et l'autre de ces gestions sont subdivisées en autant de parties séparées qu'il y a de services, savoir : pain et biscuit ; vivres de distribution, de dépôt et de réserve ; fourrages de distribution et de dépôt ; matériels de dotation, de remplacement et de mobilisation.

Le service du pain et du biscuit comprend : les mouvements en deniers et en matières relatifs à la fabrication du pain et du biscuit, à la conservation de ces denrées comme dépôt, à leur consommation par distribution, expédition, vente ou avarie;

Le service des vivres de distribution : les mouvements en deniers et en matières relatifs aux distributions et à la gestion directe des denrées pour la consommation journalière de la troupe;

Le service des vivres de dépôt : les existants en deniers et en matières relatifs aux dépôts de grains et de denrées ne formant pas de dotation de réserve, mais établis par ordre du Ministre pour subvenir aux besoins éventuels;

Le service des vivres de réserve : les entrées et les dépenses pour manutention des vivres et fourrages de réserve existant dès le temps de paix pour les établissements de campagne et les mouvements pour introduction, distribution et expédition de ces dotations de réserve ;

Le service des fourrages de distribution : les mouvements de fonds et de fourrages concernant les distributions éventuelles aux corps de l'avoine, du foin et de la paille.

Le service de fourrages de dépôt est analogue à celui des vivres de dépôt en ce qui concerne la nourriture des chevaux.

Le service du matériel de dotation rend compte des mouvements à charge et décharge des matériels existant dans les boulangeries, biscuiteries, magasins de vivres et de fourrages, moulins..., pour le service courant.

Le service du matériel de remplacement comprend : l'achat et la manutention des matériels de toute espèce et de toute catégorie à conserver pour renouveler les dotations des établissements et pour subvenir aux besoins éventuels;

Le service du matériel de mobilisation : l'achat et la manutention des matériels pour dotation des sections de boulangeries et autres formations de campagne.

Tous les services d'un même établissement sont gérés par le consignataire.

Sous ses ordres et sous sa responsabilité, chacun des services peut être géré par un comptable particulier, mais celui-ci n'est responsable qu'envers le consignataire, qui seul est comptable envers l'Etat et seul dépose un cautionnement.

Lorsque, par suite de dispositions spéciales, pour les boulangeries, par exemple, ou les vivres de distribution, un comptable particulier et personnellement responsable est désigné, celui-ci, à son tour, dépose un cautionnement et son service est pourvu d'une gestion autonome indépendante de celle du magasin.

Les militaires des compagnies de subsistances et ceux des corps de troupe détachés au service d'un établissement ont droit à une haute paye ou gratification spéciale qui leur est réglée par le consignataire.

Les sous-officiers pour tous les jours de présence ; les caporaux et les premiers soldats chefs d'escouade pour tous les jours de travail ont droit à 0 fr. 50 ; les autres caporaux et soldats pour tous les jours de travail à 0 fr. 30. Ces gratifications sont supprimées aux hommes punis pour faute commise dans le travail, incurie ou négligence.

Les ouvriers employés sont également payés par le consignataire.

Les sommes dues aux uns et aux autres sont réglées par quinzaine échue au titre du service qui les utilise sur états d'émargements approuvés par le bureau du commissariat.

Les combustibles nécessaires pour le chauffage des locaux divers sont fixés par le Ministre ; s'il y a lieu à de nouvelles allocations ou à des modifications aux allocations prévues, les directeurs du commissariat, au début d'octobre, en font la proposition motivée par l'intermédiaire du bureau de revision. Les quantités d'huile minérale ou végétale pour l'éclairage des locaux sont fixées par les directeurs du commissariat; les relevés trimestriels de l'huile consommée servent de base aux demandes en décharge correspondantes et sont mises à l'appui de celles-ci. Les dépenses exceptionnelles de combustibles pour réchauffage de fours ou chauffage de locaux pour la conservation des grains ou autres denrées sont autorisées au fur et à mesure par les directeurs du commissariat.

L'emploi des matières pour un usage autre que celui fixé par le règlement, tel que farines ou grains pour épreuves de machines ou autres expériences, doit, au préalable, être approuvé par le Ministre.

Les produits résultant des transformations ou fabrications se divisent en produits principaux et produits accessoires.

Les produits principaux sont la farine reçue des moulins, le pain et le biscuit fabriqué par les boulangeries ; les produits accessoires sont les issues, cokes, cendres, sons et balayures de magasins.

Aucune consommation à titre d'essai n'est accordée réglementairement, si ce n'est une ration de pain par jour dans les boulangeries pour l'épreuve faite par les officiers commandés pour surveiller les distributions.

La décharge des grains distribués et des rations de pain consommées pour essai est autorisée par le bureau du commissariat à l'aide de demandes de décharge trimestrielles; il en est de même pour les consommations courantes du sel et autres menues fournitures achetées directement sur les fonds d'avances.

L'emploi des matières pour les transformations et les fabrications, les produits et consommations qui en résultent, ainsi que les dépenses pour la conservation des grains, sont réglés par les consignataires.

Les bureaux du commissariat veillent à ce que les meilleurs et les plus forts rendements soient obtenus, les matières ne devant être employées que selon les règles prescrites et sans consommation abusive.

Ces consommations sont ordinaires ou exceptionnelles. Les consommations ordinaires comprennent : les criblures de grains achetés non criblés, les moutures, les abats de la viande. Les éventuelles : les criblures de grains achetés criblés, les repassages de farines, le desséchage des grains ou l'évaporation des liquides, les pertes par brisure de galette et de pâte dans les distributions.

Les faits à charge et à décharge résultant des transformations ou des fabrications sont considérés comme mouvements intérieurs. Il en est de même pour les distributions de combustibles aux ouvriers et les consommations pour l'éclairage.

Les ordres de charge et de décharge correspondants sont établis en fin de trimestre, sur production d'un relevé des consommations.

La vente des grains et denrées déclarés hors de service par procès-verbaux des officiers commissaires, ainsi que celle des produits accessoires, a lieu selon les règles ordinaires. Les directions du commissariat communiquent au bureau de revision les contrats de vente des produits accessoires, avec indication du nom des acquéreurs, des espèces à céder, des prix stipulés et de la durée des contrats. Les sommes payées entre les mains du consignataire sont, par ses soins, versées au Trésor.

Les cessions de ces mêmes produits aux établissements, bureaux, officiers et employés militaires sont faites contre paiement, dans les mêmes conditions, par les intéressés, du prix consenti par les marchés des entrepreneurs.

La reddition des comptes-deniers a lieu trimestriellement et par service, selon les règles ordinaires, entre les mains des directions du commissariat.

Les procès-verbaux des officiers commissaires ou, le cas échéant, des consignataires eux-mêmes, les quittances de trésorerie portant déclaration de versement des produits vendus, les notes d'observation du bureau de revision ou des bureaux du commissariat ne constituent pas des titres à charge ou décharge, mais simplement des documents justificatifs à l'appui des ordres demandés.

Les procès-verbaux sont communiqués au consignataire aussitôt après leur établissement, les quittances adressées au Ministre et par lui au bureau de revision, les notes d'observations jointes en copie aux divers comptes. Les unes et les autres de ces diverses pièces sont annotées sur un carnet d'enregistrement tenu à cet effet par les consignataires.

Les ventes et cessions à charge de paiement, en dehors de celles faites par contrat, doivent être justifiées par un procès-verbal sur lequel sont mentionnées les sommes à verser en conséquence au Trésor, et les quittances des versements effectués devront y être jointes. **La** décharge du consignataire résultant de ces ventes ou cessions ne lui est donnée, par le bureau du commissariat, qu'après justification du versement au Trésor des sommes reçues.

Les notes d'observation reçues du bureau de revision ou des bureaux du commissariat doivent être transcrites intégralement sur un registre spécial, ainsi que les éclaircissements fournis, l'avis ou la décision de la direction du commissariat, les résolutions définitives du bureau de revision. Des extraits de ce registre sont mis à l'appui des ordres et des mouvements à charge ou à décharge qui en résultent.

L'ensemble de la gestion de tous les services-matières

d'un même établissement donne lieu à la présentation d'un seul compte judiciaire en fin d'année financière ou de gestion. Il est rendu compte trimestriellement des variations survenues.

Des relevés du compte de meunerie, résumant les opérations de sortie des grains remis au moulin et d'entrée de la farine qui en résulte, sont joints au compte judiciaire, ainsi qu'un relevé des débits de toute espèce constatés en fin d'année financière ; ce dernier relevé est établi en double expédition et présente les résultats obtenus par trimestre.

Compagnies des subsistances ou d'approvisionnements.

Les compagnies de subsistances sont au nombre de treize, une par région de corps d'armée, plus une compagnie dite technique ; elles sont administrées et leurs comptes rendus dans les mêmes conditions que pour les compagnies détachées de tous les autres corps par l'officier comptable chargé de leur commandement.

Toutes les communications avec le conseil d'administration qui, comme nous l'avons vu, est celui du corps du commissariat et siège à Rome, passent par l'intermédiaire de la direction dont la compagnie dépend.

Les comptes s'appliquent non seulement aux hommes présents à la compagnie, mais encore à ceux détachés pour le service auprès des divers établissements des subsistances de la région.

Les fonds nécessaires pour les paiements des diverses prestations dues sont demandés par la direction compétente et versés dans sa caisse.

A la fin de chaque quinzaine, le commandant de la compagnie établit et présente à la direction, pour y recevoir les fonds nécessaires, la feuille de paiement correspondante ; avec la feuille de la seconde quinzaine de chaque mois, il présente la note des dépenses diverses.

Aussitôt après avoir touché l'argent, le commandant de la compagnie envoie aux commandants de pelotons détachés les sommes qui leur reviennent ; afin de lui permettre d'assurer cet envoi, la direction du commissariat a dû faire le nécessaire auprès de l'intendance des finances pour la délivrance de bons du Trésor.

Les hommes appartenant à la compagnie sont inscrits sur le journal de comptabilité par groupes correspondant aux établissements auprès desquels ils sont employés et dans chacun d'eux par grade et par emploi. Les inscriptions des variations survenues y sont portées d'après les situations-rapports des commandants de pelotons.

Dans la situation transmise par la compagnie à la direction du commissariat, tous les hommes sont inscrits comme présents au siège de la compagnie, quelle que soit la localité où ils sont employés.

Les indemnités de bureau sont réparties entre les pelotons, d'après la force de leur effectif, par le conseil d'administration.

Les vivres nécessaires aux hommes leur sont assurés soit par les entreprises de fournitures de l'Etat, soit par les magasins, soit par des fournisseurs particuliers, selon qu'en décide le conseil d'administration sur la proposition des directions du commissariat.

Les bons collectifs pour le prélèvement du pain, des services, du couchage, du chauffage et autres fournitures sont établis par les commandants de compagnie ou de peloton.

Les effets d'habillement sont délivrés par les magasins de district contre remboursement par le conseil d'administration ; les réparations sont effectuées par les ouvriers de ces mêmes districts contre remboursement mensuel dans les mêmes conditions. Lorsque les compagnies ou pelotons ne sont pas stationnés au siège d'un district, le service de l'habillement peut être assuré de la même façon par le magasin d'un corps de la localité désigné par le commandant de la garnison sur la demande de la direction du commissariat.

Les hommes peu gravement malades sont soignés dans les infirmeries de garnison, de district ou d'un corps désigné de même par le commandant de la garnison.

Les subventions aux convalescents, les gratifications et rémunérations spéciales pour service extraordinaire sont concédées par les directions du commissariat, entre lesquelles le conseil d'administration répartit dans ce but, tous les semestres, une somme fixe annuelle de 1,200 francs allouée pour l'ensemble du territoire.

Les documents de voyage, feuilles de route, permissions, ordres de service, etc., sont délivrés aux officiers par l'officier le plus élevé en grade de l'établissement, aux hommes de troupe par les commandants de compagnie ou de peloton.

Chaque compagnie de subsistances est pourvue d'un magasin où sont conservés : les dotations d'équipement et de harnachement de mobilisation pour le service des sections de subsistances et des sections de boulangeries de campagne; les matériels spéciaux à chacune de ces formations; les armes et autres matériels à distribuer aux personnels mobilisés.

Magasins d'habillement.

Les draps, les velours, les toiles et les effets d'habillement en général sont fournis aux corps par les magasins centraux et les magasins de districts, d'après les bases fixées par le Ministre; les échantillons et modèles-types le sont par le dépôt des modèles.

Tous les marchés de fournitures pour les draps, les

velours et les toiles sont passés par le conseil d'administration chargé de la gestion du matériel de chacun des
magasins centraux ; les marchés de confection sont
passés par ces mêmes conseils, par les commandants de
districts ou par les conseils d'administration des corps
chargés de confectionner leurs effets.

Les tarifs des réparations effectuées par les ateliers
sont arrêtés par les conseils d'administration ou par les
commandants et soumis à l'approbation ministérielle par
l'intermédiaire du bureau de revision.

Les magasins centraux sont au nombre de trois,
savoir :

Turin, pour les corps et districts stationnés dans les
divisions territoriales d'Alexandrie, Brescia, Cunéo,
Gênes, Milan, Novare, Plaisance et Turin ; *Florence*,
pour ceux d'Ancône, Bologne, Florence, Livourne,
Padoue, Pérouse, Ravenne et Vérone ; *Naples*, pour
ceux de Bari, Catanzaro, Chiesi, Messine, Naples, Palerme, Rome et Salerne.

Chacun de ces magasins est dirigé par un officier
supérieur assisté du personnel voulu ; ils fournissent les
étoffes nécessaires aux magasins de districts et aux
régiments d'artillerie et du génie chargés de la confection des effets. Les corps d'infanterie ou de cavalerie
reçoivent leurs effets tout confectionnés des magasins de
districts auxquels ils en remboursent la valeur.

La direction économique de chaque magasin central
est confiée à un conseil permanent composé :

1° Du directeur du magasin, président ;

2° De l'officier supérieur marchant après lui, rapporteur ;

3° Du directeur des comptes, secrétaire ;

4° De deux officiers comptables subalternes.

Parmi les autres officiers comptables attachés au
magasin, sont nommés par le président : un officier de

magasin et deux contrôleurs, lesquels ne peuvent être membres du conseil.

Le capitaine comptable le plus ancien est officier de magasin, le lieutenant comptable le plus ancien est directeur des comptes, et l'officier comptable le moins ancien, payeur; ces divers officiers, de même que les contrôleurs, sont agents du conseil.

Les magasins où sont conservés les effets n'a pour entrée qu'une seule porte munie de deux serrures à clefs différentes; l'une d'elles est confiée au rapporteur et l'autre à l'officier de magasin. Il est procédé au moins une fois tous les trois ans à l'inventaire général des existants.

Les magasins de districts sont dirigés par l'officier supérieur commandant du district; l'administration en est gérée et la comptabilité établie par l'officier comptable consignataire assisté d'autres officiers comptables; le personnel d'exécution est fourni par la compagnie permanente ou l'élément civil.

Les hommes de recrue, réunis au chef-lieu de district avant leur mise en route, sont habillés par le magasin; l'officier de magasin réunit, dans ce but, tous les effets nécessaires et les remet au commandant de la compagnie permanente chargé de procéder à leur distribution avec l'aide du cadre de conduite.

Les effets distribués sont inscrits sur un état des effets distribués adressé au corps en double expédition, dont l'une, revêtue de son accusé de réception, sera retournée au comptable du magasin pour la justification de ses écritures.

Afin de déterminer la taille des effets nécessaires à chaque homme, ceux-ci sont soumis, par les soins du commandant de la compagnie permanente, à la mensuration par l'anthropomètre, et les résultats obtenus pour chaque homme sont inscrits par le fourrier sur son livret et sur un état remis à l'officier de magasin, qui le conservera pour les consignations ou les expéditions ultérieures et y inscrira les modifications successives qu'il y aura lieu d'apporter aux mesures.

Le dépôt des modèles, établi à Turin, prépare et confectionne les divers types d'effets; il aide les districts et les corps dans leur confection. Sa direction est confiée à un officier supérieur et son administration gérée par un officier comptable.

Le conseil d'administration permanent comprend :

1° L'officier supérieur directeur, président;

2° Le capitaine comptable le plus ancien, rapporteur;

3° L'officier comptable directeur des comptes, secrétaire;

4° Un autre officier comptable désigné par le président.

L'officier de magasin ne peut faire partie du conseil et le payeur n'y peut entrer que momentanément, en remplacement d'un officier absent.

Afin d'être en mesure de satisfaire à ses besoins, le dépôt s'adresse directement à la direction générale des services administratifs ou, selon le cas, à la direction générale de l'artillerie, au ministère.

Les fonds sont, selon leur destination, demandés à l'une ou à l'autre de ces directions, à l'exception de ceux pour les prestations dues aux officiers qui sont fournis par le bureau d'administration des personnels divers.

Les draps, velours et toiles nécessaires pour les confections sont demandés aux magasins centraux ou achetés dans le commerce.

La comptabilité est distincte selon qu'il s'agit de travaux se rapportant au matériel des services administratifs ou au matériel de l'artillerie. Pour les premiers, on suit les règles applicables aux magasins centraux; pour les seconds, celles applicables aux établissements de l'artillerie.

Les comptes rendus sont établis de la même façon.

Les modèles fabriqués pour les services de l'artillerie sont cédés ou expédiés, selon les ordres du Ministre, aux corps ou aux directions d'artillerie; ceux pour les services administratifs sont de même expédiés aux corps ou versés périodiquement au magasin central de Turin.

Dans tous les cas, les expéditions ou versements sont effectués en observant les règles prescrites pour les opérations de corps à corps.

**Hôpitaux et infirmeries de garnison. — Hôpitaux thermaux.
Dépots de convalescents.**

Dans les villes de garnison, chefs-lieux de corps d'armée ou de division, pour le traitement des militaires atteints de maladies ou de blessures graves, il est établi des hôpitaux militaires dits principaux, dans quelques autres localités importantes des hôpitaux succursales et dans certaines places des infirmeries de garnison. Ailleurs, ces mêmes malades sont traités par les hôpitaux civils. Les hommes peu gravement atteints sont soignés dans les infirmeries de corps. Des hôpitaux thermaux reçoivent les militaires ayant besoin de suivre un traitement approprié et des dépôts de convalescents, ceux qui, sortant des hôpitaux après guérison, ont encore besoin de ménagements et d'un régime spécial.

Les hôpitaux militaires sont considérés comme des établissements succursales de l'hôpital principal de la division sur le territoire de laquelle ils se trouvent; ils sont administrés par un conseil de détachement composé :

1º De l'officier médecin directeur, président ;

2º Des deux officiers médecins les plus élevés en grade après lui;

3° De l'officier comptable, secrétaire.

Les infirmeries de garnison sont administrées par le district, ou, à défaut, par un corps désigné par le commandant de garnison, dans les mêmes conditions que les hôpitaux ; le service médical y est assuré par les officiers médecins des corps.

Les infirmeries de corps sont administrées par le corps lui-même.

Les hôpitaux thermaux sont considérés comme annexes de l'hôpital principal de leur circonscription et administrés par le directeur de l'établissement.

Les dépôts de convalescents sont considérés et administrés comme des hôpitaux ordinaires.

Les divers établissements de santé reçoivent les hommes de troupe de tous corps et de toutes armes, appartenant à l'armée active dans quelque position qu'ils se trouvent et ceux de la disponibilité ou des milices durant leur temps de présence sous les drapeaux ; les officiers sous les armes de l'armée active et des milices ; les officiers en disponibilité ou en service auxiliaire et les employés des diverses administrations militaires.

Les hommes de troupe entrants sont munis d'un billet d'entrée, et les officiers d'un document équivalent ; à leur sortie, ils sont munis les uns et les autres d'un billet de sortie, et le billet d'entrée, revêtu de la mention de sortie, demeure à l'établissement comme pièce justificative des sommes dues pour le traitement.

Les hommes qui doivent recevoir des congés à leur sortie de l'hôpital sont renvoyés à leur corps si celui-ci se trouve dans la même localité que l'hôpital ; sinon, ils sont remis au district chargé de faire le nécessaire.

Les billets de sortie des décédés sont transmis à leur corps en même temps que l'acte de décès.

Les médicaments sont fournis par la pharmacie centrale, soit directement, soit par l'intermédiaire de l'hôpital principal ou achetés dans le commerce. La pharmacie de l'hôpital fournit les médicaments nécessaires aux infirmeries de garnison ou de corps, et ceux demandés par les officiers ou employés militaires contre remboursement.

Les écritures relatives à la pharmacie sont tenues par le pharmacien qui inscrit les préparations sur un registre spécial. La distribution aux malades en est faite par les infirmiers sur le vu des cahiers de visite tenus par les médecins traitants, et les médicaments fournis sont inscrits au jour le jour sur le registre récapitulatif des distributions de médicaments; celles relatives aux officiers non en traitement à l'hôpital sont inscrites sur un registre spécial portant ouverture d'un compte à chaque intéressé dont le relevé est transmis trimestriellement aux corps ou services chargés d'en poursuivre le remboursement et d'effectuer le versement des sommes dues dans la caisse de l'hôpital.

Pharmacie centrale.

La pharmacie centrale est chargée de procéder à la constitution et à la fourniture des médicaments nécessaires aux hôpitaux militaires pour leur propre service ou celui des officiers et personnels de la guerre.

Les demandes à envoyer sont centralisées par les hôpitaux principaux qui adressent, en même temps que la demande, un tableau détaillé des médicaments nécessaires et des établissements auxquels ils sont destinés. Les médicaments sont envoyés directement à chacun d'eux, les frais de transport leur incombant. L'avis d'expédition, retourné après avoir été revêtu de l'accusé de réception du conseil d'administration du corps, sert de pièce de sortie à la pharmacie.

L'administration de l'établissement est confiée à un conseil qui comprend:

1° Le pharmacien directeur, président;

2° Le pharmacien le plus ancien après lui, rapporteur ;

3° Le capitaine comptable, secrétaire.

Le pharmacien principal, de grade toujours inférieur à celui du directeur remplissant les fonctions de consignataire du matériel, ne fait pas partie du conseil, quelle que soit son ancienneté.

Le paiement des prestations dues aux officiers, employés et servants est effectué pour le compte du bureau d'administration des personnels divers par la **caisse** du conseil d'administration.

La comptabilité des fonds et du matériel est tenue par le directeur des comptes, aidé du payeur ; celle des médicaments et ustensiles, par le pharmacien consignataire.

La surveillance technique du service appartient au directeur.

Les matériels se divisent en matériel de l'Etat et matériel de l'établissement. Tous les objets du service général, apparaux, instruments, médicaments et substances médicinales comptent au premier et il en est rendu compte sur le registre de charge du matériel pharmaceutique ; les autres comptent au second et sont compris sur le registre de masse générale.

Il est tenu un compte particulier pour les combustibles et un pour les préparations médicinales et les analyses chimiques ; ce dernier est vérifié tous les dix jours par le directeur.

Il est tenu compte des médicaments envoyés aux hôpitaux, par le consignataire, sur un registre spécial ; extrait de ce registre est communiqué à chacun d'eux en même temps que les expéditions sont faites. Cet extrait est établi en double copie, dont l'une sera retournée revêtue de l'accusé de réception.

Les fonds nécessaires pour les besoins du laboratoire sont fournis au fur et à mesure par la caisse du bureau d'administration des personnels divers en faveur duquel sont assignés les crédits des mandats pour remboursement des sommes dues.

IV. — *Administration des deniers.*

Avances de fonds.

Les corps, établissements ou magasins pourvoient aux divers services à l'aide des prestations en deniers qui leur sont allouées par le budget de l'Etat ; sur ces prestations leur sont payées, à titre d'avances dont ils auront à justifier l'emploi, les sommes nécessaires pour l'exécution matérielle des services ; la justification de l'emploi des fonds alloués pour les avances constitue la partie principale de la comptabilité en deniers, qui doit être complétée par les comptes de caisse mis à l'appui.

Les demandes d'avances de fonds sont établies périodiquement par quinzaine ou par mois ; elles sont dressées en double expédition et appuyées d'un relevé des dépenses prévues pendant la période de temps à laquelle elles s'appliquent lorsque les sommes demandées ne sont pas destinées aux prestations résultant de l'effectif et des droits acquis aux personnels d'après leurs diverses positions. Ces demandes sont distinctes et séparées par service, et aucune d'elles ne doit comprendre des fonds imputables à divers chapitres du budget. Envoyées par les conseils permanents ou par les consignataires de matériels, selon le cas, toutes les demandes parviennent au Ministre par l'intermédiaire du bureau de revision auquel elles sont adressées directement par les premiers et par les seconds, en suivant la filière des directions compétentes.

Les fonds nécessaires pour les personnels administrés par le bureau d'administration des personnels divers ou pour les dépenses auxquelles il est pourvu par mandats assignés à ce bureau sont demandés à ce dernier de la même façon; ceux régularisés par un conseil d'administration lui sont demandés directement.

Les corps ou établissements en faveur desquels des mandats sont émis par le Ministre ou des ordres de payement par les directions ou le bureau d'administration des personnels divers, sont prévenus directement par l'envoi d'un avis. Afin d'éviter des voyages inutiles lorsque ces corps ou établissements ne sont pas stationnés dans la même localité que les trésoreries chargées d'assurer les paiements, celles-ci en outre les préviennent de l'arrivée des fonds; partout, d'ailleurs, l'avis suffit.

Les sommes ordonnancées sont payées contre quittance du conseil, du consignataire ou de leur délégué, sur présentation d'un livret où ces sommes sont inscrites par les agents du Trésor.

Les conseils d'administration adressent deux demandes de fonds par mois : la première à la fin de la première quinzaine pour les prestations dues à la troupe; la seconde, à la fin du mois pour ces mêmes prestations, pour celles dues aux officiers et pour les prestations extraordinaires, c'est-à-dire ne résultant pas des effectifs présents. Toutefois, les prestations dues aux officiers aux camps ou aux manœuvres figurent sur les demandes de quinzaines.

Sur les diverses demandes on ajoute les augmentations ou on retranche les diminutions prévues en raison de grands mouvements, tels que : appel ou renvoi des classes et celles provenant des rectifications à opérer pour mettre les avances précédemment reçues en concordance avec les prestations réellement dues. De ces demandes sont également déduites les sommes qui seront vraisemblablement dues pour les prestations en nature à prélever dans les magasins ou les entreprises de l'Etat et celles réellement dues pour les matériels reçus des établissements de l'artillerie, les chevaux cédés aux officiers et les taxes dont sont grevées les prestations.

Toutes les prestations en nature quelles qu'elles soient, en effet, sont payées par les corps à l'aide de leurs prestations en deniers, et les sommes en résultant versées au Trésor soit directement, soit par virement, afin de pouvoir être employées à la reconstitution des divers approvisionnements réunis pour les besoins du service courant.

L'effectif est donc la base fondamentale des prestations, et ses variations la cause principale des modifications à y apporter. Cet effectif comprend les officiers, les hommes de troupe et les chevaux comptant au corps, et, de plus, ceux en dehors de cet effectif, quoique présents, ou les hommes d'autres corps en subsistance et momentanément affectés au corps. Par contre, n'ont pas droit aux prestations quoique comptant à l'effectif les officiers en congé sans solde ou qui n'ont pas rejoint à l'expiration de leurs permissions avec solde et les hommes en congé pour plus de soixante jours.

Afin de faire ressortir les effectifs et leurs droits aux prestations, il est tenu des rôles administratifs. Les hommes y sont inscrits par compagnie en commençant par l'état-major et dans chaque compagnie par grade et emploi. Ces rôles sont tenus en double expédition avec indication des variations successives, de manière à présenter à tout moment l'existant réel. Ils sont distincts pour les hommes d'une part, pour les chevaux d'autre part.

Les variations d'effectifs comprennent les augmentations et les diminutions, les changements de grade ou de classe, les mutations diverses influant sur les prestations dues. Les seules inscrites sur les rôles administratifs sont les suivantes : variations individuelles modifiant l'effectif ou changeant le droit aux prestations; variations collectives par changement de garnison, mobilisation, participation aux camps ou manœuvres, appel sous les armes, passage dans les milices mobile et territoriale.

Toutes ces variations diverses ne produisent d'effet sur les prestations qu'à dater du lendemain du jour où elles se produisent.

Les demandes d'avances de fonds établies par les établissements territoriaux des subsistances distinctement pour chacun des services en gestion à ordonnancer par le Ministre et transmises mensuellement au bureau de revision le 20 au plus tard de chaque mois pour le mois suivant, revêtues du visa du directeur du commissariat, sont applicables seulement aux dépenses ci-après : achats de sel, d'huile et de plomb pour timbre; achat et réparation de matériel d'économie; menues dépenses de magasin; transport d'un magasin à l'autre et transports intérieurs; frais d'exploitation; prestations aux ouvriers civils; frais d'éclairage ou de consommation de machines au gaz ou à l'électricité. Les achats de sel, d'huile et de plomb et les menues dépenses de magasin sont engagées sans autorisation; les achats et réparations de matériels d'économie doivent être autorisés par la direction du commissariat si la dépense ne dépasse pas 500 francs ou le Ministre si elle est plus élevée; les dépenses de transport résultent des besoins; celles des ouvriers civils des tarifs et fixations ministériels pour les ouvriers employés en permanence ou des autorisations du directeur du commissariat qui en prévient le Ministre pour les ouvriers employés momentanément. Les dépenses pour les services de peu d'étendue peuvent être satisfaites sans demandes spéciales par prélèvement sur les fonds alloués pour d'autres services qui en seront remboursés lors de l'établissement des comptes.

Les demandes d'avances de fonds pour le service spécial des magasins d'habillement et les dépenses incombant au budget de l'habillement sont adressées mensuellement au Ministre accompagnées d'un relevé des dépenses prévues pendant le mois auquel elles se rapportent, et lui parviennent par l'intermédiaire du bureau de revision. Sur ces demandes sont comprises non seulement les dépenses devant résulter des achats à payer sur place et des frais d'exploitation intérieure et de manipulations, mais encore les sommes à payer aux ouvriers civils et les gratifications aux ouvriers militaires.

Les dépenses intérieures, frais de bureau, d'impression, de nettoyage, de manipulation, de subsides et de gratifications sont satisfaites à l'aide d'un fonds annuel, fixé par le règlement sur les dépenses éventuelles et qui s'augmente d'une retenue de 3 p. 100 sur la paye des ouvriers prescrite par décret royal du 25 juillet 1880.

Ce fonds est alloué trimestriellement par fractions égales sur demandes particulières au titre des avances spéciales; il s'accroît en outre du produit de la vente des matériaux d'emballage, des issues et des amendes infligées aux ouvriers pour malfaçon ou négligence.

Solde.

Les prestations allouées au titre de la solde sont réglées d'après les tarifs inhérents à chaque grade ou emploi et dans chacun d'eux d'après la classe ou catégorie. En principe, la solde est payée suivant le grade effectif; toutefois, la solde du grade supérieur à celui réellement occupé peut être concédée par décret royal.

Au point de vue de la solde, les corps ou services se répartissent en huit classes, les divers personnels touchant la solde de leur grade, ou celle du grade supérieur concédée, d'après la classe à laquelle ils sont affectés. Ces classes sont les suivantes :

1° Etat-major, commandements et directions divers;

2° Infanterie de ligne, districts, compagnies de sub- sistances et de santé;

3° Troupes alpines;

4° Grenadiers, bersaglieri, génie, artillerie de forte- resse et de montagne;

5° Pontonniers;

6° Cavalerie, artillerie de campagne et à cheval, ouvriers d'artillerie, train et vétérans d'artillerie et du génie;

7° Carabiniers;

8° Corps des invalides et des vétérans.

Les diverses prestations dues se distinguent en presta- tions ordinaires et indemnités éventuelles.

Les prestations ordinaires comprennent celles norma- lement et régulièrement allouées par le seul fait de la présence sous les armes ou de l'occupation d'une situa- tion déterminée; les indemnités éventuelles, celles dues seulement dans certaines circonstances particulières et en vue de subvenir à un besoin défini.

Les prestations ordinaires des officiers se composent de quatre parties distinctes : le traitement ou solde pro- prement dite, l'indemnité d'armes, l'indemnité de mon- ture pour les officiers à cheval et l'indemnité de rési- dence, auxquelles peuvent s'ajouter, le cas échéant, l'indemnité d'emploi et l'indemnité d'équipement.

Le paiement de la solde aux officiers a lieu normale- ment le dernier jour de chaque mois; en temps de guerre, aux camps et aux manœuvres, à la fin de chaque quinzaine; en cas d'absence pour plus de quinze jours ou lors du départ pour les camps, manœuvres ou chan- gements de garnison, le jour du départ. Les officiers en congé peuvent recevoir leur solde à la fin de chaque mois par l'envoi d'un bon sur la poste.

En même temps que la solde sont payées : l'indemnité de résidence, l'indemnité d'emploi, la valeur des rations de fourrages non allouées en nature, les indemnités éventuelles s'il y a lieu et les pensions aux titulaires de l'ordre militaire de Savoie.

Le paiement est effectué sur présentation des feuilles de traitement par les compagnies ; le directeur des comptes vérifie ces feuilles, y inscrit les retenues à opérer, les récapitule dans un état des feuilles de traitement et transmet le tout à l'officier payeur chargé d'assurer le paiement matériel ; les officiers signent pour quittance sur la feuille de paiement et reçoivent un bulletin indicatif de leur compte.

Les chefs de corps peuvent autoriser le paiement aux officiers d'avances sur leur traitement jusqu'à concurrence des sommes dues dans le cours d'un mois à la suite de maladie ou de tout autre accident entraînant des dépenses extraordinaires. Dans des cas exceptionnels, l'avance peut être portée au montant du traitement de deux mois, mais seulement avec l'autorisation du commandant de corps d'armée. Le remboursement de ces avances a lieu ultérieurement par retenue mensuelle de 1/5 du traitement à compter du mois qui suit celui pour lequel l'avance a été accordée. Aucune nouvelle avance ne peut être accordée avant règlement de la première. Les sous-officiers promus officiers peuvent toucher une avance ferme de 300 francs retenue à raison de 25 francs par mois.

Ceux promus après huit ans de service ont droit à une indemnité fixe, une fois payée, de 500 francs qui s'augmente d'autant de fois 200 francs qu'ils ont accompli d'année en sus des huit, sans que l'indemnité totale puisse jamais être supérieure à 2,000 francs.

Les sommes restant dues par un officier changeant de corps sont remboursées à l'ancien corps par le nouveau qui continue à recevoir pour son compte les retenues à effectuer ; si l'officier disparaît des cadres, le remboursement est assuré par le bureau d'administration des personnels divers, qui reste chargé d'en poursuivre le recouvrement.

Les traitements des officiers sont passibles des retenues pour taxe proportionnelle et pour taxe sur la richesse mobilière prévues par les lois du 7 juillet 1876 et du 24 août 1877.

Les indemnités diverses ne sont soumises qu'à la taxe sur la richesse mobilière. Les gratifications ne supportent aucune taxe.

Le montant des retenues est versé trimestriellement dans les trésoreries provinciales sur présentation d'un état en double expédition indiquant le montant des sommes touchées et celui des taxes qui en résultent. Une des expéditions, revêtue de la mention du versement, est rendue aux administrations versantes pour être jointe à la comptabilité intérieure avec le double de la quittance.

Les retenues judiciaires, séquestres et autres sont notifiés par voie judiciaire. Extrait de ces actes est transmis au Ministre et à l'avocat général de la circonscription chargée d'effectuer les paiements ; ceux-ci sont alors soumis à la retenue préalable du 1/5e du montant dû, et les sommes en résultant versées à la Caisse des dépôts et consignations pour la suite à donner.

Les prestations ordinaires de la troupe se divisent en trois parties distinctes : la paye, l'indemnité d'habillement et l'indemnité commune.

La paye se subdivise elle-même en deux parties : le prêt ou solde proprement dite et l'indemnité de nourriture qui constitue un fonds commun pour l'achat et le paiement des vivres tant aux administrations ou entreprises de l'Etat qu'aux fournisseurs particuliers de l'ordinaire.

L'indemnité d'habillement constitue un fonds commun pour l'achat et le paiement des étoffes et effets confectionnés fournis par les magasins et les dépenses de confection, d'entretien et de réparation de l'habillement.

L'indemnité commune se subdivise en trois parties : les indemnités de chauffage, de couchage et de dépenses diverses; chacune d'elles constitue un fonds commun chargé de subvenir à l'achat et au paiement des fournitures incombant à l'un ou à l'autre de ces services ou aux dépenses générales du corps.

Tous ces fonds sont administrés par le conseil d'administration qui en use conformément aux règlements et en assure la répartition.

La solde, les hautes payes et les indemnités personnelles, revenant aux hommes de la troupe, leur sont payées tous les cinq jours, à terme échu, par les soins des commandants de compagnie qui sont dotés à cet effet d'une avance permanente dont le montant est fixé par le conseil d'administration.

Les commandants de compagnie sont remboursés et leur avance est reconstituée tous les quinze jours sur présentation d'une feuille de prêt portant crédit des prestations dues et débit des retenues faites d'après les inscriptions de leur journal de comptabilité. Ce journal est mensuel et divisé en trois fascicules distincts :

Le premier fascicule sert à tenir compte des sommes reçues pour les prestations de la troupe, à indiquer les prestations en nature touchées et à établir l'ensemble des prestations dues; la deuxième à l'inscription des comptes de l'habillement; la troisième à celle des comptes de tous les autres matériels en consigne dans la compagnie.

Le directeur des comptes, ayant reconnu la régularité des feuilles de prêt, en dresse le relevé et le soumet à la signature du rapporteur qui donne des ordres pour faire effectuer les payements.

Les hommes en permission ou en congé n'ont pas droit au prêt, non plus que ceux à l'hôpital ou voyageant isolément avec droit aux indemnités de route. Les sous-officiers en traitement à l'hôpital, toutefois, ont droit à une solde spéciale.

Les sous-officiers et les hommes à la prison ou à l'infirmerie subissent une retenue sur la solde.

Les sommes retenues à la troupe, aussi bien que celles à retenir aux officiers en traitement dans les hôpitaux divers servent à payer aux hôpitaux principaux, par les soins des corps, à l'aide de mouvements en comptes courants, les sommes dues pour chacune des journées de présence ; ces sommes, uniques pour les sous-officiers et les soldats, varient selon le grade pour les officiers et selon le traitement pour les employés militaires.

Le jour d'entrée à l'hôpital ne compte pas pour les sommes dues, mais le jour de sortie compte toujours quelle que soit l'heure de la sortie.

Pour les hommes en traitement, à la suite de maladies vénériennes, il est dû, en outre, une somme fixe de 5 francs.

Les sommes dues aux ouvriers civils, employés dans les divers magasins ou établissements territoriaux, leur sont payées à la fin de chaque dizaine sur production d'une feuille de paye dressée par l'officier de magasin et portant quittance des ayants droit. Afin de pouvoir procéder à l'établissement de cette feuille, l'officier de magasin tient journellement compte des variations survenues sur son registre de paye où sont portées avec soin les retenues à opérer pour absence, amendes infligées ou autres faits intéressant le compte particulier des ouvriers.

A la fin de chaque trimestre, il est adressé au Ministre une situation graduelle numérique des ouvriers employés et un tableau des sommes qui leur ont été payées.

Masses. — Dépenses et recettes diverses.

Toutes les sommes allouées aux corps, en raison de leur effectif et conformément aux divers tarifs établis, en dehors de celles affectées spécialement au traitement des officiers ou au prêt des hommes de troupe, constituent autant de fonds communs ou masses ayant pour but de subvenir à toutes les dépenses.

A l'aide de ces fonds, les corps paient à l'Etat toutes les prestations en nature qui leur sont fournies, soit directement par les magasins et établissements de l'Etat, soit par les entrepreneurs. Les sommes dues de ce chef sont réglées par voie de comptes-courants au bureau d'administration des personnels divers, pour les échanges de corps à corps ou les fournitures assurées par les établissements de l'Etat; versées au Trésor, par ce même bureau, pour les fournitures assurées par les entrepreneurs de l'Etat, ou payées directement par les soins des corps à leurs fournisseurs particuliers.

Les corps sont remboursés des fournitures payées par eux directement à leurs fournisseurs lorsque ces fournitures étaient effectuées pour le compte de l'Etat, par les soins du bureau d'administration des personnels divers sur production d'un relevé des matériels achetés, accompagné des quittances des fournisseurs.

Les magasins et établissements de l'Etat paient directement à leurs fournisseurs les dépenses résultant des achats effectués par eux sur leurs fonds d'avances pour exploitation du service.

Toutes les autres fournitures sont payées directement aux fournisseurs sur ordres de payements des directeurs compétents pour les acomptes ou sur mandats ministériels pour les sommes dues comme solde. Selon les diverses circonstances, ces paiements ont lieu aussitôt après l'exécution de la fourniture ou trimestriellement.

Au compte des masses, il est alloué aux sous-officiers chargés d'emplois spéciaux, pour chacune des journées de présence, des indemnités spéciales ; elles ne sont pas dues aux suppléants, qui n'ont droit qu'à des gratifications éventuelles. Les principales de ces allocations sont :

0 fr. 60 aux instructeurs d'escrime pendant les cinq premières années d'emploi, portés à 1 franc après cinq ans ;

1 franc aux instructeurs d'équitation ;

0 fr. 50 aux infirmiers chargés de la pharmacie ;

0 fr. 25 aux gardes-magasins.

Les excédents de fonds éventuellement constatés dans les caisses lors des vérifications, sont immédiatement pris en charge sur extraits du procès-verbal de vérification.

Il en est de même pour les sommes résultant de la vérification des comptes comme payées en trop ou indûment payées. Celles constatées postérieurement, après la vérification et la clôture des comptes, sont versées directement au Trésor, de même que les sommes touchées directement pour la vente des objets réformés appartenant à l'Etat ou celle des issues et autres produits accessoires de fabrication non utilisables. Le versement est effectué par les conseils d'administration ou les consignataires entre les mains des agents du Trésor, si ceux-ci résident dans la même localité, ou le montant adressé par bon sur la poste au bureau d'administration des personnels divers ou aux directeurs compétents, chargés du versement effectif dans le cas contraire.

Lorsqu'il y a lieu à versement au Trésor, l'autorisation de versement est demandée par l'administration versante à l'intendance des finances locale avec indication du chapitre correspondant du budget auquel le versement est applicable. Les quittances remises par les agents du Trésor sont aussitôt adressées au ministère de la guerre (secrétariat général, comptabilité). Le bureau de comptabilité en prend note et retourne les quittances aux administrations intéressées pour être mises à l'appui de leurs comptes.

Les grains, avoines et autres denrées soumises à des droits d'octroi sont, comme nous l'avons vu, introduits en franchise, dans les magasins divers de l'Etat ou des corps, ces droits ne devant être payés qu'à raison des consommations effectuées. Pour permettre aux agents de perception de se rendre compte des quantités introduites, d'une part, des quantités consommées, d'autre part, les corps et établissements leur communiquent un extrait du registre des entrées et des sorties indiquant les quantités introduites dans la ville ou exportées. En échange, ils reçoivent une licence de dépôt pour les entrées et un certificat de décharge pour les sorties.

Les comptes d'octroi sont réglés avec les bureaux locaux à la fin de chaque trimestre ou à chaque changement de fournisseur. A cet effet, il est remis auxdits bureaux un compte des taxes dues; après la signature du directeur, le compte est transmis au syndic (maire) de la commune, qui y mentionne les noms et qualités du fournisseur ou de son représentant chargé d'acquitter les droits. Ces comptes sont établis en quatre originaux, deux destinés au bureau de revision, un au directeur des octrois, le dernier au corps ou établissement.

Frais de route et de transport des personnels isolés ou voyageant en troupe et du matériel qui les accompagne.

Officiers voyageant isolément. — Les officiers voyageant isolément pour cause de service ont droit à des frais de route composés de deux parties : 1° indemnité de transfèrement ; 2° indemnité de transport.

L'indemnité de transfèrement représente les frais accessoires supplémentaires ; elle est calculée d'après le grade et le nombre de jours nécessaires pour accomplir le voyage, y compris les arrêts forcés et le temps de la mission, fixé par le certificat de voyage, quel que soit le temps réellement employé.

Aux termes du nouveau décret portant la date du 7 avril 1892, cette indemnité est divisée en deux catégories. L'indemnité de première catégorie est allouée pour les déplacements à plus de 5 kilomètres entraînant un changement de garnison ou l'obligation de passer la nuit hors du domicile.

Le taux par jour est le suivant :

Général.............	18 francs.
Colonel.............	10 —
Officier supérieur....	7 —
Capitaine..........	6 —
Officier subalterne..	5 —

L'indemnité de seconde catégorie, dont le taux est la moitié de celui de la précédente, est allouée pour les journées de déplacement sans obligation de coucher hors du domicile, à condition que le parcours, aller et retour, soit de plus de 10 kilomètres.

L'indemnité de transport représente le montant des sommes à payer pour voyage en chemin de fer ou en bateau à vapeur, calculé d'après la distance kilométrique à parcourir et la classse de véhicule accordée selon le grade.

Sur les chemins de fer, les officiers généraux et supérieurs ont droit à la 1re classe, les autres à la 2e classe. Sur les bateaux à vapeur, tous les officiers sont admis en première classe.

Les sommes allouées sont supérieures légèrement à la dépense réelle, la différence étant allouée pour les menus frais.

Pour le transport sur les routes ordinaires, les généraux sont autorisés à louer directement des voitures particulières; leurs frais leur sont remboursés sur présentation de factures. Les officiers supérieurs touchent une indemnité kilométrique de 0 fr. 30 pour les dix premiers kilomètres, et de 0 fr. 15 pour les suivants. Les autres officiers reçoivent dans les mêmes conditions 0 fr. 20 ou 0 fr. 10.

Quant au transport des bagages, selon que le déplacement est temporaire ou définitif, il est assuré à l'aide d'une indemnité spéciale. Les quantités de bagages pour lesquelles est due l'indemnité dans l'une ou l'autre circonstance, varient avec les grades ou emplois :

Commandant de corps d'armée..	100 ou 600	kilogr.
Lieutenant-général.............	80 ou 400	—
Major-général.................	60 ou 300	—
Colonels......................	40 ou 250	—
Officiers supérieurs...........	40 ou 200	—
Capitaines....................	30 ou 120	—
Officiers subalternes..........	30 ou 100	—

Lorsqu'ils voyagent avec la troupe, les officiers ont droit aux mêmes indemnités que s'ils étaient isolés, et de plus au logement en cours de route, mais non en station.

Les sommes dues sont réglementairement payées après l'exécution du service par les soins des corps auxquels appartiennent les officiers; des avances, toutefois, peuvent être accordées par le chef de corps jusqu'à concurrence du montant total des sommes présumées devoir revenir à l'officier.

Hommes de troupes isolés. — Les hommes de troupe ont droit aux mêmes sortes de prestations que les officiers, mais l'indemnité de transport ne leur est due que si la distance à parcourir est supérieure à 25 kilomètres; ils ont toujours droit au logement. Les sommes dues leur sont payées avant le départ par les commandants de compagnies sur les ressources de leurs fonds permanents.

Les taux de l'indemnité de transfèrement sont suivant la catégorie applicable et suivant le grade :

Fourrier-major...............	2 fr. 80 et 2 fr. 50
Fourrier....................	2 fr. 30 et 2 fr.
Sergent.	2 fr. 10 et 1 fr. 60
Caporal....................	1 fr. 30 et 0 fr. 85
Soldat.	1 fr. 20 et 0 fr. 70

Ceux de l'indemnité de transport sont toujours calculés d'après les prix de la troisième classe en chemin de fer et de la deuxième sur les bateaux à vapeur.

L'indemnité de transfèrement allouée aux hommes de troupe remplace toutes les autres prestations ; elle n'est pas due pour les permissions ni pour les déplacements donnant droit à des indemnités particulières.

Les isolés tombant malades en route s'adressent à l'autorité militaire locale, ou, à défaut, au syndic qui les fait hospitaliser, et les dépenses en résultant sont remboursées par les corps ; ceux-ci sont prévenus de l'événement par le commandant de district auquel en ont rendu compte l'autorité locale ou le commandant des carabiniers.

Les militaires ayant terminé leur congé ou sortant d'un hôpital civil qui doivent rejoindre leur corps s'adressent au syndic de la commune qui leur délivre le montant des indemnités dues, sur production du titre et avec inscription sur celui-ci ; ils se présentent au commandant de district et non au syndic s'ils ont leur domicile dans un chef-lieu de district ; celui-ci, dans les mêmes conditions, leur paye les sommes dues ; les hommes en congé ayant égaré leur titre doivent toujours se présenter au commandant de leur district, le syndic de leur commune signale aux chefs des carabiniers ceux qui déclareraient ne pas avoir le nécessaire pour rejoindre le chef-lieu et celui-ci les y fait conduire.

Les hommes dans leurs foyers rappelés sous les armes reçoivent également des syndics les sommes dues pour rejoindre au district ou au corps s'ils appartiennent aux régiments alpins en présentant leur ordre d'appel.

Les syndics sont remboursés trimestriellement des sommes ainsi avancées par les districts auxquels ils envoient un état de remboursement nominatif; ils peuvent, lorsque les dépenses doivent être importantes, en cas de forts appels, demander des avances; les sommes leur sont envoyées, dans tous les cas, par bons sur la poste. Les districts à leur tour sont remboursés par les corps sur production également d'un relevé nominatif, mais ce remboursement est effectué par voie de comptes courants.

Les chefs ouvriers chargés de visiter les approvisionnements dans les magasins-annexes reçoivent 5 francs par journée de voyage et 2 francs par journée d'opération.

Hommes de troupes voyageant en détachement. — Les hommes de troupe voyageant en détachement ont droit aux mêmes prestations que les militaires isolés, mais les sommes correspondantes sont conservées par le chef de détachement et l'indemnité de transport remplacée par un bon de chemin de fer ou de bateau à vapeur obtenu contre payement préalable aux compagnies.

Avant le départ de la troupe, le chef de corps en prévient à temps : 1° les directions, sections ou bureaux du commissariat sur le territoire desquels le mouvement doit avoir lieu, afin de leur permettre de faire préparer les fournitures de pain, de vivres et de fourrages; 2° les syndics des communes chargés d'assurer le logement et les moyens de transport sur les routes ordinaires.

Des avis de passage sont envoyés à cet effet aux uns

et aux autres, indiquant l'effectif, les jours et lieux de passage, les prestations à fournir.

Les dépenses faites en marche sont inscrites sur le registre de caisse et appuyées des quittances reçues. Aux quittances relatives aux achats de pain, de vivres et de fourrages sont joints les bons qui auraient été produits si les fournitures avaient été assurées par les magasins ou entreprises de l'Etat; aux quittances pour la paille de couchage sont joints des états d'effectifs.

Les dépenses pour achat de bois sont à la charge de la masse générale; celles pour achats de pain, de vivres et de fourrages sont remboursées aux corps en envoyant au Ministre un relevé des dépenses, suivant les règles fixées pour le remboursement des dépenses effectuées lors des achats par les corps à défaut de fournitures par les magasins ou les entreprises de l'Etat.

Lorsque ces mêmes fournitures doivent être assurées en cours de marche par lesdits magasins ou entreprises, le montant en est déduit sur les états de demandes de fonds transmises pour l'obtention des avances nécessaires au paiement des prestations dues et des dépenses effectuées. Ces avances sont délivrées aux corps par la caisse du bureau d'administration des personnels divers auquel, nous l'avons vu, les fonds sont assignés. Elles sont demandées au Ministre par l'intermédiaire du bureau de revision ou, s'il y a urgence, directement même par télégramme. Si les fonds n'étaient pas arrivés avant le départ, le paiement serait différé jusqu'à l'arrivée à destination. Dans ce cas, il est remis au chef de gare une demande de transport portant déclaration que le prix dû sera réglé lors du débarquement. Dans tous les autres cas, ce prix est remis directement au chef de gare du lieu de partance par l'officier faisant fonctions de payeur du détachement auquel il a été avancé par la caisse du corps sur reçu provisoire non inscrit au journal de caisse. En même temps, il lui est remis une demande d'ordre de transport extraite d'un registre à souche et composée de deux parties portant l'une et l'autre, de même que le talon, l'indication du nombre des hommes et des chevaux à transporter, du trajet à effectuer et de la date. Ces pièces sont signées par le chef de corps. A l'arrivée à destination, la seconde partie de la demande signée par le chef de gare et portant reçu des sommes versées est transmise au bureau d'administration qui confronte les sommes réellement payées avec celles avancées, et complète le payement ou reprend le surplus en échange du reçu provisoire qui est rendu. L'opération est alors inscrite sur le livre de caisse et la seconde partie de l'ordre de transport jointe au talon sert de pièce justificative.

Si le détachement ne se compose que d'une compagnie ou moins, le commandant du détachement paie lui-même les dépenses sur ses fonds permanents et les inscrit sur son journal de caisse.

Les troupes ne doivent emmener avec elles que les bagages dont le poids total représente seulement celui dont le transport est assuré en franchise, soit 20 kilogrammes par tête, y compris les officiers.

Pièces justificatives de voyage. — Les officiers et les hommes voyageant reçoivent une feuille ou certificat de voyage individuel, que le voyage ait lieu isolément ou en troupe; ces feuilles ou certificats sont délivrés par le bureau de la majorité que dirige l'adjudant-major en premier aidé par l'adjudant-major en second dans les régiments, par le commandant dans les détachements qui n'ont pas de conseil ni par suite de bureau de majorité, par le chef d'état-major dans les commandements et par le chef de service dans les autres formations. Ces feuilles servent à constater les dates de départ et celles de retour, ainsi que les indemnités dues; elles sont au retour remises au commandant d'unité pour être transmises à l'autorité qui les a établies au départ et qui est également chargée de constater par sa signature datée le jour du retour.

Les corps et détachements en route ont de plus une feuille de voyage collective destinée à l'inscription des prestations en nature allouées, s'il y a lieu, par les magasins et entreprises de l'Etat.

Au cas où chemin faisant des arrêts forcés et non prévus auraient lieu, l'indemnité de transfèrement pour chacune de ces journées de séjour obligatoire serait payée par l'autorité militaire locale ou, à défaut, par le syndic, avec inscription sur les feuilles de voyage et sauf remboursement ultérieur par le corps dans les formes ordinaires.

Caisses.

Les corps, établissements et services chargés d'une gestion de fonds sont pourvus pour la conservation de ces fonds et des papiers de valeur d'un coffre-fort ou caisse à plusieurs clefs de contexture différente confiées aux divers officiers ayant à intervenir dans la manipulation des deniers; une même main ne peut jamais réunir toutes les clefs. En cas d'absence ou de départ de l'un de ces officiers, il est procédé à l'arrêté des registres et à la vérification de la caisse et la clef qu'il détient remise à son suppléant ou à son remplaçant.

Les conseils permanents ont deux caisses, une de réserve et une courante; la première a trois clefs et sert à la conservation des fonds en excédent des besoins journaliers; la seconde n'en a que deux et contient le nécessaire pour les dépenses courantes.

Les corps, détachements, services et établissements sans conseil n'en ont qu'une seule à deux clefs, les fonds que renferme cette caisse ne pouvant être destinés qu'à la satisfaction des nécessités de tous les jours.

Les clefs de la caisse de réserve des conseils d'administration sont tenues par le président, le directeur des comptes et le membre du conseil le plus ancien ; celles de la caisse courante, par le rapporteur et par le payeur. Les clefs de la caisse des corps, détachements, services et établissements sans conseils, par le chef du corps ou du service, ou bien par le consignataire et par le payeur ou l'officier qui en remplit les fonctions.

Les fonds permanents remis aux commandants d'unités ou chefs de services particuliers dans les corps sont conservés par ceux-ci.

Les caisses sont déposées dans le local du bureau d'administration et le président du conseil (chef de détachement, de corps, de service) ou le consignataire doivent sous leur responsabilité prendre les mesures nécessaires pour leur conservation.

Les fonds existant dans la caisse courante ne doivent jamais excéder 4,000 francs, et le rapporteur veille à ce qu'il en soit toujours ainsi, en prescrivant s'il y a lieu des versements à la caisse de réserve, tout en provoquant la remise par celle-ci, au contraire, des fonds nécessaires, pour que la caisse courante soit suffisamment pourvue. Les sommes existant dans les corps, en sus des besoins d'une quinzaine ou d'un mois, selon que les avances sont accordées, doivent, nous le savons, être versées en compte-courant au bureau d'administration des personnels divers. Celles existant, le cas échéant, dans les autres caisses sont versées au Trésor.

Les avis d'émission de mandats, les valeurs du Trésor et les ordres de payement sont remis par le président au rapporteur ; celui-ci en prend note sur le mémorial des mandats destiné à recevoir ultérieurement aussi mention de la date de recette. Au cas où cette recette ne serait pas opérée sur-le-champ, les mandats, bons et ordres de payement seraient déposés dans la caisse de réserve. Lors de la recette, les fonds sont versés également à cette caisse, quitte à faire en même temps, s'il y a lieu, le passage à la caisse courante de tout ou partie des sommes reçues.

Les titres justificatifs des opérations de caisse sont remis par le rapporteur au directeur des comptes, qui en reconnaît la validité et la régularité et y appose son visa.

Dans les établissements ou services non gérés par un conseil, ces diverses opérations sont effectuées par le chef de service ou le consignataire lui-même.

Les opérations matérielles de recettes et de payements sont exécutées par le payeur, qui enregistre les mouvements sur le registre de caisse et délivre les reçus extraits du livre à souche des quittances et visés par le rapporteur ou bien par le chef de service ou le consignataire qui en remplit l'office.

Les quittances remises aux chefs ouvriers et aux personnes étrangères à l'armée doivent être munies, aux frais des parties prenantes, d'un timbre-quittance de 0 fr. 05 pour toute somme supérieure à 10 francs. Celles de valeur moindre ou délivrées à l'intérieur du corps pour simple usage administratif sont exemptes du timbre.

A chaque payement effectué, le payeur en retire quittance par signature de la partie prenante sur l'ordre de payement lui-même ou les documents équivalents ; si le recevant ne sait pas signer, il appose une croix en présence de deux témoins qui donnent leur signature.

Les sommes dues sont toujours payées entre les mains des ayants droit qui doivent justifier de leur identité ou bien entre celles de leur mandataire, muni d'une déégation régulière ; on peut cependant les envoyer à l'aide d'un bon sur la poste, aux frais des intéressés ; le reçu de la poste sert de quittance.

Les corps, établissements et services sont pourvus d'un livret de recettes du Trésor au nom du conseil, du chef de service ou du consignataire pour toucher aux trésoreries le montant des mandats, bons et ordres de payement divers ; ce livret est délivré par les intendances de finances et aucune somme ne peut être touchée sans sa présentation ; de ce livret, au préalable, sont extraits des avis transmis à la trésorerie, indiquant les sommes à toucher et le mandat, bon ou ordre de payement auquel elles se réfèrent.

Comptes de caisse. — Comptabilité-deniers.

L'ensemble de la comptabilité-deniers des corps de troupe, établissements et services résulte des comptes de caisse d'une part, et des comptes rendus d'emploi des avances d'autre part. Les premiers sont rendus mensuellement dans les corps de troupe et trimestriellement dans les établissements et services ; les seconds sont rendus trimestriellement par les uns et les autres.

Les résultats fournis par ces divers comptes doivent être en parfaite concordance, puisque les seconds, que l'on pourrait appeler comptes extérieurs, ne sont, en réalité, que la consécration des premiers qui leur ont donné naissance et qui sont de véritables comptes intérieurs.

Les principaux registres et documents applicables à la comptabilité générale des deniers peuvent se résumer comme suit, en dehors, bien entendu, de tous les carnets ou livrets auxiliaires qui ne sont que des compléments d'information destinés uniquement à faciliter la tenue des écritures :

a) Registres et documents communs à tous les corps, établissements et services sans distinction : 1º registre de caisse ; 2º documents justificatifs ; 3º registre des quittances ; 4º comptes rendus des avances ;

b) Registres et documents spéciaux aux corps de troupe : comptes de masses divers, dont nous aurons à reparler quand nous traiterons des comptes intérieurs proprement dits ;

c) Registres et documents spéciaux aux établissements : 1° compte des prestations aux ouvriers ; 2° registre de masse des ouvriers ; 3° registre des retenues et des amendes.

Comptes de caisse. — Le registre ou journal de caisse est unique pour les deux caisses dans les corps de troupes, pour tous les services sans distinction dans les établissements. Les inscriptions y sont portées distinctement pour chaque service au fur et à mesure des opérations, au moment même où les faits se produisent, de manière que le journal mentionne à un instant quelconque la situation exacte de la caisse. Chacune d'elles prend un numéro d'ordre progressif trimestriel reproduit sur les documents justificatifs qui devront être conservés avec soin et porter, outre le numéro du journal, l'indication du service et du trimestre auxquels l'opération se rapporte.

Dans les établissements administratifs, les diverses opérations ne peuvent être effectuées et par suite, mentionnées sur le journal qu'après approbation et sur l'ordre d'un officier commissaire. Dans les autres établissements pourvus d'un conseil d'administration et les corps, les opérations relatives à la caisse de réserve sont ordonnées par délibération du conseil et inscrites, en outre, sur le registre des fonds de cette caisse. Ce registre est tenu par le directeur des comptes et toutes les inscriptions signées par les divers détenteurs de clefs. Elles sont, de plus, signées par le payeur en cas de remise de fonds à la caisse courante. Toutes les opérations relatives à cette dernière sont ordonnées par le directeur des comptes qui établit, selon le cas, les ordres de payement ou de recette. Lorsque ces opérations dépendent d'une délibération du conseil, les pièces justificatives mentionnent la date et le numéro du procès-verbal correspondant.

Les ordres établis par le directeur des comptes sont soumis à la signature du rapporteur puis transmis au payeur. Le directeur tient un mémorial sur lequel il inscrit les ordres transmis et dont les indications, par conséquent, devront concorder exactement avec celles portées sur le journal de caisse.

Le journal de caisse des établissements gérés par un consignataire est arrêté le dernier jour de chaque trimestre par ce consignataire, de manière à faire ressortir les existants en caisse qui sont constatés matériellement ; cet arrêté est visé par un officier commissaire qui s'assure également de l'existence réelle des fonds. Ces dernières opérations sont effectuées par un officier délégué du directeur de l'artillerie ou du génie dans les établissements dépendant de l'un ou l'autre de ces services.

Le journal de caisse des corps et établissements pourvus d'un conseil d'administration est arrêté mensuellement, au dernier jour de chaque mois, par le payeur, de manière à faire ressortir les existants en caisse d'après les écritures. Le directeur des comptes arrête de même son mémorial et l'envoie au rapporteur pour lui permettre de reconnaître les opérations de caisse exécutées et de fixer les sommes devant rester en caisse.

Aussitôt après l'arrêté des écritures du journal et du mémorial, le rapporteur, assisté du directeur des comptes, procède à leur vérification, compulse les documents justificatifs, s'assure de leur régularité et de l'exactitude des inscriptions.

Le résultat de ces opérations qui doivent être terminées le 5 du mois qui suit chaque mois ou chaque trimestre écoulé, selon le cas, est adressé au bureau de revision à l'aide d'une note portant situation de la caisse et mention des mandats ministériels reçus.

Comptabilité-deniers. — Les divers registres et documents établis pour la constatation des diverses opérations relatives aux fonds mis à la disposition des corps, établissements ou services ont pour but de rendre compte de l'emploi de ces fonds et de justifier leur exacte application aux services qu'ils sont destinés à satisfaire.

Toutes les opérations sont constatées par des documents authentiques dûment approuvés par les officiers commissaires ou les délégués des directeurs de l'artillerie et du génie pour celles effectuées par les consignataires des établissements divers ou bien par le conseil d'administration pour celles des corps ou établissements qui en sont pourvus.

Le registre des quittances sert à la constatation des recettes effectuées directement par les corps ou établissements ; c'est un registre à souche d'où sont extraits tous les reçus remis aux parties versantes qui doivent signer sur le talon comme accusé de réception.

Ce registre est composé de deux registres distincts : le premier, applicable aux quittances soumises au timbre, doit, avant d'être mis en usage, être présenté à la direction locale du timbre qui y appose les vignettes contre payement de leur valeur avancée par les corps ou établissements contre retenue ultérieure aux intéressés ; le second est applicable aux quittances non soumises au droit de timbre. L'un et l'autre sont cotés et parafés par un officier commissaire, un délégué des directeurs d'artillerie et du génie ou bien le rapporteur.

La valeur des objets perdus ou détériorés imputable aux agents des conseils, aux consignataires ou aux entrepreneurs divers est payée par les agents responsables à la caisse du corps ou de l'établissement directement par ces agents ou par imputation sur les sommes dues aux entreprises pour ces dernières. Quant aux imputations à la charge de l'Etat, les corps ou établissements s'en portent créditeurs sur leurs comptes, mais seulement après autorisation donnée par le bureau de revision. Cette autorisation ne peut être donnée que pour cas de force majeure dûment constaté par procès-verbal rendu dans les formes dont nous aurons à parler lorsque nous nous occuperons de la comptabilité-matières.

Les dépenses pour achat ou réparation de matériel dans les établissements doivent être dûment autorisées par les officiers des directions, appuyées des quittances des fournisseurs ou entrepreneurs, des procès-verbaux de recolement et d'introduction ; dans les corps et établissements pourvus d'un conseil, ces mêmes dépenses sont autorisées par le conseil et appuyées des mêmes documents.

Les dépenses pour payements aux ouvriers dans les établissements qui emploient des ouvriers civils sont justifiées par les états d'émargement. Le compte des prestations de ceux-ci indique les prestations qui leur sont dues et les retenues diverses à opérer. Pour chacun des ouvriers il est tenu, sur le registre des masses correspondantes, inscription des mouvements applicables à chacun d'eux, des versements ou prélèvement opérés ; ces opérations sont arrêtées trimestriellement. Les amendes infligées et les retenues effectuées pour manquement au travail ou dégradation au matériel sont inscrites sur un registre spécial arrêté tous les trimestres et les sommes en résultant versées sur extraits de ce registre à la masse de secours ou au Trésor.

Les dépenses pour transports de denrées ou autres matériels effectuées par les établissements et qui doivent être remboursées par les corps auxquels ces denrées et ces matériels sont destinés, ou bien par l'Etat, sont comprises sur des états de demandes particuliers et payées directement par les établissements livranciers qui en poursuivront le remboursement selon les formes ordinaires. Afin d'éviter les frais de pesage et de camionnage, les magasins et les corps y pourvoient dans la mesure du possible par leurs propres moyens.

Les prestations dues et les dépenses effectuées pour le transport des personnels donnent lieu à des comptes rendus trimestriels ; le droit aux prestations résulte des feuilles et certificats de voyages, tableaux d'indemnités et autres documents ; les dépenses, des factures, quittances et bons divers. Aux pièces relatives aux frais de transport des voitures et des chevaux des officiers sont jointes les déclarations de ceux-ci certifiant le transport. Les dépenses pour transports sur les bateaux à vapeur ne sont comprises dans les comptes rendus que si elles ont été payées directement. Ces comptes rendus sont divisés en trois fascicules mensuels, celui du troisième mois portant balance des avances reçues pendant tout le trimestre et des sommes payées.

Les prestations dues aux corps et les avances reçues pour les divers services sont présentées dans des comptes rendus établis trimestriellement et séparément par chapitre du budget.

Les comptes rendus se divisent en deux parties :

1° Force de l'effectif à chacun des jours du trimestre ;

2° Prestations qui en résultent ;

La première partie prend pour base et point de départ l'effectif au premier jour et enregistre successivement, et jour par jour, les variations résultant des mutations. L'effectif de base est indiqué numériquement par grades et emplois ayant des prestations différentes ; les variations sont indiquées nominativement, sauf celles correspondant à de grands mouvements généraux ; les inscriptions résultent des situations-rapports ou documents qui en tiennent lieu.

La seconde partie se subdivise en deux sections portant la première crédit et la seconde débit du corps.

Le crédit résulte des inscriptions de la première partie pour les prestations normales ; des documents spéciaux à chacune des parties prenantes individuelles pour les indemnités de monture ou de fourrage, de charge, d'emploi, de bureau et de logement, ainsi que les hautes payes spéciales et les suppléments divers.

Le débit résulte des documents établis pour chacune des sommes dues : avances reçues, prestations en nature touchées dans les magasins de l'Etat ou près des entreprises, retenues fiscales ; prix des effets reçus des magasins d'habillement, des chevaux cédés aux officiers, du matériel reçu des magasins de l'artillerie ; retenues pour le traitement des hommes à l'hôpital, etc.

Le compte rendu des avances produit par les établissements administratifs justifie des avances reçues et de l'emploi des fonds. Ce compte rendu est trimestriel et distinct par service.

Les avances sont régularisées tous les mois et comprises dans le compte rendu du trimestre auquel elles se réfèrent, que la recette ait été effectuée avant le commencement du trimestre, pendant ce trimestre ou après son achèvement. Les dépenses sont groupées d'après les titres du budget auxquels elles incombent. Les restants d'avances en fin de trimestre constituent le débit du consignataire à inscrire en sortie sous la dénomination : « Report en compte et à inscrire en entrée au compte suivant ». Les excédents de dépenses, au contraire, forment son crédit à inscrire de la même façon en entrée sur l'un des comptes, en sortie sur l'autre. Les restants d'avances ou excédents de dépenses en fin d'exercices sont versés au Trésor ou remboursés par lui au consignataire.

La comptabilité-deniers des établissements des subsistances, de même que celle des magasins d'habillement se compose de trois parties distinctes : 1º comptes budgétaires : paye des ouvriers, frais d'exploitation divers ; 2º comptes pour d'autres administrations : traitement des officiers et des personnels militaires ; 3º comptes intérieurs : indemnités de bureau et comptes en résultant, recettes et dépenses éventuelles.

Dans les magasins centraux, cette comptabilité est tenue par le directeur des comptes et les comptes rendus trimestriels transmis au Ministre par l'intermédiaire du bureau de revision.

V. — *Administration des matières et des matériels.*

Vivres ordinaires.

Les vivres nécessaires pour la nourriture des hommes sont en partie fournis par les magasins ou entreprises de l'Etat contre remboursement par les corps, en partie achetés directement par ceux-ci, soit au jour le jour, soit à l'aide de marchés passés avec des fournisseurs particuliers.

En principe, le pain seul et le biscuit sont délivrés par les boulangeries militaires ou pour le compte de l'Etat par des entrepreneurs; le prix des rations touchées est versé dans les caisses du Trésor par les soins du bureau d'administration des personnels divers agissant pour les corps; le montant en est fixé par les tarifs ministériels.

Les chefs de corps peuvent dispenser les sous-officiers de vivre à la table commune ou les hommes à l'ordinaire, et les autoriser à toucher en argent la valeur des vivres auxquels ils ont droit.

Tous les vivres autres que le pain sont normalement achetés directement; toutefois, lorsque l'Etat juge utile de les faire distribuer par des entrepreneurs ou des magasins administratifs, les régiments d'artillerie, du génie, d'infanterie et de cavalerie, les écoles normales et les districts doivent y prendre ceux nécessaires pour l'ordinaire des caporaux et des soldats ; les élèves carabiniers, les écoles de santé et les hôpitaux peuvent, à leur volonté, les y prendre également ; les vivres ainsi prélevés sont payés directement par les corps à la fin de chaque quinzaine.

Le prélèvement des vivres et du pain auprès des fournisseurs de l'Etat et des fournisseurs particuliers ou des magasins de subsistances est effectué par le bureau de majorité. Celui-ci réunit les bons particuliers des compagnies en un bon collectif distinct par nature de denrées qu'il remet à l'officier des vivres chargé d'en toucher le montant en échange du bon.

Si la valeur doit être payée directement par le corps, il est porté sur le bon, en gros caractère, la mention : « A payer directement ».

Les bons sont établis sur feuillets extraits d'un registre à souche et indiquent : le nombre de rations en lettres et en chiffres, le décompte des diverses denrées à percevoir, le numéro du corps, la date, le nom et le grade de l'officier aux vivres. Les talons des bons sont, à la fin de chaque mois, transmis au bureau d'administration.

Les vivres prélevés en sus des dus sont portés au débit de qui de droit aux prix de 0 fr. 40, 0 fr. 50 ou 0 fr. 60, valeur des diverses rations, et le pain au prix de 0 fr. 24 ou 0 fr. 19 également.

La valeur des herbes, du sel, du poivre et des autres condiments ou menues fournitures achetées directement dans le commerce est payée de la main à la main par le sergent d'inspection auquel l'officier aux vivres remet les fonds nécessaires par prélèvement sur le fonds permanent dont il est doté par le bureau d'administration, calculé à raison de 0 fr. 01 par homme et par jour pour les besoins de quinze jours ; le bureau d'administration lui remet chaque jour un relevé des fournitures de ce genre à acheter, et ces relevés, réunis par quinzaine et déposés au bureau, servent au renouvellement du fonds permanent.

Les bons reçus des corps ou établissements par les entrepreneurs ou magasins de l'Etat sont inscrits par ceux-ci sur un registre des bons distincts d'une part póur le pain et le biscuit, d'autre. part pour les autres services. Les registres sont renouvelés à la fin de chaque année financière et, s'il y a lieu, clos en fin d'entreprise ou de gestion; ils sont arrêtés trimestriellement. Les bons y sont inscrits au jour le jour avec mention des parties prenantes et des quantités de chacune des denrées prélevées.

Ceux-ci, formant titres à remboursement pour les entrepreneurs ou à décharge pour les consignataires, doivent être vérifiés avec soin par eux; en cas d'irrégularités relevées, si la distribution ne peut être arrêtée, la régularisation du bon devra être poursuivie avant son inscription sur le registre; les officiers commissaires, de leur côté, devront s'assurer de la régularité des bons lors de la production des comptes.

Les corps, outre les talons des bons qu'ils détiennent pour toutes les fractions constituantes, en conservent encore trace sur un registre spécial. En fin de trimestre, les entrepreneurs et les consignataires établissent, pour chaque corps, établissement ou service, un relevé en double expédition des bons auxquels ils ont satisfait; ils envoient l'une des expéditions, appuyée des bons eux-mêmes, au bureau du commissariat, l'autre au corps pour être certifiée par lui et mise ensuite à l'appui des comptes.

Lorsque le service est fait en gestion directe pour le compte d'entrepreneurs qui doivent être payés directement par les corps, le consignataire dresse en outre des relevés de quinzaine adressés à ces entrepreneurs pour leur permettre de se faire payer. Dans les écritures du consignataire, les denrées ainsi distribuées sont inscrites en décharge comme rétrocédées à l'entreprise.

Lorsque, par suite de refus de denrées ou de manquement au service, les corps ne reçoivent pas des entrepreneurs ou des magasins les vivres qu'ils devaient toucher, ils les achètent dans le commerce et sont remboursés de leurs dépenses à l'aide d'un relevé accompagné des procès-verbaux constatant les faits, adressé à la direction du commissariat. Cette direction procède à la liquidation et envoie le dossier au ministère par le bureau de revision.

Les corps sont remboursés trimestriellement des dépenses faites pour acheter directement ou par marchés particuliers les vivres qui leur sont nécessaires quand ils ne sont pas fournis par l'Etat.

Ce remboursement est effectué par le Ministre sur le vu des liquidations vérifiées par le directeur du commissariat. Aussitôt après avoir reçu des directions leurs comptes liquidés, les corps font une récapitulation sommaire des bons, au dos de laquelle ils certifient lá concordance des comptes et envoient le tout au bureau de revision qui, après vérification, transmet le dossier au ministre pour l'ordonnancement.

La ration journalière de pain est fixée à 915 grammes ; elle se divise en ration de repas de 732 grammes et ration de soupe de 183 grammes.

Le pain est fabriqué avec de la farine pur froment blutée à 20 p. 100. La valeur des rations, c'est-à-dire la somme à verser dans les caisses de l'Etat pour chacune d'elles, est fixée à 0 fr. 192 pour le pain de repas et à 0 fr. 048 pour le pain de soupe.

Le pain peut être remplacé par du biscuit, à raison de 532 grammes pour le repas et 133 grammes pour la soupe ; la valeur des rations de biscuit est la même que celle des rations de pain.

Il y a trois espèces de rations de vivres :

1° La ration ordinaire de garnison, composée de 220 grammes de viande, 150 grammes de pâte, 15 grammes de lard, 20 grammes de sel, 15 grammes de café torréfié et 22 grammes de sucre. Le café et le sucre peuvent être remplacés par 25 centilitres de vin ;

2° La ration de cantonnement, qui ne diffère de la précédente que par la quantité de viande portée à 240 grammes ;

3° La ration de marche, pour laquelle le poids de la viande est porté à 300 grammes.

Quelle que soit la ration allouée, le remboursement par les corps est le même, mais ce remboursement diffère selon l'arme ; son taux est fixé à 0 fr. 345 pour les régiments d'infanterie de ligne, les districts, les bataillons d'instruction et les écoles d'infanterie ; à 0 fr. 395 pour les régiments alpins, de grenadiers, de bersaglieri, de cavalerie, du génie et les écoles d'artillerie et de cavalerie ; à 0 fr. 515 pour les régiments de pontonniers.

Ces diverses sommes sont augmentées de 0 fr. 24 pour les vivres de bord fournis par les entreprises de navigation qui comprennent également le pain.

Les chefs de corps ont toute latitude pour modifier la composition des rations, sous cette réserve toutefois que la valeur totale, d'après les prix fixés par les tarifs pour chaque denrée en particulier, ne dépasse point celle déterminée par le règlement ; de plus, la ration spéciale de viande ne peut être augmentée ni diminuée de plus de 30 grammes.

La ration de garnison est allouée aux troupes en résidence fixe, la ration de cantonnement aux troupes campées ou en résidence pour moins de quinze jours, la ration de marche aux troupes en route ou aux manœuvres ; les pontonniers ont dans toutes les circonstances droit à la ration de marche.

Les rations de café et de sucre ou de vin en remplacement ne sont pas allouées pour tous les jours de l'année ; elles sont réglées comme suit :

100 rations par an pour les troupes ne prenant part ni aux camps ni aux manœuvres ;

130 pour celles qui prennent part soit aux camps, soit aux manœuvres ;

150 pour les troupes alpines, les batteries de montagne et les troupes prenant part à la fois aux camps et aux manœuvres ;

Une ration tous les jours pour les pontonniers et les compagnies de subsistances et de santé.

Lorsque le café est préparé en commun dans des appareils spéciaux, percolateurs ou autres, la ration de café est réduite à 10 grammes, celle de sucre à 15 grammes ; la différence entre les valeurs des rations normales et des rations réduites est allouée en argent pour permettre aux corps de distribuer du café en sus des distributions réglementaires ci-dessus.

Pour la comptabilité spéciale des distributions de sucre et de café, il est tenu un cahier annuel dont copie est jointe aux comptes du dernier trimestre de l'année financière (avril, mai, juin).

Les vivres des sous-officiers sont apprêtés en commun sous la direction d'un officier chef de la table des sous-officiers ; tous les sous-officiers d'un même corps mangent à une même table. Les vivres des hommes, également, sont préparés en commun, mais les ordinaires fonctionnent séparément par compagnie, escadron ou batterie sous la surveillance d'un officier subalterne de l'unité.

Les hommes de troupe font en général deux repas par jour ; lorsque les nécessités du service l'exigent, il n'est fait qu'un seul repas chaud, le second étant mangé froid par prélèvement sur le premier ; mais, dans ce cas, il est distribué du café à l'heure la plus favorable, les chefs de corps réglant en conséquence les distributions.

Les hommes en traitement aux hôpitaux sont nourris

par les établissements qui touchent les vivres nécessaires auprès des entrepreneurs et magasins de l'Etat ou les achètent dans le commerce.

Les prélèvements dans les établissements ou chez les fournisseurs de l'Etat sont effectués sur bons et le paiement réglé directement, par quinzaine, sur production des comptes ; ceux chez les fournisseurs particuliers sont également effectués sur bons, mais ils sont payés au jour le jour ou à des époques déterminées par les contrats. Les menus achats sont réglés au fur et à mesure par l'officier de dépense muni à cet effet d'un fonds permanent renouvelé tous les mois.

Ces dépenses sont inscrites sur un relevé dont la présentation mensuelle sert à la reconstitution des fonds permanents. Cet officier tient un registre des denrées fournies par les entrepreneurs ou les magasins, sur lequel il inscrit au jour le jour les denrées reçues. Un relevé de ce registre, produit en fin de quinzaine, sert à la vérification des comptes spéciaux des entrepreneurs ou des magasins.

La composition des repas des hommes en traitement dans les hôpitaux est réglée par le tableau diatétique que dresse, toutes les semaines, le directeur de l'établissement.

Les aliments prescrits aux malades sont portés sur un registre des aliments par l'infirmier de visite qui accompagne les médecins traitants ; les indications en sont relevées à l'issue de ces visites sur un état des ordonnances alimentaires. L'officier de dépense dépouille ces états pour en déduire les quantités des diverses denrées nécessaires pour la nourriture des malades pendant la journée. A l'aide de ces relevés, il rédige une note pour la cuisine, laquelle est remise au caporal cuisinier en y distinguant les denrées à prélever auprès des magasins, à toucher auprès des fournisseurs ou à acheter dans le commerce.

Vivres de réserve.

Les corps, magasins et services divers sont dotés d'un approvisionnement de vivres de réserve destinés aux besoins de la mobilisation.

Ces vivres sont constitués par de la viande de conserve en boîtes du poids net de 220 grammes représentant deux rations et du biscuit à raison de deux galettes du poids de 200 grammes chacune par ration, conservé dans des caisses en bois réglées au poids net moyen de 50 kilogrammes.

Lorsqu'il y a lieu de procéder à la distribution de ces vivres de réserve pour assurer leur renouvellement, ou d'en rembourser la valeur pour perte ou avarie résultant de négligence, le biscuit est payé par les corps 0 fr. 10 la galette et la viande de conserve 0 fr. 80 la boîte (y compris la valeur de celle-ci).

Le Ministre fixe et fait connaître, par l'intermédiaire des commandants de corps d'armée, les corps et magasins qui doivent être pourvus de vivres de réserve, les quotités de chaque dotation et les services auxquels ils sont destinés.

Les magasins des subsistances militaires assurent la fourniture du biscuit aux corps et magasins sur ordre des commandants de corps d'armée, le laboratoire de Casarolta (Bologne), celle de la viande de conserve dans les mêmes conditions. En ce qui touche les expéditions à faire par ce dernier laboratoire, les demandes, réunies par les commandants des divers corps d'armée, sont transmises à celui du corps d'armée de Bologne qui donne les ordres nécessaires.

L'envoi du biscuit aux corps, districts, dépôts et magasins divers a lieu normalement au début de chaque trimestre d'après les différences signalées sur les situations d'existants produites par chacun d'eux; l'envoi de la viande de conserve n'a lieu qu'une fois par an, au mois de juillet.

Par exception, les envois aux parcs de réserve de corps d'armée, aux dépôts centraux d'approvisionnements, aux magasins alpins et aux forts ont lieu le 1er mars et le 1er septembre.

Les envois sont effectués par caisses complètes de 50 kilog. pour le biscuit, de 150 boîtes pour la viande, et réglés de façon que les demandes soient toujours intégralement satisfaites, ou, s'il est nécessaire, dépassées.

Lorsque, par suite de circonstances exceptionnelles, les approvisionnements sont notablement diminués au cours d'un trimestre, ils doivent être immédiatement reconstitués.

Les vivres de réserve doivent être conservés avec le plus grand soin dans des magasins *ad hoc* et souvent visités par les conseils d'administration assistés d'un officier-médecin; ceux entre les mains des hommes sont sous la surveillance particulière des commandants d'unités.

Dans les établissements qui n'ont pas de conseil d'administration, ces vivres sont visités par une commission nommée par le commandant de garnison et composée d'un officier commissaire, du comptable consignataire et d'un autre officier comptable, assistée par un officier médecin.

Les résultats des visites sont consignés sur un procès-verbal de continuité dressé par trimestre, servant à l'inscription des avaries constatées et transmis au Ministre; en cas d'avaries graves, il est dressé un procès-verbal particulier transmis sur-le-champ au Ministre.

Les quantités avariées sont vendues par les soins du conseil d'administration ou du consignataire; lorsque la valeur des avaries est supérieure à 500 francs, la vente doit être autorisée par le commandant de garnison qui en détermine les formes.

Le produit de la vente est versé dans les trésoreries provinciales au titre des produits accidentels et le procès-verbal de vente transmis au Ministre (Direction générale des services administratifs).

Les hommes de troupe des régiments alpins, de ligne, de bersaglieri, de cavalerie, d'artillerie, du génie, des compagnies de subsistances et de santé reçoivent en consigne deux jours de vivres de réserve, qu'ils gardent cousus dans leur sachet à vivres. Les vivres des hommes en permission ou changés d'unités sont versés dans les magasins de compagnie ; ceux des hommes en congé ou changés de corps, dans le magasin du corps.

Tous les biscuits existant dans les approvisionnements d'un corps, doivent être consommés dans l'année afin d'en assurer le renouvellement ; cette consommation commence le 1ᵉʳ juin de chaque année en substituant 133 grammes de biscuit à la ration de pain de soupe. Les biscuits des magasins sont de même consommés par les corps de la garnison sur les ordres du commandement local. Outre la consommation pour le renouvellement annuel, les biscuits jugés non susceptibles de se conserver jusqu'à l'époque réglementaire de leur mise en consommation sont mis en distribution. Si les quantités totales à consommer dépassent l'équivalent de 100 rations de pain par homme, les directions des commissariats sont prévenues afin qu'il soit donné des ordres pour la réduction en conséquence de la fabrication du pain.

Les boîtes de viande de conserve présentant quelque signe extérieur d'avarie sont également mises en distribution. Si ces denrées appartiennent aux parcs, dépôts, forts et magasins, le commandant de garnison en prescrit la cession aux corps.

Lorsque les quantités de vivres de réserve à consommer sont hors de proportion avec les effectifs locaux, le commandant de la garnison en réfère au commandant de corps d'armée qui donne des ordres pour leur répartition entre les places voisines.

Hors ces divers cas, les vivres de réserve ne peuvent être consommés que sur l'ordre du Ministre qui seul, également, prescrit la mise en consommation de la viande de conserve pour le renouvellement des approvisionnements.

Les vivres de réserve des corps de troupe sont pris en charge par les conseils d'administration sur un registre spécial, au prix de 50 francs par quintal de biscuit et de 0 fr. 80 par boîte de viande de conserve; ceux des parcs de réserve de corps d'armée, des dépôts centraux de ravitaillement, des magasins alpins et des dépôts spéciaux, par le conseil d'administration du commissariat et remis en consigne par lui aux magasins locaux des subsistances ou aux districts; ceux des parcs de corps d'armée, par les districts désignés à cet effet; ceux des places fortes également par les districts, mais remis en consigne aux commandants des forts.

En dehors du biscuit et de la viande de conserve, il peut être constitué des réserves d'avoine, de sucre et de café prises en charge, reçues, renouvelées et distribuées dans les mêmes conditions. Le quintal d'avoine est évalué à 24 francs; le sucre et le café au prix d'inventaire.

Les corps et magasins divers adressent, à la fin de chaque trimestre, au commandant du corps d'armée, une situation des vivres de réserve, portant indication des augmentations et des diminutions.

Fourrages.

L'avoine et les fourrages tant du service de réserve que du service courant sont fournis directement par l'Etat. Le service est effectué soit par les magasins administratifs, soit plus généralement par des entrepreneurs.

Les distributions sont faites sur bons du bureau de majorité, dans les mêmes conditions que celles des vivres, et la comptabilité tenue de la même façon. Les taux fixés par le Ministre pour les diverses denrées peuvent être modifiés par les chefs de corps, mais de manière à ne pas changer la valeur totale des rations allouées, en substituant au foin de la paille ou de l'avoine. La paille ne peut être exigée que si les marchés fixent un prix spécial pour cette fourniture. 1 kilog. de foin peut être remplacé par $0^k,400$ d'avoine ou 2 kilog. de paille.

L'avoine, de son côté, peut être remplacée poids pour poids par de l'orge; on peut également lui substituer du foin ou de la paille, en tenant pour règle que 1 kilog. d'avoine équivaut à $2^k,500$ de foin et à 5 kilog. de paille.

Les fourrages verts ne sont distribués que selon les dispositions spéciales des cahiers des charges.

En principe, chaque région de corps d'armée constitue un arrondissement de fourniture comprenant toutes les places de la région, celles en gestion directe exceptées; les marchés sont passés par les directions du commissariat et les sommes dues aux entrepreneurs payées par acomptes mensuels de ces directions et trimestriellement pour solde par le Ministre.

Les rations touchées en trop par les corps ou parties prenantes isolées leur sont imputées à débit au taux de 1 fr. 30, 1 fr. 40 ou 1 fr. 50, selon la nature des rations touchées.

Ces rations sont au nombre de trois : rations de station, pour les chevaux en résidence fixe, en chemin de fer ou à bord; de cantonnement, pour les séjours de moins de quinze jours; de marche, pour les routes, camps et manœuvres. Elles ne diffèrent entre elles que par les quantités d'avoine, qui sont respectivement de 3 kilog., 3ᵏ,500 et 4 kilog.

En ce qui touche le foin, les rations se divisent en deux catégories : la première, applicable aux chevaux des régiments de cavalerie légère (régiments numérotés de 11 à 22), des capitaines d'infanterie (les aides de camp et officiers d'ordonnance exceptés), des officiers commissaires, des officiers médecins et des vétérinaires, comporte 5 kilog. de foin; la seconde, applicable à tous les autres chevaux, 6 kilog.

La paille n'entre pas dans la composition normale des rations; elle ne peut être distribuée que par voie de substitution.

Les corps se débitent de la valeur des rations reçues à raison de 1 franc par ration, quelle que soit sa composition.

La valeur des fourrages touchés pour les chevaux à l'infirmerie se décompte au poids et les corps se débitent de 0 fr. 750 par myriagramme de foin, 1 fr. 883 par myriagramme d'avoine et 0 fr. 445 par myriagramme de paille.

Afin de prouver le nombre des rations de fourrages qui leur reviennent, les officiers remettent une déclaration d'existence de leurs chevaux, faisant ressortir : le nombre de chevaux existant au premier jour de chaque mois, les variations successives et le nombre des rations qui en résultent, en distinguant les rations touchées en nature, celles dues à l'infirmerie ou éventuellement touchées en argent.

Cette déclaration est arrêtée et signée au dernier jour du mois.

Afin de constater leurs droits aux prestations de fourrages, les corps ont un registre des chevaux de service où sont portés les existants, les pertes, les absences, les acquisitions et autres mouvements modificatifs des droits.

Ce registre, établi en double expédition, est tenu à jour par le directeur des comptes.

Lorsque des corps, magasins ou services doivent être dotés d'un approvisionnement d'avoine de réserve, le Ministre fixe quelle sera l'importance de cette dotation et, au fur et à mesure, les moyens à employer pour se la procurer. L'avoine de réserve doit, chaque année, être remplacée par de l'avoine de la nouvelle récolte.

Les directions du commissariat y pourvoient s'il s'agit des dotations de magasins de subsistances; elles y pourvoient également, mais de concert avec les corps ou districts intéressés, s'il s'agit des dotations de ces derniers.

L'avoine de réserve n'est jamais ensachée, mais disposée en couches adossées aux murs; elle doit être fréquemment visitée, mais jamais remuée ni pelletée, si ce n'est dans le cas où des traces de fermentation ou d'insectes seraient constatées.

Lorsque ces traces d'avaries offrent quelque importance, le commandant de garnison, prévenu, prend aussitôt les mesures nécessaires pour sa distribution aux troupes de la garnison ou des garnisons voisines. Il en sera de même pour le renouvellement annuel, à moins que l'avoine ne puisse être cédée aux entrepreneurs, qui la mettront en distribution régulière.

Le nombre des sacs nécessaires pour les expéditions sont prêtés par les magasins de subsistance les plus proches, sur demandes adressées aux directions du commissariat, et choisis parmi les plus usés, susceptibles encore, néanmoins, d'être utilisés sans danger.

Fournitures aux troupes en marche.

Le pain, les vivres et les fourrages nécessaires aux troupes en marche continuent à être touchés dans les magasins ou chez les entrepreneurs de l'Etat à l'aide de bons et selon les règles ordinaires.

Là où il n'existe ni magasin ni entrepreneur, les vivres sont achetés directement dans le commerce par les commandants de détachement, aux prix ordinaires de la place. Les payements ont lieu sur-le-champ contre quittances signées et distinctes pour le pain, pour les vivres et pour les fourrages. Si les prix demandés sont supérieurs à ceux du tarif ministériel, le chef de détachement s'adresse à la commune, qui est tenue de faire délivrer le nécessaire contre payement du prix déterminé par le syndic ; celui-ci signe alors les quittances avec les fournisseurs, en indiquant que les prix ont été fixés par la commune.

Le bois est obtenu de la même façon que les vivres et payé sur quittance spéciale. Il en est de même pour la paille lorsque, aux termes des règlements, elle ne doit pas être distribuée gratuitement, et l'on a soin d'obtenir qu'elle soit reprise au départ contre déduction sur le montant de la facture.

Les chevaux et les voitures nécessaires pour le transport des bagages d'étape en étape à la suite du corps sont demandés à des particuliers contre payement d'une somme qui ne doit pas dépasser les prix fixés par le tarif du 28 janvier 1872. Les autres bagages qui ne doivent pas, au terme des règlements, suivre le corps, sont confiés à l'entreprise générale des transports. Si le chef de détachement ne peut se procurer les moyens nécessaire aux prix du tarif, la commune y pourvoit par réquisition et les prix du tarif sont alloués. Le syndic mentionne sur la réquisition le nombre de kilomètres que les véhicules et bêtes de somme auront à parcourir. La distance est calculée conformément aux indications de l'itinéraire général du royaume arrêté en 1875, sans tenir compte du chemin de retour ni des fractions de kilomètres. Aussitôt le service achevé, le chef de détachement en remet le prix convenu ou fixé à chaque conducteur en échange d'un reçu.

Lorsque des ponts à péage doivent être franchis, es remis au préposé un bon indiquant le nombre d'hommes, de chevaux et de voitures; ces bons sont transmis trimestriellement à la direction du commissariat, qui, après vérification, les adresse au Ministre pour l'émission du mandat.

Les diverses fournitures sont assurées contre simples bons lorsque le chef de détachement n'est pas officier, ou bien lorsque, quoique officier, il n'est pas en possession des sommes nécessaires. Ces bons sont remis à la commune par les ayants droit; prévenu par le syndic, le chef de corps lui envoie aussitôt, par mandat sur la poste, le montant des sommes dues en échange des bons qui lui sont adressés.

Les hommes tombant malades en route sont placés à l'hôpital militaire le plus proche ou à l'infirmerie de garnison, ou bien confiés aux soins de l'autorité civile.

Les chevaux malades sont de même remis à une infirmerie de corps ou au syndic, en ayant la précaution de laisser, pour les surveiller et les panser, le nombre d'hommes nécessaire.

Habillement.

Les draps, toiles et autres matières premières nécessaires aux corps chargés de confections leur sont fournis par les magasins de l'Etat contre le versement au Trésor de leur valeur. Il en est de même pour les effets confectionnés fournis aux corps qui n'ont pas d'ateliers. Les sommes nécessaires aux corps pour effectuer ces payements aussi bien que pour subvenir aux diverses dépenses de réparation et d'entretien leur sont allouées en raison de l'effectif à habiller. Les demandes de fonds adressées mensuellement portent déduction des sommes présumées dues pour les matières ou effets à recevoir des magasins et dont le montant, assigné au bureau d'administration des personnels divers, lui permettra de verser au Trésor pour le compte des corps les sommes dues par chacun d'eux.

Les effets reçus, confectionnés ou achetés directement par les corps sont et demeurent propriété commune ; ils ne sont remis aux hommes que pour leur usage, sont portés jusqu'à usure complète, et retirés, s'il y a lieu, à tout instant, pour être distribués à d'autres.

Les effets existant dans les corps sont pris en charge dans leurs comptes aux prix du tarif qui, pour les effets en cours de durée, sont réduits dans de certaines proportions selon la dépréciation résultant de leur degré d'usure. A cet égard, les conseils d'administration procèdent à la détermination de cette moins-value et répartissent tous les effets ou objets en six classes : 1° effets neufs ou considérés comme tels ; 2° effets dépréciés de 1/5 de leur valeur ; 3° effets dépréciés de 2/5 ; 4° effets dépréciés de 3/5 ; 5° effets dépréciés de 4/5 ; 6° effets ayant subi une détérioration plus considérable, mais cependant encore utilisables. Ces divers effets sont marqués d'un timbre indicatif de leur classe ou d'une étiquette.

Les objets dont la valeur est inférieure à 0 fr. 60 comptent toujours à la 1re classsse tant qu'ils sont utilisables. Passé ce temps, ils sont joints aux effets hors d'usage.

Les effets en excédent des besoins et ceux hors d'usage, mais susceptibles encore d'être employés à l'habillement des hommes rappelés pour l'instruction, sont reversés aux magasins de districts. Les autres effets non utilisables sont réformés par le conseil d'administration et vendus au profit de la masse d'habillement, qui est constituée par l'ensemble des fonds alloués au titre de l'habillement, et les conseils en disposent au mieux des intérêts communs.

Les corps rendent compte trimestriellement des prestations et des dépenses pour le service de l'habillement. Le crédit de ce compte résulte des prestations et suppléments de première mise, de la quote-part de la solde des hommes applicable à l'habillement, du produit de la vente des effets réformés ; le débit, des sommes dues à l'Etat pour les prestations en nature reçues, et des dépenses faites pour l'entretien et les réparations.

Les effets remis aux commandants d'unités pour habiller leurs hommes demeurent la propriété de l'unité et les réparations effectuées par les ouvriers du corps ou de l'unité sont payées sur les fonds de l'habillement. Les effets distribués aux hommes ne sont portés en sortie dans les écritures des unités qu'une seule fois par trimestre ; les effets réintégrés, au contraire, inscrits au fur et à mesure des opérations. Les commandants d'unité tiennent compte des mouvements relatifs à l'habillement entre la compagnie et le magasin par inscription sur le fascicule du registre de comptabilité applicable à ce service ; les distributions aux hommes sont mentionnées sur leur livret individuel et inscrites sur un registre de distributions contenant autant de colonnes qu'il y a d'effets, et où les hommes ont chacun leur compte ouvert. Les résultats de ce registre doivent concorder avec ceux du registre de comptabilité.

Dans l'intérieur du magasin, tous les mouvements sont consignés sur trois registres distincts ; 1° registre des tissus ; 2° registre des effets neufs ; 3° registre des effets en cours de durée. Tous les mouvements d'entrée et de sortie y sont mentionnés au fur et à mesure, et justifiés par les bons correspondants des chefs ouvriers pour les matières premières et des commandants d'unités pour les effets confectionnés.

Lorsque le corps est divisé ou possède plusieurs magasins, les mouvements applicables aux magasins annexes sont reproduits mensuellement sur les registres du magasin principal.

A la fin de chaque trimestre, les registres sont arrêtés de manière à faire ressortir les existants ; tous les mois, un état de situation en est extrait par l'officier de magasin et transmis au rapporteur, qui vérifie les écritures ; tous les six mois, en avril et en octobre, ce dernier procède au recensement des magasins.

Afin de subvenir aux besoins du service de mobilisation, c'est-à-dire à l'habillement des hommes rappelés de toutes catégories et de toutes classes, aussi bien qu'à ceux du service courant, les magasins divers sont pourvus d'une dotation fixée par le Ministre et constamment tenue à hauteur.

La dotation des magasins centraux est calculée de façon à pourvoir tous les autres magasins des étoffes nécessaires pour les divers besoins de l'armée permanente et à leur permettre en outre de constituer les diverses réserves à entretenir dès le temps de paix pour l'armée en campagne.

La dotation des magasins de districts comprend le nécessaire pour :

1° Le personnel permanent ; 2° l'habillement des recrues et des rappelés de congé de l'infanterie ainsi que des inscrits de la milice mobile ; 3° les remplacements pour les corps d'infanterie ; 4° l'habillement de la milice territoriale.

La dotation des magasins des corps de troupe d'infanterie de ligne et de bersaglieri : le nécessaire pour les remplacements courants et l'habillement de l'effectif permanent à la mobilisation.

La dotation des magasins des autres corps, outre la dotation précédente : le nécessaire pour l'habillement des recrues, des hommes rappelés et de la milice mobile.

Les compagnies d'ouvriers d'artillerie, les compagnies de santé et de subsistances n'ont pas de magasin et se pourvoient : les premières, au magasin du corps d'artillerie le plus proche ; les autres, au magasin de district.

Tous les trimestres, les divers magasins envoient au Ministre (Direction générale des services administratifs) un relevé des tissus, effets ou objets existants et de leurs variations d'après les registres tenus.

Dans les magasins centraux, il n'est tenu de registre spécial que pour les draps, toiles et velours, indiquant la provenance, la mesure et le débit de chaque coupon. Pour les autres objets ou effets, à chaque compartiment ou casier est suspendu un tableau indiquant les mouvements d'entrée et de sortie au moment où ils se produisent et les résultats mensuels de ces tableaux sont seuls portés sur le registre des mouvements de matériel.

Casernement.

Le service du casernement est assuré, pour le compte de l'Etat, par des entrepreneurs. Il comprend la fourniture aux corps de troupe des lits avec leurs garnitures pour le couchage des hommes de troupe et officiers, s'il y a lieu ; de la paille pour le renouvellement ou le couchage à défaut de lits ; de tables, bancs et mobiliers divers pour les chambres et autres locaux ; des capotes de sentinelles et des mobiliers de corps de garde.

Les corps remboursent à l'État les dépenses résultant de ces prestations en se portant en débit dans leur compte d'une somme de 0,035 par fourniture de lit occupé. Cette somme est due que les fournitures soient complètes ou non, voire même que les lits soient remplacés par de la paille de couchage seulement.

Le matériel à distribuer appartient à l'État, qui le donne en consigne à l'entrepreneur, ou bien appartient en propre à ce dernier.

L'ensemble du territoire est divisé en arrondissements

de fournitures qui comprennent un ou plusieurs corps d'armée, et pour chacun desquels il est passé des marchés d'une durée de plusieurs années par les directions du commissariat chargées du service et de la vérification des comptes.

Les lits à fournir avec les garnitures correspondantes se distinguent en lits de troupes, d'hôpital ou d'officier pour chacun desquels sont accordées des primes d'usage différentes ; les autres matériels se distinguent en ameublements de chambres d'officiers, de sous-officiers et de soldats, en mobiliers de magasins ou locaux divers et de corps de garde ; les matériels de corps de garde, à l'exception des tables et des bancs, appartiennent tous en propre aux entrepreneurs.

Les matériels appartenant à l'État et remis aux entrepreneurs, ceux appartenant aux entrepreneurs sortants et à reprendre par les entrepreneurs entrants sont constatés et vérifiés à l'aide d'inventaires dressés par une commission comprenant un officier supérieur commissaire président, un officier comptable secrétaire, les entrepreneurs entrants et sortants ou leurs délégués et deux experts désignés respectivement par chacun de ces derniers. Les divers membres tiennent un carnet de notes dont les résultats moyens sont portés sur le journal d'inventaire tenu par le secrétaire. Lorsque les membres de la commission ne peuvent se mettre d'accord sur le classement du matériel, le directeur du commissariat du chef-lieu de fourniture désigne un tiers-expert dont les décisions sont sans appel. Les divers matériels sont répartis en six classes : la 1re classe comprend les matériels neufs ou susceptibles d'une moins-value inférieure à 1/10e ; les autres classes respectivement ceux susceptibles d'une moins-value de 1, 2, 3, 4 et 5 dixièmes ; les matériels de valeur moindre que la moitié du prix du neuf sont rejetés.

Les entrepreneurs doivent remplacer au fur et à mesure des besoins le matériel de l'Etat par prélèvement sur les indemnités d'usage qui leur sont payées jusqu'à concurrence de 25 p. 100 de leur montant. Aucune variation dans la forme ni dans les dimensions ne doit y être apportée par eux, encore moins aucune substitution.

Les matériels de remplacement doivent être du type réglementaire et acceptés par une commission de composition analogue à celle de la commission d'inventaire. Les entrepreneurs ne peuvent disposer du matériel en faveur de personnes autres que celles prévues par les règlements, ni s'en servir pour leur usage personnel, ni le tenir confondu avec du matériel étranger au service, ni le transporter d'un magasin ou d'une garnison dans un autre magasin ou une autre garnison sans un ordre écrit de l'administration.

Le Ministre fixe les dotations de chaque place et peut, à sa volonté, les augmenter par des envois d'autres places ou d'autres arrondissements ou les diminuer par des opérations inverses. Ces opérations sont constatées par procès-verbal du commissariat dressé au magasin central de l'Etat ou à celui de l'envoyeur.

Les dépenses de transport dans les divers cas sont réglées comme suit :

Sont à la charge de l'entrepreneur : 1° les transports d'une garnison à une autre du même arrondissement ; 2° le camionnage, l'emballage et les frais de chargement et de déchargement.

Sont à la charge de l'Etat : 1° en cas d'augmentation de dotation, les dépenses de transport et accessoires des magasins centraux au chef-lieu d'arrondissement ; 2° en cas de diminution, ces mêmes frais du chef-lieu d'arrondissement aux magasins centraux.

Tous les dommages ou avaries résultant des transports sont à la charge des entrepreneurs, sauf leurs recours contre l'entreprise des transports.

Sont par moitié à la charge des deux entrepreneurs les dépenses de transport des magasins de l'un aux magasins de l'autre.

Les remplacements pour renouvellement des dotations sont à la charge des entrepreneurs qui doivent employer dans ce but 25 p. 100 du montant total des indemnités d'usage reçues de l'Etat ou des corps d'après le prix de base du marché sans tenir compte des rabais consentis. Les objets manquants par faute ou négligence de l'entreprise sont remplacés en dehors de ces fixations. Les remplacements sont réglés par les directions du commissariat auxquelles l'entrepreneur remet, chaque trimestre, un relevé de ceux qu'il se propose d'effectuer et qui doivent être approuvés ; tout remplacement en dehors des ordres reçus ne compte point. Les objets de remplacement sont reçus dans les localités de l'arrondissement chefs-lieux de divisions ou exceptionnellement dans les autres sur autorisation des directions. Ces réceptions ont lieu dans les mêmes formes que les réceptions d'inventaires et les objets reçus marqués A. M. avec indication du numéro du procès-verbal de réception.

Les entrepreneurs doivent toujours avoir en magasin la quantité de paille nécessaire pour les renouvellements pendant la durée d'un trimestre ; cette paille est tenue constamment à la disposition de l'administration et il ne doit pas en être fait commerce.

Les entrepreneurs sont tenus : 1° d'élire domicile au chef-lieu d'arrondissement ; 2° d'avoir un représentant général auprès des directions du commissariat, un représentant principal auprès des sections divisionnaires et un représentant dans chaque garnison.

Ces divers représentants ont action sur tous ceux d'ordre inférieur de leur ressort ; ils doivent être agréés par l'administration et faire parvenir à la direction du commissariat une déclaration sur papier timbré qu'ils acceptent toutes les conditions et clauses du cahier des charges; l'administration a le droit de les révoquer aussi bien que tous les autres employés.

Les frais de location des magasins sont à la charge des entrepreneurs, et l'administration peut, par préférence, leur affermer les locaux disponibles; sont à leur charge également: les frais d'assurance des immeubles et de leur contenu, les frais de vérification des poids et mesures, les dépenses d'octroi, etc.

Les officiers en garnison logés aux frais de l'Etat ont droit à un ameublement et à une garniture de lit complète, les sous-officiers à une garniture de lit complète, les caporaux et soldats à une garniture de lit sans matelas. Les ameublements de chambres des sous-officiers et soldats sont alloués d'après l'assiette des locaux et le nombre réel des occupants.

Les sous-officiers et soldats n'ont droit qu'à une paillasse ou à de la paille dans les cantonnements et les camps; les congédiés et rappelés convoqués dans les districts où ils ne doivent passer que quelques nuits n'ont droit qu'à de la paille; les hommes casernés pour moins de trente jours sont considérés comme en cantonnement, mais des sacs à paille et des couvertures peuvent leur être distribués.

Les paillasses des lits de troupe et d'hôpital sont remplies avec 17 kilog. de paille de seigle, de blé ou d'orge; celles des lits d'officiers, avec 26 kilog. de feuilles de maïs. La paille des lits de troupe et d'hôpital est renouvelée tous les quatre mois; celle des lits d'officiers, tous les ans. Hors ces distributions régulières, toutes les autres distributions de paille sont dites extraordinaires et payées au poids fourni. La quantité de paille distribuée pour les paillasses à terre est la même que pour les lits, mais elle est rafraîchie tous les quinze jours avec 3 kilog. de paille nouvelle et remplacée tous les deux mois lors du blanchissage des toiles.

La quantité de paille allouée pour le couchage sans

paillasse est de 15 kilog. par homme et par mois, dont 10 kilog. distribués au premier jour et 5 à l'expiration de la première quinzaine. Si la troupe est sous la tente, ces quantités sont réduites à 10 kilog. au total, distribués par fractions de 6 et de 4 kilog.

La vieille paille demeure la propriété de l'entrepreneur, sauf le cas où, par mesure hygiénique, elle devrait être brûlée.

Les couvertures sont mises en service du 1er septembre au 15 juin, mais les commandants de corps d'armée peuvent modifier ces dates; ils peuvent aussi prescrire la distribution d'une seconde couverture donnant droit à l'entrepreneur à une indemnité d'usage, sauf celles distribuées aux officiers.

Les troupes à pied ont droit à une table et deux bancs pour 8 hommes; celles à cheval, à ces mêmes prestations pour 6 hommes. Chaque compagnie reçoit, en outre, pour les écoles régimentaires, trois tables et six bancs; ces dernières prestations ne donnent pas droit à rétribution.

Les draps de lits et toiles de paillasses à terre sont changés : tous les quinze jours en juin, juillet et août; tous les vingt jours en avril, mai et septembre ; tous les trente jours pendant les autres mois. Ils le sont également à chaque mutation. Ceux des officiers sont changés tous les quinze jours et les serviettes toutes les semaines.

Les matelas sont rebattus tous les ans, les traversins tous les quatre mois.

Les commandants de corps d'armée peuvent ordonner des échanges et des rebattages extraordinaires donnant droit à une indemnité spéciale.

Les lits des hommes atteints de maladies contagieuses sont changés sur simple demande des corps qui pourvoient à leur désinfection et l'opération est constatée par procès-verbal.

L'échange des lits d'hôpital a lieu sur demande du comptable.

Les corps doivent veiller à la bonne conservation du matériel distribué.

Ils peuvent recevoir un nombre lits supérieur de 5 p. 100 à l'effectif pour parer aux besoins des mouvements journaliers ; en cas d'absence momentanée pour les camps ou manœuvres, les draps et couvertures seuls sont rendus ; les paillasses ne le sont également que si l'époque d'échange de la paille doit tomber pendant la durée de l'absence.

La paille est distribuée au poids, les objets au nombre ; les corps ne peuvent refuser ceux marqués A. M.; ils refusent ceux marqués F. U. (hors d'usage), à moins que les directions du commissariat ne les aient prévenus d'avoir à les accepter.

Toutes les fois que l'entrepreneur fait effectuer des changements périodiques, les corps lui en délivrent une attestation.

Les lits, matelas, paillasses, tables et bancs sont distribués ou rendus dans la cour de la caserne; les draps, couvertures et autres objets au magasin de l'entreprise. Dans les camps et cantonnements, les paillasses et la paille sont délivrées sur place.

Les matériels de corps de garde sont remis sur place et toutes les fournitures pour les forts dans la cour du fort, à moins que la distance en ligne droite ne soit supérieure à 2 kilomètres.

Les diverses fournitures sont délivrées sur la présentation de bons à l'adjudant-major en 1er qui les prend en charge.

Les bons sont établis par le bureau de majorité qui tient un registre des fournitures de caserne divisé en deux parties: 1° opérations entre le corps et l'entrepreneur ; 2° distributions aux compagnies et réintégrations. L'entrepreneur, de son côté, les inscrit sur son livre de comptes courants. Les bons des détachements sont signés par l'adjudant-major en 2e si le détachement est de la force d'un bataillon, et par le commandant s'il est de force moindre. Les bons pour les corps de garde sont signés par l'officier adjoint au commandant de la garnison.

Les bons sont distincts pour les matériels donnant droit à une indemnité d'usage et pour les autres; il est établi des bons spéciaux également pour les prestations payables directement par les corps ou les parties prenantes individuelles; ces bons spéciaux sont éventuellement applicables : 1° aux lits et aux ameublements d'officiers; 2° aux lits pour les familles des hommes de troupe; 3° aux journées de seconde couverture; 4° à la paille extraordinaire.

Les bons, signés par des sous-officiers ou soldats, doivent être visés par un officier commissaire ou son suppléant.

Les bons d'usage et ceux pour les corps de garde sont remis mensuellement, les autres lors des distributions.

Les restitutions sont également faites par l'adjudant-major en premier pour le compte du bureau de majorité contre reçu du fournisseur, et sauf imputation s'il y a lieu.

Les contestations qui peuvent s'élever au sujet de l'application du cahier des charges sont réglées par la direction du commissariat qui en réfère au Ministre s'il y a lieu. En cas de grosse contestation, il est nommé une commission arbitrale qui juge sans appel. Cette commission se réunit à Rome, et se compose de cinq membres : deux nommés par le Ministre, deux par l'entrepreneur et le cinquième d'accord entre eux ou par l'autorité judiciaire. Dans tous les autres cas, la question est soumise à deux experts nommés l'un par la direction du commissariat, l'autre par l'entrepreneur.

Les constestations relatives à l'exécution courante du

service sont jugées sans appel par un officier-commissaire, ou, à défaut, par son suppléant.

Tout manquement au service (remplacements non assurés à temps, non exécution ou exécution imparfaite des ordres, incomplet des dotations, mauvaise qualité des approvisionnements), est constaté par procès-verbal d'un officier commissaire ou de son suppléant et transmis à la direction pour la suite à donner. L'inexécution des ordres reçus donne lieu à la suspension du payement des acomptes, les distributions de mauvaise qualité à une imputation de 10 p. 100 de leur valeur, les manques de poids à une imputation de 15 p. 100, et les distributions irrégulières à une imputation de 5 p. 100. Ces amendes peuvent être doublées ou triplées en cas de récidive.

Lors des restitutions à l'entreprise, la valeur des objets manquants est remboursée par les corps aux prix du tarif. L'adjudant-major remet à l'entrepreneur une déclaration indiquant en toutes lettres les quantités d'objets manquants qui est transmise à la direction du commissariat chargée de déterminer et de fixer les sommes dues.

Le montant des imputations à faire pour dégradations est réglé d'un commun accord entre le fournisseur et le corps. En cas de divergence, il est statué à dire d'experts désignés par le bureau du commissariat ou à défaut par le commandant de la garnison ou le syndic, si ce dernier est le chef de corps intéressé. Les sommes dues sont constatées par la signature de l'adjudant-major sur les deux parties du registre à souche des dégradations tenu par l'entreprise.

En cas de départ précipité, les corps doivent laisser un délégué pour procéder à la remise du matériel et à la constatation des dégradations. Si la chose n'est pas possible, un officier d'un autre corps est désigné, et le procès-verbal rapporté est transmis au corps.

Les payements des sommes dues par les corps sont

effectués directement au début de chaque trimestre sur présentation d'une comptabilité régulière ; compte rendu en est adressé à la direction du commissariat à l'aide d'un relevé distinct par titre et par garnison.

L'adjudant-major, à cette même date, dresse le compte rendu des matériels en distribution, et par suite pris en consigne par le corps et vérifie la concordance de ses écritures avec celles de l'entreprise. Le bureau de la majorité, en outre, à la réception du troisième fascicule du journal de comptabilité de compagnie, vérifie la concordance de leurs écritures avec celles de l'adjudant major.

Les sommes dues par l'Etat sont payées de la façon que nous avons indiquée en parlant des directions du commissariat. Afin de permettre à l'entreprise de toucher ce qui lui revient, le bureau de la majorité lui adresse à la fin de chaque mois un bon récapitulatif des lits occupés et des autres prestations donnant droit à rétribution.

Le fournisseur a droit, en effet, aux sommes consenties par lui dans son marché, d'après le nombre des journées de présence effective des individus, et par suite des journées d'occupation réelle pour : 1° les lits de troupe et d'hôpital ; 2° les objets d'usage individuel ; 3° les secondes couvertures et les couvertures d'été ; 4° les couvertures aux troupes embarquées. Ces prix sont augmentés de 20 p. 100 pour les distributions assurées en dehors des lieux de garnison pourvus d'une dotation. La paille extraordinaire, les lavages et nettoyages en dehors des manutentions périodiques sont payés à part. Il est dû également des indemnités pour : 1° les transports de matériels dans une localité non pourvue d'une dotation si ces matériels ne sont pas occupés ; 2° les transports de matériels même occupés si la localité est en dehors de l'arrondissement ; 3° la désinfection du matériel en cas de maladies épidémiques ou contagieuses ; 4° les objets brûlés par mesure hygiénique ; 5° les matériels perdus pour cas de force majeure dûment constaté ou par fait de guerre.

La gestion administrative particulière à l'entreprise résulte des livres et registres ci-après : 1° livre-journal des entrées et sorties; 2° livre de comptes courants avec les corps; 3° registre à souche des sommes payées par les corps pour dégradations; 4° livre-maître; 5° livre des remplacements de matériel. Ces deux derniers ne sont tenus qu'au siège principal de la fourniture, les autres dans tous les magasins.

Chaque trimestre, le représentant général remet à la direction et les représentants principaux aux sections du commissariat une situation des matériels indiquant ceux en magasin et ceux en distribution. Chaque mois, les représentants locaux remettent à l'officier commissaire ou à son suppléant une situation des matériels existant dans le magasin de la garnison.

Chauffage et éclairage.

Le service du chauffage et de l'éclairage comprend la distribution du bois, de l'huile, du pétrole, des bougies, du charbon, du coke, de la braise, des fascines, et en général de tous les combustibles nécessaires aux corps et établissements de l'armée, aussi bien qu'aux divers personnels militaires pour leur usage personnel et à leurs frais. Il est assuré dans les mêmes conditions que le service du casernement et le plus souvent par les mêmes fournisseurs, les marchés passés pour ces divers services étant confondus généralement. Les distributions sont faites au poids et les payements effectués d'après les quantités touchées; les parties prenantes individuelles paient directement ce qu'elles touchent au fur et à mesure ou par quinzaine; les corps et établissements, par voie d'imputation aux comptes courants, les sommes dues à l'entrepreneur lui étant ordonnancées pour acomptes mensuels par les directions du commissariat ou pour solde trimestriel par le Ministre.

La ration de chauffage des sous-officiers, caporaux et soldats est fixée à 1 kilogramme, payée à raison de 0,027 soit 0,27 par myriagramme. Le bois pour le chauffage des cuisines, bureaux et autres locaux est touché d'après le nombre et le taux des rations allouées pour chaque foyer et payé au poids dans les mêmes conditions.

Lorsque les corps veulent recevoir du charbon au lieu de bois pour le chauffage des cuisines, l'entrepreneur doit y satisfaire au prix courant du commerce, après avis préalable reçu de l'administration six mois à l'avance.

Pendant les camps et aux manœuvres, l'administration se réserve la faculté d'assurer le service comme elle l'entend en prévenant six mois à l'avance.

Les distributions ont lieu sur les points désignés par l'autorité militaire. Celles destinées aux corps de garde ou aux forts sont portées par l'entrepreneur si la distance en ligne droite est inférieure à 2 kilomètres; celles aux hôpitaux, infirmeries de garnison et boulangeries militaires, quelle que soit la distance, sont toujours portées dans la cour de l'établissement.

L'entrepreneur doit toujours avoir en magasin les approvisionnements nécessaires pour la consommation de trois mois et justifier qu'il a assuré les achats pour trois autres mois. Ces approvisionnements étant réservés à l'administration ne peuvent être vendus et il ne peut en être fait commerce.

Les officiers du commissariat doivent être prévenus des réceptions de combustible afin d'y pouvoir assister s'ils le jugent bon. Tous les frais de magasin et d'octroi sont à la charge de l'entreprise, et aucune indemnité n'est due en cas de diminution d'effectif.

Logement.

Les officiers et hommes de troupe voyageant en détachement ont droit au logement fourni par les communes; les hommes de troupes voyageant isolément y ont droit également ; les officiers isolés n'y ont droit que s'ils sont employés aux travaux topographiques, géographiques ou géodésiques.

Le logement dù aux officiers leur est fourni suivant leur grade et aux employés selon leur rang d'assimilation ; il comporte les fournitures nécessaires pour meubler la chambre à coucher et la lumière.

Le logement dû aux hommes de troupe comporte la fourniture de la paille de couchage si le logement est assuré par la commune à raison de 10 kilog. par homme et la fourniture d'un lit s'il est assuré par les habitants ainsi que la lumière et le feu pour préparer les aliments.

Les chevaux ont droit à une place à l'écurie, à 3 kilog. de paille de litière et les ustensiles nécessaires doivent être fournis.

La fourniture du logement est gratuite si elle n'est pas donnée plus de trois nuits consécutives ; passé ce temps, une indemnité est due, et les corps remettent dans ce cas au syndic, pour les jours donnant droit à indemnité, un bon des allocations fournies à la fin de chaque mois ou lors de leur départ.

Les troupes cantonnées ont droit au logement dans les locaux communaux avec fourniture de la paille et de la lumière ou bien au logement chez l'habitant.

Les troupes campées reçoivent par les soins des entreprises du casernement 15 kilog. de paille pour le premier mois et cette paille est ensuite renouvelée tous les quinze jours à raison de 10 kilog. chaque fois.

Les troupes aux manœuvres sont logées, cantonnées

ou campées selon les circonstances ou les nécessités de l'exercice.

Les officiers en garnison qui éprouveraient des difficultés pour se procurer le logement qui leur est nécessaire en doivent être pourvus par les soins de la commune, contre abandon de leur indemnité de garnison.

Le logement ainsi procuré doit répondre aux convenances du grade, selon les indications générales ci-après :

Colonel : quatre chambres, une cuisine, une chambre de domestique ;

Lieutenant-colonel et major : trois chambres, une chambre de domestique ;

Capitaine : deux chambres, une chambre de domestique ;

Lieutenant et sous-lieutenant : une chambre, une chambre de domestique.

Si les propriétaires n'acceptent pas de fournir le logement dans ces conditions, le corps est déclaré en cantonnement.

Transports de matériel.

Tous les transports de matériel sont effectués par les soins d'une entreprise générale des transports ou, à défaut, dans les localités où l'entreprise ne fonctionne pas, par des entrepreneurs particuliers.

Le marché est passé par le Ministre et les sommes dues payées par ordonnancement direct à la fin de chaque trimestre sur présentation des factures et comptabilités à l'appui liquidées par le bureau de revision pour les dépenses incombant à l'Etat, par ordre de payement du bureau d'administration des personnels divers au compte de chaque corps pour les dépenses qui leur incombent, sur liquidation de la direction du commissariat de Rome. L'entreprise a un représentant général à

Rome, en relations avec le ministère et les bureaux liqui-dateurs et un représentant particulier dans chaque ville de garnison en relations avec les corps, établissements et services.

Lorsqu'il y a lieu de procéder à une expédition, le représentant de l'entreprise est prévenu autant que possible un jour d'avance pour lui permettre d'assurer l'enlèvement des caisses, paquets et colis. Ceux-ci sont remis scellés, ficelés et munis d'une étiquette portant indication des lieux de départ et de destination ainsi que de l'adresse du destinataire. En même temps que les colis, le représentant reçoit une lettre de voiture qu'il signe comme prise en charge ; il signe également la contre-lettre envoyée au destinataire et le talon conservé par l'expéditeur.

L'emballage doit être bien conditionné et accepté par l'entreprise qui est responsable des avaries et pertes en cours de transport.

Aussitôt arrivés, les colis sont reconnus en présence du représentant, vérifié, quant au conditionnement extérieur, au poids marqué et aux indications portées sur la lettre de voiture. Si des différences sont signalées, il est procédé sur-le-champ à la reconnaissance du matériel et des avaries apparentes en présence d'un représentant de l'envoyeur nommé par le commandant de garnison ; ce représentant est un officier commissaire s'il s'agit de matériel appartenant à l'Etat ou expédié par un service dirigé par le commissariat. Procès-verbal est rapporté pour constater les pertes ou avaries et déterminer les imputations à la charge de qui de droit, c'est-à-dire : à la charge de l'envoyeur s'il y a défaut d'emballage ou si l'emballage étant intact il y a manque réel ; à la charge de l'entreprise s'il y a eu rupture de l'emballage ou si le poids ne correspond pas à celui de la lettre de voiture.

S'il y a imputation à l'envoyeur, les procès-verbaux

sont établis en double expédition signés par son représentant et le destinataire. Une expédition est conservée
par le destinataire, l'autre transmise à l'envoyeur et
copie est adressée par le destinataire au bureau de revision.

S'il y a imputation à l'entreprise, les procès-verbaux,
signés également alors par le représentant de l'entreprise,
sont dressés en triple expédition : une pour l'envoyeur,
une pour l'entreprise et la troisième pour le Ministre.

Sur ces divers procès-verbaux, il n'est fait mention
que des manquants ou avaries avec décompte de leur
valeur.

Le Ministre donne acte des procès-verbaux reçus
pour décharge de qui de droit et les transmet aux bureaux liquidateurs pour les imputations aux comptes
de l'entreprise.

Les matériels avariés et reconnus inutilisables sont
abandonnés en toute propriété à l'entreprise et leur
valeur totale est imputée ; ceux encore utilisables sont
conservés et leur moins-value seule est imputable.

Le destinataire demeure responsable de toute perte
ou avarie non constatée à l'arrivée.

Aussitôt après la réception des colis, les contre-lettres
sont retournées par le destinataire à l'envoyeur avec
mention de la réception pour être mises à l'appui de ses
comptes de sortie.

Les lettres et contre-lettres de voiture sont extraites
d'un registre à souche dont chaque feuillet se divise en
trois parties : la matrice ou talon, la lettre de voiture,
la contre-lettre de voiture.

Sur chacune de ces parties, on indique : la date de
remise, la nature du chargement, les lieux de départ et
de destination, les délais d'expédition, l'ordre prescrivant l'envoi, le poids de chaque colis en lettres et en
chiffres, le poids total.

Comme les divers chapitres du budget doivent supporter les dépenses de transport du matériel correspondant, on a soin de ne pas comprendre sur une même lettre de voiture des matériels différents ou comptant à plusieurs chapitres.

Aucun duplicata de lettre de voiture ne peut être délivré sans l'autorisation préalable du bureau de revision qui prend note.

Les contre-lettres reçues après réception du matériel envoyé sont inscrites sur un registre spécial portant annotations des pertes ou avaries constatées, des retards de livraisons et autres faits importants.

Les transports à la charge du budget sont les suivants :

1° Matériels prélevés dans les magasins pour remplacements par suite de force majeure, pour nouvelle dotation ou pour augmentation de dotation ; matériels expédiés sur les magasins pour versement par suite de force majeure, pour diminution de dotation ou pour suppression de type ;

2° Réception de cartouches ;

3° Transports d'un magasin à un autre magasin ;

4° Transports spécialement ordonnés par le Ministre.

Tous les autres transports sont à la charge des corps.

Dispositions communes aux divers services.

Tous les objets, matières et matériels en usage dans l'armée sont, au point de vue de l'administration, répartis en trois groupes :

Groupe A : habillement, draps, toiles, velours, effets confectionnés et matières premières pour les confections ;

Groupe B : équipement comprenant les objets de service général et ceux des services particuliers, objets mobiliers divers, matériel de santé et des hôpitaux, vivres et denrées diverses ;

Groupe C : armement et harnachement, matériel roulant, armes portatives et accessoires, poudre et cartouches, voitures diverses y compris les canons, ferrure, outils de pionniers.

Les objets et matières des groupes A et B constituent le matériel des services administratifs ; ceux du groupe C, les matériels de l'artillerie et du génie. Ils figurent sur les nomenclatures et tableaux d'inventaires distinctement pour chacun de ces services.

Tous les matériels du service de santé et des hôpitaux comptent au matériel des services administratifs, à l'exception des médicaments et instruments de chirurgie, qui sont hors groupe.

Les divers matériels et matières assignés à un corps ou établissement pourvu d'un conseil d'administration sont pris en charge par le conseil permanent ; ceux assignés à un établissement géré par un consignataire sont pris en charge par ce dernier.

Les matières et matériels remis aux officiers de magasins, aux commandants d'unités ou chefs de services, aux gérants d'annexes, sont pris en charge par ceux-ci, mais seulement vis-à-vis du conseil permanent ou du consignataire, ces derniers demeurant responsables vis-à-vis de l'Etat. Il en est de même pour les effets ou objets distribués aux hommes.

La prise en charge est faite au poids ou au nombre selon le cas, et les décomptes établis au prix du neuf, sauf pour les effets d'habillement et de casernement susceptibles de moins-value ainsi que nous l'avons vu.

Chaque corps ou établissement est pourvu d'une dotation de matériel pour subvenir aux besoins du service courant ou de la mobilisation ; l'importance de la dotation est fixée par le Ministre. Les fournitures pour première constitution ou pour augmentation de dotation sont à la charge de l'Etat ; celles pour entretien, renouvellement ou réparation, à la charge des masses ou des frais d'exploitation, sauf dans les cas de perte pour force majeure.

La mise en service des divers objets, effets et matériels doit toujours commencer par les plus anciens, de façon à assurer le renouvellement régulier des approvisionnements.

Les réparations courantes sont effectuées directement par les corps et établissements ou pour leur compte dans les arsenaux et ateliers de l'Etat lorsque la distance est telle que les frais d'envoi et de réexpédition ne sont pas hors de proportion avec l'importance du travail ou bien sont compensés par les économies réalisées.

Afin de tenir le Ministre au courant de l'état des dotations et de leurs existants réels disponibles, il lui est transmis périodiquement des états de situation distincts par groupe de matériel indiquant la dotation prescrite, le fonds disponible, les déficits ou excédents et les mesures prises pour parer aux uns et aux autres. Ces états sont trimestriels pour le groupe A, semestriels pour les groupes B et C.

Les demandes en fournitures de matériels sont adressées à la direction générale des services administratifs pour les groupes A et B, à la direction générale de l'artillerie pour le groupe C, au secrétariat général (division de santé) pour le matériel de chirurgie et les médicaments. Ces demandes sont transmises par le bureau de revision auquel les corps et établissements pourvus d'un conseil les envoient directement, les autres établissements par l'intermédiaire des directions compétentes.

Les matières, effets, objets ou matériels achetés dans le commerce ou fournis par un entrepreneur doivent être reçus par une commission composée d'officiers délégués à cet effet et désignés conformément aux prescriptions des règlements ou des cahiers des charges. Dans les corps et établissements pourvus d'un conseil d'administration, les nominations sont faites par ce conseil; dans les établissements administratifs, par les directeurs, chefs de section et de bureau du commissariat; dans les établissements d'artillerie et du génie, par les directeurs de ces services.

En principe, dans les établissements administratifs, le président de la commission de réception doit être un officier commissaire; à défaut, le consignataire prend la présidence; dans les corps et établissements pourvus d'un conseil, c'est le rapporteur qui préside.

Les reconnaissances et l'acceptation sont constatées par un procès-verbal, la réception proprement dite par un reçu extrait du registre à souche des reçus.

Les matières, denrées, effets, objets ou matériels remis par consignation, c'est-à-dire passés directement d'un établissement ou d'un corps dans un autre établissement ou un autre corps de la même localité, sont reçus de la même façon soit par une commission, soit par un simple délégué de la partie prenante, en présence de la partie remettante. En cas de contestation sur l'état ou la qualité, il en est référé au commandant de la garnison qui nomme une commission choisie à la fois parmi les officiers des deux parties et qui peut se faire aider par des experts. Lorsqu'il s'agit de consignation d'un établissement administratif à un corps, un officier commissaire doit toujours prendre part aux opérations, mais il ne préside pas la commission, et, doit par suite, être de grade moins élevé que le président; un officier commissaire de même fait partie de la commission s'il s'agit de consignation d'un corps à un établissement, mais cette fois, comme il préside, il doit être le plus élevé en grade des membres; lorsqu'il y a consignation d'un établissement administratif à un autre, enfin, le commissariat seul intervient tant pour ordonner la réunion de la commission que pour entrer dans sa composition.

Le procès-verbal rapporté est transmis au Ministre pour la décision, s'il y a lieu, en cas d'appel des parties intéressés contre les conclusions du procès-verbal. Dans tous les cas, le procès-verbal est joint aux reçus et demandes en charge ou en décharge.

Lorsque les matières, denrées, objets ou matériels sont expédiés, il est procédé de la même façon que pour les consignations; le convoyeur remplace le délégué de la partie remettante. Si l'envoi est effectué par l'entreprise des transports, l'envoyeur, outre les contre-lettres de voiture, adresse au destinataire une demande de décharge que celui-ci lui retourne munie de son reçu après avoir lui-même établi sa demande en charge. Ces demandes réciproques en charge et en décharge doivent être dressées à la même date, signées à la fois par les deux parties, la prise en charge de l'une décharge l'autre, et réciproquement; elles sont transmises seulement, après l'accomplissement de ces formalités, aux autorités qualifiées pour leur donner une valeur authentique, c'est-à-dire le conseil d'administration pour les corps ou établissements pourvus d'un conseil, les directeurs compétents (directeurs, chefs de section et de bureau dans le commissariat) pour les autres.

En cas de déficit ou d'avarie imputable à l'envoyeur constaté par procès-verbal, la demande en charge du destinataire ne porte que sur les quantités réellement reçues et la demande en décharge de l'envoyeur est modifiée en conséquence.

Les modifications sont faites à l'encre rouge et le procès-verbal, joint, justifie les différences, l'expéditeur ne devant se porter en sortie que des quantités reçues par le destinataire. Si l'avarie ou le déficit est imputable à l'entreprise des transports, au contraire, c'est la demande en charge qui est modifiée à l'aide du procès-verbal, le destinataire se portant à la fois en entrée du montant total de l'expédition et en sortie des quantités imputées. L'opération, toutefois, n'est incrite dans les écritures qu'après autorisation du bureau liquidateur des transports.

Les manquants, pertes ou déficits existant dans les approvisionnements ne peuvent être laissés à la charge de l'Etat que s'ils proviennent d'un cas de force majeure ou de dépérissement naturel.

Les principaux sont : 1° vol, extorsion ou rapine; 2° incendie, écroulement, submersion ou inondation, 3° maladies contagieuses, épidémies ou épizooties; 4° ouillage, évaporation; 5° prise par l'ennemi ou pertes par événement de guerre.

Aussitôt l'événement connu, le chef de corps ou le directeur, prévenu, nomme une commission de trois officiers, pris dans le corps ou le service, chargée de reconnaître les faits et de les consigner dans un procès-verbal transmis au Ministre. A ce procès-verbal sont joints : une enquête de l'autorité judiciaire dans le premier cas, une déclaration de l'autorité communale dans le deuxième, un rapport de l'autorité sanitaire dans le troisième, une attestation du commandant supérieur des troupes dans le cinquième. Dans le quatrième cas, il n'y a pas réunion de commission, mais simple procès-verbal dressé par un officier commissaire. Lors de la rédaction des procès-verbaux, on distingue le matériel de l'Etat de celui appartenant au corps; le Ministre prononce pour le premier, le conseil d'administration pour le second, mais dans les deux cas la décision du Ministre est réservée s'il y a négligence ou impéritie et par suite imputation à prononcer. Ces procès-verbaux et les documents à l'appui sont transmis par le commandant de corps d'armée qui y consigne son avis et ses observations.

Les matières, denrées, objets ou matériels usés ou détériorés et impropres au service sont réformés par les conseils d'administration ou les directeurs compétents s'il n'y a pas de conseil. Ceux encore utilisables sont pris en charge dans les comptes intérieurs, les autres vendus au profit des masses s'ils appartiennent au corps ou de l'Etat, dans le cas contraire. Le produit des sommes touchées et constatées par procès-verbal est immédiatement versé à la caisse du corps ou au Trésor.

Les matériels proprement dits appartenant à un corps ou à un établissement et prêtés à un autre corps ou établissement ne donnent pas lieu à écritures dans les comptes de ces derniers et demeurent dans les comptes des premiers avec annotation du prêt consenti, justifié par les pièces ordinaires d'entrée et de sortie, mais établies seulement à titre provisoire et en double expéditions de façon que chaque partie en détienne un exemplaire ; ces pièces qui portent un numérotage annuel particulier, sont restituées de part et d'autre pour être annulées à la reddition et doivent être renouvelées à l'expiration de l'année financière, si le prêt se prolonge. Lors de la reddition du matériel prêté, des commissions nommées par le commandant de garnison ou les directions comme pour les consignations ordinaires reconnaissent l'état du matériel et fixent par procès-verbal les imputations dues s'il y a lieu et dont le montant est assigné au corps ou établissement prêteur qui procédera aux réparations nécessaires.

Dans les établissements administratifs on entend plus spécialement par matériel : les machines, outils et instruments divers pour la fabrication ou la transformation des matières, les voitures, fours mobiles et autres matériels roulants.

Ces derniers matériels, tant ceux du service journalier que du service de remplacement ou de mobilisation, sont pris en charge par les consignataires et passés en consigne, s'il y a lieu, aux conseils d'administration, commandants de districts, de forts ou de dépôt spéciaux chargés de leur conservation.

Les matériels sont toujours considérés comme neufs et inscrits dans les écritures au prix du tarif ou au prix d'achat s'il n'y a pas de prix au tarif. Chaque trimestre, il est procédé à leur visite et les matériels reconnus hors d'usage annotés comme susceptibles de réforme par les directeurs, chefs de sections ou de bureaux.

En fin d'année, il est dressé un tableau des matériels existants portant leur répartition dans les quatre catégories suivantes : neuf, bon, médiocre, à réformer. Les matériels à réparer y sont annotés.

Lors des vérifications de magasin, les matériels sont examinés avec soin en vue de déterminer leur état de conservation, les achats ou réparations à faire et la réforme de ceux classés hors de service.

Les petites réparations courantes inférieures à 10 francs sont ordonnées directement et exécutées par le consignataire.

Comptabilité-matières.

La comptabilité-matières a pour but de rendre compte d'une part des existants en matières, denrées, effets, objets et matériels de toutes sortes pour le service de l'armée, d'autre part de leurs mouvements et variations portant augmentation ou diminution dans le cours d'une même année financière.

Les comptes des existants sont rendus annuellement, les comptes des variations semestriellement ou même, pour certains services, trimestriellement.

Ces divers comptes sont établis distinctement pour les divers groupes de matériels et dans chacun d'eux en distinguant les objets et matières par espèce et nature en suivant l'ordre des nomenclatures et présentant les décomptes aux prix des tarifs pour faire ressortir leur valeur patrimoniale. Aucun mouvement ne peut être inscrit sans ordre et sans production des pièces et documents qui le justifient.

En dehors des pièces et documents à établir, des registres à tenir dont nous avons eu à parler au fur et à mesure que l'occasion s'en présentait, les documents et registres fondamentaux de la comptabilité-matières sont les suivants :

1° Registres-journaux des matières ;

2° Ordres de charge, ordres de décharge, procès-verbaux et pièces à l'appui ;

3° Registres-journaux des ordres de charge, des ordres de décharge et des demandes d'ordres de charge et de décharge ;

4° Registres-journaux des augmentations, des diminutions ;

5° Registres de charge du matériel ;

6° Compte judiciaire ;

7° Compte patrimonial.

A l'exception de ces deux derniers comptes, transmis au Ministre et à la Cour des comptes avec les pièces justificatives, tous les autres registres sont des registres intérieurs à conserver par les corps ou établissements et vérifiés sur place ou d'après les doubles tenus au bureau de revision qui reçoit périodiquement les journaux d'augmentations et de diminutions.

Mouvements d'augmentation et de diminution. — Entrées et sorties. — Tous les mouvements d'entrées et de sorties ayant une influence sur la valeur patrimoniale de l'Etat par suite d'augmentation ou de diminution de cette valeur, sont inscrits dans les écritures selon l'influence exercée.

Les principaux mouvements portant augmentation sont :

1° Achats dans le commerce payés directement par mandats budgétaires ;

2° Achats dans le commerce payés sur les fonds d'avances et remboursables par mandats budgétaires ;

3° Fournitures par entreprises payables sur le budget ;

4° Cessions d'autres ministères ;

5° Confections ou transformations dans les ateliers ou magasins, changement de classe, de groupe ou de catégorie, excédent dans les inventaires, par recensement ou par rectifications d'écritures ;

6° Envois d'autres magasins, établissements, corps ou services ;

7° Matériaux de démolition provenant de matériels portés en décharge ;

8° Prises à l'ennemi ou dons à l'armée.

Les principaux mouvements portant diminution sont :

1° Ventes avec versement du produit dans les caisses de l'Etat ;

2° Cessions à charge de paiement ou d'imputation ;

3° Cessions à d'autres ministères ;

4° Emploi de matières pour les confections ou transformations ;

5° Consignation, expédition ou distribution à d'autres corps, établissements, services ou aux parties prenantes individuelles ;

6° Pertes ou avaries pour cas de force majeure ;

7° Imputations aux agents, employés ou ouvriers ;

8° Mise hors de service et réforme ;

9° Déficit constaté lors des recensements ou vérifications d'écritures.

Dans les corps de troupe, les mouvements modifiant la valeur patrimoniale donnent lieu dans les comptes à remboursement pour les augmentations et à versement pour les diminutions. Les diminutions pour cas de force majeure ne donnent jamais lieu à inscriptions dans les comptes deniers. Pour les autres mouvements ayant une influence sur ces derniers, il en est rendu compte dans la comptabilité-deniers.

Ordres de charge et de décharge. — Dans les corps et les établissements pourvus d'un conseil d'administration, les augmentations et les diminutions portant entrées et sorties sont ordonnées par le conseil d'administration et justifiées par les ordres de charge et de décharge. Les demandes d'ordre de charge et de décharge sont établies par le bureau d'administration, revêtues d'un numéro d'ordre progressif annuel différent pour les prises en charge d'une part et pour les décharges d'autre part. Ces demandes sont distinctes par groupes de matériel et dans chacun d'eux les matières et matériels sont divisés en autant de titres qu'il y en a dans la comptabilité patrimoniale de l'Etat. Après avoir été signées pour exécution par le rapporteur, elles sont inscrites sur les journaux des augmentations ou des diminutions. Lorsque l'opération se rapporte à des expéditions faites à d'autres corps et établissements, la demande de décharge est jointe à l'avis d'expédition et la décharge elle-même n'est portée dans les écritures qu'après la prise en charge par le destinataire du matériel expédié, et le renvoi par celui-ci de la demande de décharge munie de sa quittance.

Dans les établissements gérés par un consignataire, les opérations sont ordonnées et justifiées de la même façon, mais les demandes établies par les consignataires sont rendues exécutoires par les bureaux du commissariat. L'établissement des demandes accompagne le mouvement. Toutefois, il n'est établi qu'une seule demande de charge et une seule de décharge par trimestre pour les menus achats, les mouvements intérieurs, les matières employées aux fabrications et les produits qui en résultent. Pour les changements de catégorie ou de nomenclature, les distributions sur bons, les consommations régulières, ces mêmes demandes sont établies au moment où ces divers mouvements inscrits au jour le jour sur le journal des matières et matériels doivent être transportés sur les journaux des augmentations et des diminutions.

Toutes les demandes sont distinctes par service et dans chacun d'eux par titre de budget. Lorsqu'il y a lieu d'établir simultanément des demandes à charge et à décharge corrélatives, comme pour les transformations et fabrications, changements de catégorie, de nomenclature et de tarif, les deux demandes portent la même date et le numéro de l'une est reproduit sur l'autre.

Lors des expéditions d'un établissement à un autre ou à un corps, les demandes en décharge de l'un doivent correspondre exactement aux demandes en charge de l'autre. En cas de manquants ou d'avaries, il est procédé comme nous l'avons vu.

Les demandes indiquent l'ordre ou le motif justifiant le mouvement et, s'il y a eu un procès-verbal de réception, le numéro de ce procès-verbal. Elles sont revêtues d'un numéro d'ordre progressif annuel et rendues exécutoires par le commissariat auquel elles sont transmises sans délai. Celui-ci les retourne, aussitôt après vérification, revêtues de la signature du commissaire.

Ce renvoi, toutefois, n'a lieu qu'après communication aux corps ou établissements intéressés, qui y portent mention de leur reçu pour les consignations, les expéditions et les distributions qui les concernent.

Aussitôt après leur réception, les demandes approuvées sont inscrites selon le cas sur le journal des augmentations ou sur celui des diminutions.

A l'appui des demandes, bases fondamentales de la comptabilité-matières, demeurent annexés tous les actes et documents prouvant la régularité des mouvements.

Les principaux de ces actes et documents sont : les procès-verbaux de réception, de consommation, d'excédent ou de déficit, de perte, d'avaries ou de détérioration ; les copies des notes d'observation, les relevés, bons et états récapitulatifs, les états de consommation trimestriels, les déclarations de versement.

Toutes ces pièces, aussi bien que les demandes, sont classées distinctement par service et, dans chacun d'eux, par nature d'opération, et transmises en même temps que les journaux des augmentations et des diminutions.

Registres-journaux des demandes en charge et en décharge. — Ces registres, qui ne sont tenus que dans les établissements gérés par un consignataire, sont distincts, l'un pour l'inscription des demandes de prise en charge, l'autre pour les demandes en décharge. Sur l'un comme sur l'autre, toutes les demandes sont inscrites avec un numéro d'ordre progressif sans distinction de service, mais celui-ci est indiqué dans une colonne *ad hoc*.

Registre-journal des matières. — Ce registre, qui n'est tenu que dans les magasins administratifs, sert à l'inscription journalière des mouvements à charge et à décharge des matières et denrées destinées aux consommations ou distributions ordinaires qui ne sont régularisées et portées sur le journal des augmentations ou sur celui des diminutions que périodiquement. Le modèle diffère selon qu'il s'applique aux boulangeries militaires ou bien aux autres services. Chacun d'eux contient le nombre de feuillets nécessaires pour pouvoir durer toute l'année financière.

Ils sont cotés et paraphés par un officier commissaire. En tête des diverses colonnes, les diverses matières entrant dans les approvisionnements sont inscrites par spécialité de service et dans chacune suivant l'ordre des catégories et des numéros de la nomenclature. Toutes les inscriptions sont portées au fur et à mesure des mouvements, sauf pour les combustibles, les consommations pour épreuves et pour l'éclairage, qui ne donnent lieu qu'à des inscriptions trimestrielles et pour lesquels il est tenu des carnets auxiliaires.

Lorsque plusieurs fournisseurs livrent en même temps une même espèce de denrées ou de matières, il est passé autant d'écritures qu'il y a de fournisseurs ; lorsqu'un même fournisseur, au contraire, remet des denrées ou matières en vertu de plusieurs marchés différents il est passé autant d'écritures qu'il y a de marchés.

En fin de trimestre, les écritures sont arrêtées et les existants certifiés par un officier commissaire, qui signe au registre avec le consignataire.

Registres-journaux des augmentations et des diminutions. — Le registre-journal des augmentations sert à l'inscription journalière des opérations et mouvements à charge des conseils d'administration ou des établissements ; le registre-journal des diminutions sert de la même façon à l'inscription des opérations et mouvements à décharge.

L'un et l'autre servent à démontrer les variations successives et à tenir le registre de charge et celui de compte judiciaire.

Semestriels dans les corps et établissements pourvus d'un conseil d'administration, trimestriels dans les autres établissements, ils sont arrêtés et vérifiés, en fin de semestre ou de trimestre, par le conseil d'administration ou les directeurs compétents et transmis au bureau de révision qui, de son côté, tient le double de tous les comptes. Les résultats alors obtenus sont reportés à la fois sur les registres de charge particuliers et sur les comptes judiciaires.

Sur les journaux, les opérations sont inscrites au fur et à mesure des mouvements ou périodiquement lorsque des registres auxiliaires, tels, par exemple, que le registre-journal des matières, sont tenus en même temps.

Ouverts au début de chaque période, trimestre ou semestre, pour report des résultats des journaux précédents, ils sont uniques pour tous les services sans distinction, et les inscriptions ont lieu d'après les indications portées sur les demandes en charge ou en décharge aussitôt après qu'elles ont été rendues exécutoires.

Les divers objets, matières et matériels entrant dans les approvisionnements sont inscrits à la suite les uns des autres, dans l'ordre des nomenclatures, sur les lignes horizontales, en réservant les espaces nécessaires pour ceux non encore existants et les ordres de charge ou de décharge dans des colonnes verticales, selon l'ordre chronologique des faits. Additionnés horizontalement, ces registres donnent donc, à un moment quelconque, les augmentations ou diminutions de chaque objet ou matériel ; additionnés verticalement, ils donnent ces indications pour une même demande.

A la gauche du journal des augmentations sont reportés, lors de la clôture des journaux, les résultats du journal des diminutions, de manière à faire ressortir les existants en fin de trimestre, de semestre ou de gestion à reporter sur les comptes correspondants.

Les rectifications opérées sur notes d'observations des directeurs ou du bureau de revision sont effectuées sur les journaux du trimestre ou du semestre suivant.

Registre de charge des matériels. — Ces registres servent à mettre en évidence les matériels existant dans les corps ou établissements.

Ils sont annuels. Ouverts au premier jour de l'année financière ou de la gestion, ils servent à constater les existants au premier jour, puis les variations trimestrielles ou semestrielles selon que les journaux des augmentations et des diminutions sont tenus par trimestre ou par semestre, de manière à faire ressortir les existants au dernier jour.

Ils contiennent le nombre de feuillets nécessaires pour l'inscription de tous les objets ou matériels, lesquels sont inscrits par groupes ou catégories et dans chacun selon l'ordre progressif des numéros des nomenclatures. A chacun de ces objets ou de ces matériels, selon l'importance présumée des mouvements dont ils sont susceptibles, sont réservées une ou plusieurs feuilles ou bien une case.

Les mouvements de chacun d'eux sont inscrits au fur et à mesure de la réception des demandes de charge et de décharge approuvées, le recto des feuilles étant réservé aux sorties et le verso aux entrées. De la comparaison de ces deux feuillets résulte, à un instant quelconque, la constatation des existants.

Les registres afférents aux divers groupes de matériels sont composés d'autant de volumes qu'il y a de groupes différents. Ce sont, en réalité, autant de grands livres où chaque objet, chaque matériel a son compte ouvert.

Tenus dans chaque corps ou établissement, le bureau de revision en tient le double également, de sorte que celui-ci possède pour chaque corps ou établissement un registre par groupe de matériel. Ces doubles lui sont transmis au début de chaque année financière par les corps ou établissements eux-mêmes avec indication des reprises d'inventaires au premier jour de l'année, dont il vérifie l'exactitude.

Compte judiciaire. — Les registres de charge servent de comptes judiciaires pour les corps et établissements pourvus d'un conseil d'administration. Les établissements gérés par un consignataire tiennent, eux, un compte judiciaire particulier.

Ce registre sert à démontrer l'existence des matières, denrées et matériels au premier jour de l'année financière ou de la gestion, les augmentations et diminutions et les existants qui en résultent en fin d'année ou de gestion. Il est unique pour tous les services dont le consignataire est comptable ; il est tenu à la fois par ce consignataire et par le bureau de revision. A cet effet, au début de chaque année financière ou de chaque gestion, les bureaux du commissariat vérifient les deux exemplaires portant indication des existants au premier jour et remettent l'un au consignataire, en même temps qu'ils transmettent l'autre au bureau de revision, après les avoir cotés et parafés.

Les inscriptions y sont portées dans le même ordre que sur le registre des charges, mais sans distinction de service; les objets, denrées, matières et matériels sont portés dans l'ordre de la nomenclature et la colonne d'observations fait ressortir ceux qui existent dans l'établissement même ou dans chacune de ses annexes.

C'est ce compte qui, transmis à la Cour des comptes, servira à donner au consignataire quitus de sa gestion.

Compte patrimonial. — Les corps et établissements, en ce qui touche les matières et matériels appartenant à l'Etat, produisent annuellement, enfin, un compte patrimonial faisant ressortir la valeur du patrimoine de l'Etat et les variations qu'il a subies dans le cours de l'année financière.

Ce compte résulte d'un tableau évaluatif et estimatif des variations survenues, en distinguant les divers services ou titres du budget et dont la balance indique pour chacun la valeur réelle en fin d'année financière.

Les titres, au nombre de sept, tant pour les augmentations que pour les diminutions, sont les suivants :

COMPTES DES AUGMENTATIONS

1. Achats sur ordonnancements directs.
2. Achats sur ordonnancements ou payements particuliers.
3. Réceptions d'autres ministères.

4. Transformations, fabrications et rectifications.

5. Excédents divers, dons et autres imprévus.

6. Echange de matières et matériels entre les établissements et corps.

7. Passage d'un groupe à l'autre et mouvements intérieurs.

COMPTES DES DIMINUTIONS

1. Ventes, cessions et autres débits donnant lieu à versement.

2. Cessions aux corps, établissements et entreprises contre imputation.

3. Cessions à d'autres ministères.

4. Transformations, fabrications et rectifications.

5. Pertes, avaries, manquants, réformes et mises hors de service.

6. Echanges entre consignataires, établissements ou services.

7. Passage d'un groupe ou d'une catégorie à un autre.

Les relevés évaluatifs et estimatifs doivent parvenir au bureau de revision le 31 juillet de chaque année au plus tard.

VI. — *Comptes intérieurs. Vérifications et inspections administratives.*

Comptes intérieurs.

En dehors des comptes extérieurs et de la comptabilité proprement dite, il est tenu dans chaque corps ou établissement des comptes dits intérieurs destinés à justifier auprès du conseil d'administration et des directions de la juste application des divers fonds aux besoins qu'ils sont destinés à satisfaire. Ces comptes ne sont vérifiés que sur place lors des vérifications et inspections administratives périodiques ou accidentelles.

Sans entrer dans aucun détail inutile, nous nous contenterons d'énumérer les principaux de ces comptes et de résumer l'ensemble des règles adoptées pour leur établissement ; leur importance, si considérable qu'elle soit au point de vue intérieur, n'influe en rien sur l'administration et la gestion proprement dites.

Etablis par le directeur des comptes aidé de l'officier payeur, sous la surveillance du rapporteur, à la fin de chaque trimestre, ces divers comptes donnent lieu à un compte rendu général divisé en autant de chapitres qu'il y a de comptes particuliers.

Le compte des prestations aux officiers embrasse toutes les prestations fixes et les indemnités éventuelles auxquelles les officiers ont eu droit et les sommes qui leur ont été payées en conséquence ; on distingue entre elles les diverses catégories d'officiers, et chacune d'elles a son compte particulier, selon que les officiers appartiennent à l'armée permanente ou aux milices mobiles et territoriales, selon qu'ils sont en activité, en disponibilité ou en position de service auxiliaire.

Le compte de la masse générale justifie de l'emploi des fonds alloués pour les prestations diverses dues aux hommes de troupe.

Il se subdivise en quatre comptes partiels que termine un relevé général des profits et des pertes qui en résultent.

Le compte de la solde résume les faits relatifs à la solde proprement dite due et payée aux hommes de troupe, les suppléments fixes et les primes de rengagement, les hautes payes aux décorés de la médaille militaire et aux employés divers, les indemnités de voyage, les sous de poche aux hommes à l'hôpital et les gratifications diverses.

Le compte de l'ordinaire porte aux recettes les prélèvements effectués sur la solde pour la nourriture, les suppléments accordés par mesure hygiénique, les produits de la vente des issues, des eaux grasses et du matériel de cuisine hors d'usage; il porte aux dépenses la valeur des rations de vivres perçues dans les magasins ou chez les entrepreneurs, achetés comptant dans le commerce, les suppléments payés aux cuisiniers et ouvriers militaires des compagnies des subsistances, les frais de transport de vivres, l'achat et l'entretien des ustensiles de cuisine, les suppléments extraordinaires de vivres.

Le compte des services généraux du corps inscrit aux recettes : les indemnités fixes ou mensuelles d'entretien, de service, de bureau; les indemnités communes allouées aux hommes pour le chauffage, le couchage et les dépenses diverses; les retenues sur la solde des hommes punis ou à l'infirmerie; les prestations pour l'entretien des voitures, la nourriture, le harnachement et la ferrure des chevaux dans les corps qui n'ont pas de masse de remonte; les subventions accordées; les bénéfices réalisés sur la confection des effets; le produit de la vente des effets ou matériels hors d'usage; les produits éventuels.

Les dépenses qui lui incombent sont : payement des fournitures de couchage et de casernement ; nettoyage des casernes ; éclairage et chauffage ; quote-part fixée par le Ministre pour l'entretien des casernes ; infirmerie, lavabos, musiques, fournitures de bureau ; entretien des voitures et du harnachement ainsi que de la ferrure dans les corps qui n'ont pas de masse de remonte ; écoles régimentaires ; entretien des magasins ; transport des bagages et matériels du corps ; dépenses diverses.

Le compte des opérations spéciales aux hommes rappelés pour l'instruction s'applique à toutes les sommes allouées pour tous les services de cette catégorie d'hommes de troupe : solde, indemnités, nourriture, habillement, couchage, chauffage, etc.

Le compte de la masse d'habillement résume toutes les opérations relatives à l'habillement portant aux recettes les primes fixes et les primes individuelles allouées, aux dépenses les sommes employées pour l'achat des matières premières ou effets confectionnés dans le commerce, le payement des matières et effets confectionnés pris dans les magasins de l'Etat, les frais de confection, d'entretien et de réparation.

Le compte de la masse de table des sous-officiers fait recette du prélèvement sur leur solde pour leur nourriture et le chauffage particulier de leur cuisine ainsi que du produit de la vente des issues, eaux grasses et matériel de cuisine hors de service. Il porte aux dépenses : le pain et les rations de vivres prélevés dans les magasins, chez les entrepreneurs, ou achetés dans le commerce, les achats de combustibles et d'ustensiles ainsi que les frais de blanchissage.

Le compte de la masse de remonte n'existe que dans les régiments de cavalerie, d'artillerie et du génie ; les autres corps font ressortir les recettes et les dépenses relatives aux chevaux dans celui de la masse générale.

La masse de remonte fait recette : des prestations journalières pour les chevaux, du produit de la vente des fumiers et des matériels et ustensiles d'écurie hors d'usage, de la valeur des rations laissées pour les chevaux à l'infirmerie, du produit de la vente des dépouilles de chevaux morts. Elle porte en dépense : les fourrages touchés, l'entretien et le renouvellement de la ferrure, la paille de litière et les fournitures d'écurie, la quote-part assignée par le Ministre pour l'entretien des écuries, les indemnités payées aux maréchaux ferrants et cavaliers de remonte, les frais d'infirmerié.

Le compte des masses spéciales placées sous la surveillance et la responsabilité toute particulière des chefs de corps s'applique aux fonds versés par les officiers pour constituer une association destinée à les pourvoir d'effets d'habillement et de chevaux sans obérer trop fortement leurs ressources en procédant au payement de ces dépenses à l'aide de retenues mensuelles sur leur solde. Au compte de ces masses sont versés les dons et fondations institués par des particuliers et les sommes destinées à subvenir aux traitements dus aux titulaires de la médaille pour valeur militaire. Chaque officier figure individuellement sur les comptes, et les sommes versées par chacun d'eux y sont portées à leur compte ouvert particulier.

Le compte de caisse s'applique : à l'existant en caisse résultant au début de chaque trimestre des écritures du trimestre écoulé et des comptes courants ; à la recette des mandats d'avances reçus ; aux fonds envoyés aux détachements ; aux fonds envoyés par le bureau d'administration des personnels divers ; aux fonds permanents donnés en consigne aux agents des conseils, comptables et commandants d'unités ; aux dépôts des fournisseurs ; aux débits et crédits résultant des divers comptes rendus.

Le compte de magasin se divise en autant de comptes particuliers qu'il y a de groupes de matériel, chacun d'eux résumant les entrées et les sorties des matériels correspondants, quelle que soit leur provenance : dotation, achat, réception, réintégration, confection et fabrication pour les entrées ; quelle que soit leur destination : consignation, distribution, expédition, confection, fabrication, mise hors de service pour les sorties.

Les comptes des services spéciaux sont applicables : à la remonte et au recensement des chevaux ; au matériel spécial, au service de l'artillerie (canons, affûts, caissons, etc.) ; au matériel des parcs ; au recrutement dans les districts ; aux écoles ; aux bibliothèques militaires ; aux médicaments et au matériel de chirurgie ; aux ouvriers civils dans les établissements.

Les comptes particuliers enfin rendent compte : des successions laissées par les officiers et hommes de troupe à leurs familles pour secours alimentaires, frais de pension dans les écoles, achats de livres et de fournitures diverses ; les retenues sur la solde ; les commissions pour le compte d'autres corps.

Dispositions communes aux divers comptes. — A la fin de chaque semestre, les divers comptes sont établis par le directeur assisté du payeur dans les corps et établissements pourvus d'un conseil d'administration, par le payeur dans les autres établissements. Le rapporteur les vérifie à l'aide des pièces justificatives, puis les soumet à la signature du conseil d'administration ; le consignataire procède de même.

Afin de déterminer l'actif et le passif réel de chaque compte, des virements sont effectués entre eux, de manière que chacun ne prenne en recette que les prestations qui lui reviennent et ne supporte que les dépenses qui lui incombent réellement. Ces divers virements sont appuyés d'un relevé ou certificat administratif justifiant les opérations.

La première inscription sur chaque compte est le

report des résultats du trimestre précédent; les suivantes sont l'indication sommaire des recettes et dépenses effectives, des recettes et dépenses par virement, de manière à faire ressortir comme dernière inscription le doit et l'avoir réels.

Les résultats partiels pour chaque compte du doit et de l'avoir sont reproduits en autant d'articles sur un relevé général dont la balance finale indique la situation financière du corps ou de l'établissement à la fin du trimestre; ce relevé général doit être adressé au Ministre dans les cinquante jours de la clôture du trimestre auquel les comptes se rapportent.

Vérifications de caisses.

Les vérifications de caisses ont pour but de déterminer l'existence des fonds comparativement aux écritures.

Elles sont de trois sortes : périodiques, éventuelles ou accidentelles.

Les vérifications périodiques ont lieu tous les trimestres dans les cinq jours qui suivent la clôture des comptes; les vérifications éventuelles à chaque passage de fonds d'une caisse dans l'autre s'il existe deux caisses et à chaque mutation de comptable; les vérifications extraordinaires lors des inspections administratives et toutes les fois qu'il en est ordonné par le Ministre, par les généraux commandants de corps d'armée et de divisions ou bien par les directeurs compétents. Dans des cas urgents et qui n'admettent pas de retard, les chefs de section et de bureau du commissariat peuvent, en outre, de leur propre autorité, procéder à des vérifications extraordinaires dans les établissements administratifs.

Les vérifications périodiques et éventuelles sont effectuées par le conseil d'administration ou le rapporteur délégué dans les corps et établisssements pourvus d'un conseil, par un officier commissaire ou un délégué du directeur compétent dans les autres établissements.

Les vérifications extraordinaires sont en principe effectuées par l'officier général inspecteur ou bien par un officier général délégué. Dans les établissements administratifs, le délégué est le plus souvent un officier commissaire dont le grade doit, autant que possible, être supérieur à celui de l'officier comptable.

Les opérations ont toujours lieu en présence du comptable vérifié ou de son représentant et de tous les détenteurs de clefs ; le chef de corps ou de service est toujours prévenu afin de pouvoir assister aux opérations.

Lorsque le vérificateur n'est pas lui-même officier commissaire, lors des vérifications extraordinaires, il est toujours accompagné d'un officier commissaire chargé des opérations matérielles.

Un procès-verbal constate les résultats donnés par l'arrêté des écritures et l'existence réelle des fonds reconnus ; il est signé par toutes les personnes qui ont coopéré et transmis au Ministre en même temps qu'à l'autorité qui a prescrit l'opération s'il y a lieu, puis communiqué au bureau de révision pour la suite à donner ; une expédition originale en est toujours laissée à l'intéressé.

L'absence momentanée de l'un des détenteurs de clefs ne saurait entraver les opérations ; tandis que le chef de corps ou de service le fait rechercher, les vérificateurs arrêtent les écritures et compulsent les documents ; si toutes les clefs ne peuvent être réunies pendant ce temps, les scellés sont apposés sur la caisse, le fait consigné dans le procès-verbal et l'opération remise au lendemain ; s'il en est de même encore sans motif plausible, la caisse est forcée et des ordres sont donnés pour la recherche par l'autorité judiciaire du délinquant.

Lorsque des erreurs ou différences sont reconnues, le rapporteur ou le comptable fournissent des explications et, si elles sont admises, le vérificateur pourvoit de son autorité à leur redressement; mention en est faite sur le procès-verbal. Dans le cas où il y aurait négligence ou déficit réel de fonds, l'autorité militaire saisie ordonne la suite qu'il convient et prend toutes mesures.

Le vérificateur et l'officier commissaire, s'il y a lieu, signent purement et simplement les registres après l'arrêté des écritures si elles sont reconnues régulières; mention est faite avec ces signatures des redressements à opérer dans le cas contraire.

Vérifications de magasins.

Les vérifications de magasins sont, comme celles des caisses, périodiques, éventuelles ou accidentelles; elles ont lieu dans les mêmes circonstances et suivant les mêmes procédés.

Mais ces vérifications, en outre, se distinguent en vérifications partielles et en vérifications générales; dans le premier cas, les recensements portent sur une ou plusieurs catégories d'objets de même espèce; dans le second, sur l'ensemble des existants du magasin.

Les recensements généraux ont lieu en fin de gestion ou d'exercice, les recensements partiels en fin de trimestre ou lors des inspections administratives. Pour certains établissements considérables, les recensements généraux se font à des époques plus éloignées; ils n'ont lieu que tous les trois ans, par exemple, dans les magasins d'habillement et tous les quatre ans dans les arsenaux.

Les recensements accidentels sont particuliers ou généraux selon l'ordre reçu et les circonstances.

Les procès-verbaux des recensements sont joints, selon le cas, au journal des augmentations, au journal des diminutions ou au compte judiciaire. La transmission au Ministre s'effectue par l'intermédiaire du bureau de revision.

Inspections administratives.

Ces inspections ont pour but de procéder à la vérification des opérations effectuées, à la constatation de l'état d'entretien des matériels divers et de l'exécution du service, à l'arrêté des comptes intérieurs, à la réforme du matériel de l'Etat et à la prescription des réparations à opérer. Ces inspections sont passées par les généraux de division ou les généraux de brigade délégués, assistés d'un officier commissaire dans les corps de troupe ; par les inspecteurs généraux de l'artillerie et du génie dans les établissements dépendant de ces services ; par les directeurs du commissariat dans les établissements administratifs et les hôpitaux.

En principe, les inspections administratives suivent la clôture des opérations relatives à une même année financière ; le Ministre en prescrit en dehors de cette époque toutes les fois qu'il le juge convenable ; ces dernières portent alors sur tous les services en général ou sur l'un ou l'autre des services en particulier.

Les diverses inspections administratives donnent lieu à l'établissement de rapports qui sont transmis aux directions ministérielles compétentes, relatent les opérations principales, les résultats constatés, les observations relevées et les instructions générales ou particulières à donner en conséquence.

IIIe PARTIE

ADMINISTRATION MILITAIRE DU TEMPS DE GUERRE

---

1. — *Commandements supérieurs et services généraux.*

Lorsque le roi ne prend pas en personne le commandement de l'armée, il le confie à un officier général qui prend le titre de commandant en chef.

Commandant en chef des armées. — Cet officier général assume entièrement la responsabilité de la conduite de la guerre. Son autorité s'étend non seulement sur les armées mobilisées, mais encore, en ce qui touche les opérations militaires, sur toutes les forteresses, sur tous les commandements, corps, services et établissements du territoire en état de guerre, ainsi que sur la marine, mais dans les limites de la coordination de ses mouvements à ceux de l'armée de terre.

Outre les pouvoirs militaires, il a les pouvoirs politiques dans les limites fixées par le gouvernement sur ce même territoire.

En territoire national, ses pouvoirs sont limités par les lois de l'Etat; en territoire allié, par les conventions; en territoire ennemi, par les usages internationaux.

Il a toute qualité pour conclure des conventions militaires, trèves, suspensions d'armes et armistices de courte durée, mais celles tendant à modifier la situation réciproque des belligérants ou à la conclusion de la paix ne peuvent être stipulées sans le consentement du gouvernement.

Il peut apporter aux formations de guerre toutes modifications utiles et règle les questions regardant le personnel des officiers généraux, les propositions d'avancement des officiers et employés de l'armée mobilisée, les propositions de récompenses honorifiques, les mutations des officiers non réservées par les lois au Ministre.

Il se tient en rapports constants avec le Ministre et lui rend compte de toutes les opérations militaires et de tous les événements importants.

Commandants d'armée. — Ces généraux ont toute autorité sur tous les corps et services de leur armée ; ils préparent et dirigent les opérations selon les ordres du commandant en chef et les exigences de la situation.

Ils exercent tous les droits d'un général en chef quand ils opèrent isolément.

Commandants de corps d'armée et de divisions. — Les généraux commandants de corps d'armée ont toute autorité sur les divisions et services de leur unité ; ils commandent directement les troupes et services non endivisionnés ; ils font concourir les divers personnels à la réussite des opérations selon les ordres et instructions reçus ou les exigences de la situation.

Les généraux de division ont des droits et des devoirs analogues en ce qui touche les corps et services sous leurs ordres.

Etats-majors des grandes unités. — La mission des officiers attachés aux états-majors est d'aider le général auprès duquel ils fonctionnent, de veiller à l'exécution des ordres et au fonctionnement régulier des services.

A l'entière disposition du général, ils préparent et
rédigent ses instructions et ses ordres, assurent le service du bureau, recueillent toutes informations utiles et
traitent les affaires qui ne sont pas de la compétence spéciale d'autres services et bureaux.

Le chef d'état-major de l'armée, interprète des con-
ceptions du commandant en chef, est son organe autorisé
pour la notification de ses ordres aux commandants de
troupe et chefs de service. Ses fonctions s'étendent à
toutes les opérations de l'armée ; aidé par un sous-chef
d'état-major, il répartit son personnel entre les divers
bureaux selon les diverses branches de service.

A la tête de chaque état-major d'armée, de corps
d'armée ou de division est un général ou un officier supérieur chef d'état-major, ayant sur son personnel tous
les droits d'un chef de corps. Il exerce ses fonctions sous
l'autorité immédiate du général commandant, et dirige
les bureaux. Il peut signer par ordre les instructions,
communications et ordres du général ; en son absence,
il peut pourvoir d'urgence au service, mais en avisant le
général appelé à remplacer le commandant. Les sous-
chefs d'état-major et successivement par ancienneté les
autres officiers d'état-major suppléent le chef d'état-
major absent ou empêché.

Les commandants de quartiers généraux sont plus spécialement chargés de surveiller la police et la discipline
du personnel de troupe attaché à l'état-major et d'assurer les cantonnements et le service intérieur.

Commandants de l'artillerie ou du génie. — L'artillerie est spécialement chargée : de la conduite, du service et de l'emploi de toute l'artillerie ; du choix des
positions et de la construction des batteries ; du réapprovisionnement en armes, munitions, voitures, chevaux
de trait et outils de sapeurs ; du service des transports
effectués par les compagnies du train d'artillerie.

La direction technique et administrative du service est confiée : au commandant général de l'artillerie ; aux commandants d'artillerie d'armée, de corps d'armée et de division. Chacun de ces commandants fait respectivement partie de l'état-major de l'unité correspondante.

Le génie est chargé : des travaux de fortification de campagne et permanente ; de l'attaque et de la défense des places ; de la construction des ponts et des passages de cours d'eau ; du service télégraphique ; de la construction des fours, magasins et autres travaux pour le service de l'intendance ; de la direction technique des travaux de chemins de fer ; du service des locomotives routières ; du service des parcs et transports effectués par les compagnies du train du génie.

La direction technique et administrative du génie appartient au commandant général du génie, aux commandants du génie d'armée et de corps d'armée, lesquels comptent aux états-majors correspondants.

Service de l'intendance. — La haute direction de tous les services administratifs à l'armée appartient à l'intendance générale qui comprend un état-major de l'intendance générale et une direction générale des transports.

Dans chaque armée, cette haute direction appartient à l'intendance d'armée dont l'action est à la fois directive et exécutive. Cette intendance se compose d'un état-major et de directions spéciales pour chacune des branches de service.

Le service de santé est dirigé par les directions de santé qui se distinguent en directions d'armée dépendant de l'intendant d'armée et directions de corps d'armée et de divisions sous la dépendance directe des commandants correspondants aux quartiers généraux desquels comptent les personnels. L'exécution en est confiée : aux officiers médecins des troupes, aux établissements de santé de 1re ligne, de 2e ligne et de réserve, comprenant les sections de santé, les hôpitaux de campagne, les dépôts de matériel de santé, etc.

Le service du commissariat chargé de fournir les troupes des vivres, denrées, habillements et équipements nécessaires incombe aux directions du commissariat qui se distinguent en directions d'armée sous les ordres immédiats des intendants d'armée et directions de corps d'armée et de divisions sous la dépendance des commandants correspondants aux quartiers généraux desquels comptent les personnels. Pour l'exécution des divers services du ravitaillement, de l'habillement et de l'équipement, les directions disposent d'établissements spéciaux, de dépôts de vivres, de magasins, de parcs et de sections de subsistances et de boulangers. Pour le service des fonds et des caisses, des employés du ministère des finances sont attachés aux directions du commissariat.

Le service télégraphique se divise en deux parties : 1° le service de l'arrière exécuté par les employés ordinaires de l'administration des télégraphes ; 2° le service de l'avant confié exclusivement au personnel du génie.

Le service postal est confié à des personnels civils fournis par l'administration des postes, attachés aux divers états-majors.

Le service des transports est réglé par la direction générale des transports qui compte à l'intendance générale. Il est exécuté par les directions des transports d'armée, les commandants de stations militaires et les commandants d'étapes.

Le service vétérinaire est dirigé par les directions vétérinaires d'armée, sous les ordres immédiats des intendants d'armée correspondants. L'exécution en est confiée aux vétérinaires des corps de troupes, des établissements et infirmeries hippiques et des dépôts de matériels.

II. — *Attributions et organisation des intendances.*

Intendance générale. — L'intendant général des armées exerce, sous l'autorité du commandant en chef, la haute direction de tous les services administratifs.

Ces services sont : ceux de santé, du commissariat, des télégraphes, des postes, des transports, des étapes, des réapprovissionnements de l'artillerie et du génie, des carabiniers royaux ou gendarmes et des vétérinaires.

L'intendant général se tient en rapports constants : avec le commandant en chef auquel il adresse tous rapports et toutes propositions et dont il reçoit les ordres, avis et instructions ; avec le Ministre pour tout ce qui concerne les réapprovisionnements à faire venir de l'intérieur et auquel il renvoie les personnels, matériels et chevaux inutilisables ; avec les intendants d'armée pour leurs besoins et leur réapprovisionnements.

Il provoque du commandant en chef toutes les instructions générales pour la formation, la dotation et l'assignation des établissements de deuxième ligne et celles relatives au bon fonctionnement des services ; il résout toutes les questions d'ordre administratif qui lui sont soumises par le commandant en chef et les intendants d'armée ; il agit de sa propre autorité pour tout ce qui se rapporte aux mesures d'ordre général et aux dispositions relatives aux réapprovisionnements et au service des transports et des étapes.

Il a soin d'adresser à temps au Ministre les demandes d'envois pour les réapprovisionnements à faire venir de l'intérieur ; il répartit ces approvisionnements entre les diverses armées d'après leurs besoins respectifs.

Selon les instructions du commandant en chef, il pourvoit à l'assignation des lignes d'étapes aux armées.

Son action s'exerce par l'intermédiaire des organes

particuliers qui lui sont subordonnés. Sur eux, comme sur tous les personnels administratifs de l'armée et des étapes, il exerce l'autorité correspondante à sa haute situation dans les limites compatibles avec la subordination de ceux-ci à leurs propres commandants.

Dans ces limites, l'intendant général est responsable du régulier fonctionnement de l'administration militaire.

Les relations des commandants de troupes et de corps avec les autorités militaires territoriales intérieures pour tout ce qui touche les réapprovisionnements passent par son canal, de même que tout ce qui concerne les personnels des administrations civiles des finances, des postes, des télégraphes et des chemins de fer attachés au service de l'armée.

Le chef d'état-major de l'intendant général dirige le bureau, pourvoit à l'expédition des ordres et veille à leur exécution. Il remplace l'intendant général de plein droit en cas d'absence ou d'empêchement de courte durée et signe alors par délégation de même qu'il signe normalement par délégation tous les ordres et documents pour lesquels il y a délégation conférée par l'ordre du jour.

L'intendance générale se compose de deux parties : 1° l'état-major de l'intendance, où se concentre la haute direction de tous les services administratifs, ceux des transports exceptés ; 2° la direction générale des transports, qui règle et coordonne tout le service des transports sur les chemins de fer, les routes, les rivières et les canaux.

Le personnel de l'état-major comprend des officiers et fonctionnaires de tous les services dont l'intendant général a la direction, celui des transports excepté. Ce personnel est assigné en majeure partie aux diverses sections constituées à l'état-major de l'intendance générale en rapport avec les diverses spécialités de service auxquelles chacune d'elles doit pourvoir.

Seuls le commissaire général des télégraphes, le directeur supérieur des postes et le commandant supérieur des carabiniers, quoique faisant partie de l'état-major, sont de véritables chefs de service et, comme tels, ont la signature et dirigent leurs services sous leur propre responsabilité tout en se conformant aux instructions et aux ordres de l'intendant général ou de son chef d'état-major.

Les bureaux, sections, commandements, directions et services dont se compose l'état-major de l'intendance générale sont les suivants :

Le bureau du chef d'état-major dont ce dernier est le directeur et qui comprend les officiers d'état-major de l'intendance générale. Ce bureau pourvoit à la direction d'ensemble des diverses branches de service et s'occupe spécialement des instructions d'ordre général et des communications avec l'armée, veillant tout particulièrement à la constitution et au bon fonctionnement du service des étapes.

Les sections de santé, du commissariat, de l'artillerie et du génie ont respectivement pour chef un lieutenant-colonel ou major de l'arme ou du service. Elles se composent de tous les officiers et agents de l'arme ou du service et s'occupent de tous les détails correspondant à leur spécialité.

Le commissariat général des télégraphes comprend les employés civils des télégraphes, sous la direction du commissaire général des télégraphes. La direction supérieure des postes, sous les ordres du directeur supérieur des postes, comprend les employés civils du service et dirige particulièrement le bureau central des postes à la tête duquel est un directeur des postes.

La section vétérinaire a pour chef un capitaine vétérinaire et comprend les officiers vétérinaires.

Le commandement supérieur des carabiniers a pour

chef un colonel de l'arme et comprend les officiers carabiniers.

Les écrivains commis aux écritures attachés à l'intendance générale sont répartis entre les divers bureaux.

La direction générale des transports a pour chef le directeur général des transports, qui, comme tel, a la signature et est chargé de veiller à l'exécution des transports sur les voies de communication en se conformant strictement aux ordres de l'intendant général.

Son action embrasse deux périodes distinctes : la première comprend la mobilisation et la concentration de l'armée, et s'exerce sous les ordres du Ministre ; la seconde commence après l'achèvement de la première et se poursuit sous les ordres de l'intendant général. Dans les deux cas, cette action s'étend indistinctement sur tous les moyens de communication, par chemin de fer, par voitures ou par bateaux.

Les organes d'exécution sont les directions de transport d'armée.

Intendances d'armée. — Chaque armée composée de deux ou plusieurs corps d'armée a une intendance d'armée. L'action de cette intendance s'exerce sous la haute direction de l'intendant général et la dépendance immédiate du commandant général de l'armée.

L'intendance d'armée dirige et en partie exécute les services administratifs de l'armée selon les lois et règlements et pourvoit spécialement à la formation, à la dotation et au fonctionnement des établissements administratifs de deuxième ligne, à la réunion des approvisionnements, au régulier fonctionnement du service des étapes et des transports sur les lignes de communication de l'armée.

L'intendant d'armée est en relation avec le commandant en chef et l'intendant général ; du premier il reçoit les ordres pour la formation, la dotation et l'assignation des établissements de deuxième ligne et la direction générale des services ; du second il reçoit les instructions pour le fonctionnement du service des étapes et des transports, la reconstitution des approvisionnements et la marche générale administrative et technique des divers services. A ce dernier il adresse toutes les demandes pour pourvoir aux besoins qu'il ne peut pas satisfaire par ses propres moyens.

Il doit toujours se conformer à ses instructions dans les limites imposées par les circonstances et les ordres du commandant dont il relève, auxquels cas il doit lui rendre compte. Il ne s'adresse directement au Ministre que si les règlements spéciaux l'y autorisent.

Le chef d'état-major d'une intendance d'armée a des devoirs et des attributions analogues à ceux d'un chef d'état-major d'intendance générale.

Les officiers et fonctionnaires de l'intendance d'armée tels que : directeurs de santé, du commissariat, du service vétérinaire, des transports, de l'artillerie, du génie, des télégraphes, des postes, des carabiniers, sont chefs de service et, comme tels, ont la signature et une responsabilité propre. Ils doivent toutefois se conformer strictement aux ordres et instructions qu'ils reçoivent de l'intendant d'armée ou par son ordre du chef d'état-major. Dans ces limites, ils sont seuls responsables du bon fonctionnement des services qui leur sont confiés.

III. — *Établissements de l'armée.*

Les établissements de l'armée se divisent en établissements de campagne et établissements de réserve. Les premiers fonctionnent directement à la suite de l'armée et pourvoient aux réapprovisionnements immédiats ; les seconds fonctionnent en dehors de la zone d'action du commandant en chef et pourvoient aux réapprovisionnements des précédents sous les ordres du Ministre.

Les établissements de campagne se subdivisent eux-mêmes en établissements de première ligne assignés en permanence aux corps d'armée et divisions dont ils font partie intégrante et en établissements de deuxième ligne assignés à l'armée, organisés dès le début de la campagne et fonctionnant sous les ordres immédiats de l'intendance dont ils dépendent.

Etablissements de première ligne. — Ces établissements suivent les grandes unités auxquelles ils sont affectés dans leurs marches, stationnements et positions diverses. Ils se subdivisent en établissements de santé, de ravitaillement, d'artillerie et du génie.

Les établissements du service de santé comprennent les sections de santé des divisions et corps d'armée à raison d'une section par division et une section pour les troupes non endivisionnées et donnent les premiers soins aux malades et aux blessés.

Les établissements de ravitaillement comprennent : les sections de subsistances, les colonnes de vivres, les parcs de vivres de réserve de corps d'armée et de divisions de cavalerie, les magasins éventuels de corps d'armée et de divisions.

Chaque corps d'armée a trois sections de subsistances, une par division et une pour les troupes non endivisionnées. La section de subsistances réunit les vivres et les fourrages nécessaires pour la distribution du jour, la viande sur pied comprise, en les prélevant sur les ressources locales ou auprès de la colonne de vivres.

La colonne de train de vivres est divisée en trois sections et transporte à la suite du corps d'armée trois rations de vivres ordinaires, pain et viande sur pied compris, pour les hommes, et trois rations d'avoine pour les chevaux du corps d'armée.

Le parc de vivres de réserve de corps d'armée ou de division de cavalerie transporte du biscuit, du sel, du sucre et du café pour les hommes, de l'avoine pour les chevaux du corps d'armée ou de la division.

Les parcs éventuels de vivres de réserve de corps d'armée ou de division de cavalerie sont établis momentanément selon les besoins.

Les établissements de l'artillerie comprennent les parcs d'artillerie de division et de corps d'armée. Les parcs de division transportent une réserve d'outils de sapeurs, de munitions d'artillerie et de cartouches ; les parcs de corps d'armée également et remplissent en outre vis-à-vis des troupes non endivisionnées le rôle des parcs de divisions vis-à-vis des troupes de ces divisions ; chaque parc de corps d'armée a autant de sections qu'il y a de divisions dans le corps d'armée.

Les établissements du génie sont les parcs du génie de corps d'armée ; ils transportent l'outillage nécessaire à ce service et les ustensiles destinés aux troupes d'infanterie et de cavalerie.

Etablissements de deuxième ligne. — Les établissements de deuxième ligne ont pour mission de réapprovisionner ceux de première ligne et, en ce qui concerne le service de santé, de compléter leur action. Ils se divisent normalement en deux grands échelons : dépôt central et établissement avancé. Chaque échelon est constitué par autant d'établissements spéciaux qu'il y de spécialités de services. En principe, l'établissement avancé pourvoit directement au réapprovisionnement des établissements correspondants de première ligne et se réapprovisionne lui-même à l'établissement analogue du dépôt central. Au cas où la distance entre le dépôt et l'établissement avancé serait trop considérable, il peut être établi un établissement intermédiaire annexe du dépôt central.

Les emplacements des divers établissements seront choisis de façon à faciliter le plus possible les échanges

entre eux et rien ne s'oppose à ce que les divers établissements d'un même échelon soient installés selon les
exigences du service dans des localités différentes.

L'intendant d'armée pourvoit selon les ordres et instructions de son commandant d'armée à l'installation
et au déplacement des établissements de deuxième ligne ;
le dépôt central, toutefois, ne peut être déplacé qu'avec
l'assentiment du commandant en chef qui devra prendre
tout d'abord l'agrément du Ministre.

L'intendant d'armée veille au bon fonctionnement
des établissements et à toutes les relations entre eux. Les
établissements de première ligne et les troupes passent
par son intermédiaire, excepté dans les cas où des établissements de deuxième ligne sont spécialement affectés à un corps d'armée ou à une division ; le commandant en dispose alors à son gré.

Dépôt central. — Chaque armée a un dépôt central
qui se subdivise en : dépôt central de santé, des subsistances, de l'habillement, de l'artillerie, du génie,
du service vétérinaire.

Le dépôt central de santé comprend le matériel pour
les remplacements et les hôpitaux. Tous les hôpitaux
ayant un caractère de stabilité fonctionnant dans la zone
d'action de l'intendance d'armée, bien qu'ils ne soient
pas situés au dépôt central, ni même dans son voisinage,
en font partie. Ils peuvent être formés par les hôpitaux
de campagne immobilisés, par les institutions hospita-
lières privées, par les hôpitaux territoriaux militaires
ou civils, par les hôpitaux créés à l'aide des ressources
locales et les dépôts de convalescents.

Le dépôt central des subsistances comprend : le
dépôt de vivres, la boulangerie centrale et le dépôt de
bœufs. Le dépôt de vivres contient les denrées pour le
réapprovisionnement en vivres ordinaires dont la quantité et la nature sont fixées par le Ministre. Il contient

aussi des vivres de réserve, du biscuit, de la viande de conserve, du sucre, du café et de l'avoine. La boulangerie centrale utilise les fours du pays, les boulangeries territoriales militaires de la localité et du voisinage, les fours roulants qui n'ont pas été emmenés à l'établissement avancé.

Le dépôt de bœufs réunit le nombre de têtes de bétail fixé par le Ministre.

Le dépôt central de l'habillement, de l'équipement et du campement est entretenu par le magasin du district qui l'a constitué.

Le dépôt central d'artillerie contient une réserve de munitions d'artillerie et d'infanterie et un certain nombre d'outils de sapeurs, de fourgons à vivres, de fourgons de bataillon, d'armes, de buffleteries, de harnachements et d'autres objets de rechange.

Le dépôt central du génie est doté de la même façon du matériel spécial à ce service.

Le dépôt central vétérinaire pourvoit aux fournitures d'infirmerie de chevaux et dirige toutes les infirmeries ayant un caractère de stabilité dans la zone d'action de l'intendance d'armée.

Etablissement avancé. — Pour l'exécution du service des réapprovisionnements et des distributions directes aux établissements de première ligne, chaque armée a un établissement avancé dont font partie également les hôpitaux de campagne non assignés aux corps d'armée et ceux créés pour les besoins du moment.

Cet établissement est essentiellement mobile ; il est tenu à deux journées de marche environ en arrière des troupes et se compose d'approvisionnements chargés en partie sur voitures du train militaire ou civil, en partie sur vagons, en partie enfin dans des dépôts provisoires.

Il se divise de la même façon que le dépôt central.

Les établissements de santé comprennent : un dépôt de matériel, des hôpitaux de campagne mobiles et des hôpitaux éventuels, des trains sanitaires et une colonne de voitures pour le transport des malades et des blessés.

Les établissements de subsistances comprennent : le magasin avancé des vivres ordinaires ; le parc de vivres de réserve d'armée ; la boulangerie avancée et le parc de bœufs. Le magasin avancé contient six jours de vivres et d'avoine ; le parc de vivres de réserve transporte du biscuit, de la viande de conserve, du sel, du sucre, du café, du tabac et de l'avoine ; la boulangerie avancée utilise les fours roulants et les fours locaux ; le parc de bœufs conduit six jours de viande sur pied.

Le parc d'habillement, d'équipement et de campement transporte les effets de rechange nécessaires.

Le parc d'artillerie et du génie également transporte les matériels divers de réapprovisionnement de chacun de ces services.

Les établissements vétérinaires comprennent les infirmeries de chevaux et le matériel de remplacement chargé sur voitures du train civil.

Etablissement intermédiaire. — Cet établissement, annexe du dépôt central, n'est qu'un échelon de ce dernier porté en avant sur l'ordre de l'intendant d'armée, d'après les instructions de son commandant d'armée et dont il est rendu compte à l'intendant général.

Etablissements de réserve. — Ces établissements sont constitués à l'intérieur du pays pour réunir les approvisionnements de toute espèce, et demeurent sous l'action directe du Ministre qui règle les expéditions.

IV. — *Attributions et organisation du commissariat.*

Le service du commissariat a pour mission principale de fournir les troupes de tout ce dont elles ont besoin en vivres, argent, habillement et équipement; il embrasse donc les trois spécialités de services : ravitaillement, caisses, habillement et équipement.

Personnels de direction et d'exécution. — D'après l'unité de commandement auprès de laquelle fonctionne le commissariat, on distingue les directions d'armée, de corps d'armée et de division.

Au grand quartier général des armées, ainsi qu'aux quartiers généraux de chaque armée et de chaque corps d'armée, pour l'exécution de leurs services administratifs particuliers, se trouve, en outre, un bureau d'administration comprenant des officiers commissaires et des comptables; mais ces bureaux n'ont aucune action sur la marche générale des services.

Pour le service des lignes d'étapes enfin, et selon les circonstances, l'intendance d'armée, à l'aide des personnels dont elle dispose, établit des bureaux de commissariat d'étapes, qui n'ont d'action que dans leur sphère propre.

Les directions du commissariat d'armée font partie de l'intendance d'armée et dépendent directement des intendants d'armée.

Les directions du commissariat des corps d'armée font partie des quartiers généraux de corps d'armée et dépendent des généraux commandants. Les directions du commissariat des divisions, depuis le mois de juillet 1892 où parut la nouvelle instruction sur la mobilisation, ne constituent plus un service distinct, mais simplement un bureau spécial de l'état-major de la division.

Le personnel des directions comprend des officiers

commissaires pour la partie directive, des officiers comptables pour la partie exécutive du ravitaillement et de l'habillement, des employés du ministère des finances pour le service des caisses.

Les officiers commissaires ont la direction administrative, la surveillance technique et le contrôle de la gestion comptable ; les officiers comptables, l'exécution des opérations techniques et la gestion comptable.

En ce qui touche le service des caisses, les officiers commissaires ont la constatation de la régularité des pièces et documents à charge ou à décharge de l'Etat, l'émission des mandats, la surveillance de la juste application des règlements et de la gestion ; les employés des finances, la garde des fonds, l'exécution des recettes et des payements, la gestion comptable.

En principe, les règles du temps de paix sont applicables en temps de guerre.

Les directeurs répartissent leurs personnels selon leur grade, leur emploi et leurs aptitudes spéciales, en ayant soin de ne confier une gestion qu'aux comptables les plus élevés en grade. Dans le service des caisses, les fonctions de caissier et de contrôleur sont attribuées directement par le Ministre des finances.

Attributions générales. — La direction du commissariat d'armée pourvoit, sous l'autorité de l'intendant, à la réunion, à la conservation et à la distribution des approvisionnements des établissements de deuxième ligne du service et surveille, mais au point de vue technique seulement, les services du commissariat des corps d'armée et des étapes dépendant de l'armée. Elle assure le régulier fonctionnement du service dans la zone d'action de l'intendance d'armée dont elle est l'organe principal, et dirige plus spécialement le service du pain et des vivres.

Le directeur est personnellement responsable du service vis-à-vis de l'intendant et lui soumet toutes propositions. Il veille aux demandes de fonds nécessaires pour en munir les diverses caisses et à la répartition de ces fonds entre elles. Il reçoit les ordres de l'intendant pour les distributions d'effets et pourvoit à leur remplacement afin de tenir toujours au complet les dotations.

La direction du commissariat de corps d'armée est le centre du service du ravitaillement des divisions. Elle pourvoit au transport du pain et à sa distribution à l'aide des voitures de la colonne de train de vivres, qui doit toujours être pourvue d'une journée de vivres ordinaires et d'avoine. Elle y supplée, le cas échéant, en prenant les ordres du commandement, à l'aide des vivres du parc de réserve de corps d'armée.

Le directeur demande les fonds nécessaires pour la caisse de corps d'armée, émet les mandats et veille aux payements à faire aux troupes.

La direction du commissariat de corps d'armée remplit à l'égard des troupes non endivisionnées le rôle des directions de commissariat divisionnaires.

La section du commissariat de l'état-major de division pourvoit au ravitaillement des troupes à l'aide des moyens mis à sa disposition par la direction de corps d'armée et de ceux qu'elle se procure directement.

Ces diverses attributions sont celles courantes, mais elles peuvent être modifiées selon les circonstances. En ce qui touche la fabrication du pain, par exemple, il arrivera que la direction de corps d'armée n'y pourra satisfaire ; les directions inférieures y devront pourvoir à l'aide des ressources locales. Souvent le jeu normal du ravitaillement ne pourra s'effectuer, il sera nécessaire de recourir aux réquisitions en prenant les ordres du commandement.

Les services du commissariat d'étapes ont vis-à-vis des troupes d'étapes ou de passage le long de la ligne d'étapes les mêmes attributions que les directions. En outre, dans la mesure et selon le mode fixés par l'intendance d'armée, ils concourent aux ravitaillements des troupes d'opération.

Moyens d'action. — Chaque direction du commissariat dispose d'une section de subsistances pour la préparation et la distribution des vivres et des fourrages ; chaque direction d'armée, de sections de boulangeries chargées de la fabrication du pain ; les services d'étapes, de sections de boulangeries spéciales et de boulangers. Chaque intendance d'armée correspondant à trois corps d'armée dispose de 72 fours roulants (24 par section de boulangerie) du modèle Taddei ou de 42 fours démontables (14 par section) du modèle Rossi.

En général, la moitié seulement de ces forces marche avec les sections, l'autre moitié reste au dépôt central.

Les voitures nécessaires pour les transports sont fournies par le train d'artillerie aux troupes, par le train civil aux établissements ; en cas de nécessité, on recourt à des voitures requises sur place.

Règles générales de service. — Les directions correspondent hiérarchiquement entre elles pour l'exécution technique du service, les directeurs d'unités inférieures devant se conformer aux ordres reçus des chefs de service des unités supérieures. Toutefois, les directeurs de corps d'armée et de divisions ne s'y conforment qu'en tant qu'elles sont compatibles avec ceux reçus de leurs commandants respectifs, auxquels avant tout ils doivent se conformer sans restriction, sauf à en référer au directeur supérieur pour décharger leur responsabilité.

Les services d'étapes dépendent du commandant d'étapes tout en exécutant les ordres de l'intendant pour la partie administrative et technique, plus spécialement en ce qui regarde la constitution des approvisionnements.

Les directions et services du territoire dans la zone d'action de l'intendance d'armée dépendent de celle-ci.

Chaque officier commissaire enregistre sur un journal toutes les notes intéressant son service, les ordres reçus, les missions accomplies, les obstacles rencontrés, les dispositions prises, le temps employé, le jour et l'heure de chaque fait. Il y joint tous les renseignements utiles et documents intéressants.

Comme il est nécessaire de conserver trace des dispositions importantes et spécialement de celles engageant les finances de l'Etat, chaque commissaire tient également un mémorial à souche, timbré, dont il extrait tous les ordres qu'il donne et sur lequel il en conserve le double.

Les directeurs du commissariat ont l'autorité d'un chef de corps sur tous les personnels; les officiers comptables consignataires, celle d'un commandant de compagnie. Aucune dépendance hiérarchique n'existant entre les divers établissements, toute la correspondance doit passer par la direction du commissariat.

Actes principaux. — Les règles ordinaires sont applicables pour la passation des marchés, contrats et conventions; lorsqu'il y a lieu d'y déroger, il en est rendu compte à l'intendant général, qui donne des ordres et instructions en conséquence.

Dans les cas d'urgence, il peut être pourvu aux fournitures par des marchés de gré à gré, et des achats à l'économie, à moins qu'il ne soit préférable de recourir aux réquisitions. L'autorisation de l'intendance n'est pas alors nécessaire, mais il lui est adressé copie des conventions passées ou des documents relatifs aux achats à l'économie, et la responsabilité du chef de service est engagée.

Ces cas d'urgence principaux sont les suivants : manquement au service du fournisseur et nécessité d'y suppléer ; augmentation subite de force exigeant un accroissement proportionnel du fonds des établissements ; supposition fondée que les moyens réguliers de réapprovisionnement ne pourront suffire ; pertes, dépérissement ou retard compromettant la sécurité du service ; mouvement de troupes inattendu, etc.

Les fournitures assurées d'urgence sont autant que possible payées à caisse ouverte, système préférable en territoire national, en pays allié ou même en pays ennemi, s'il est utile de se concilier le bon vouloir des populations.

Les chefs de service du commissariat règlent les prix à payer pour les achats d'urgence en accordant, autant que faire se peut, des prix avantageux afin d'éviter la disparition des denrées.

Lorsqu'il est utile, ces prix sont portés à la connaissance du public et affichés dans les localités, sur l'ordre du commandement, en ayant soin de prévenir les vendeurs qui, en territoire ennemi, présenteront des offres spontanées, qu'ils seront dispensés des réquisitions, mais que, dans le cas où ces offres ne seraient pas suffisantes, il serait procédé à des réquisitions même *manu militari*.

Les achats portent sur les denrées constituant les rations réglementaires ; toutefois, les substitutions de toutes sortes sont admises.

Les procès-verbaux que les officiers commissaires rédigent pour la constatation de tous les faits relatifs au service portent toujours mention des circonstances qui accompagnent ces faits, du lieu et de la date. Les motifs sont également indiqués, ainsi que l'autorité qui a prescrit les opérations et les personnes qui ont assisté à leur constatation.

Lorsqu'un procès-verbal conclut à une imputation, sa conclusion doit ressortir logiquement des faits exposés de manière à permettre à l'autorité supérieure de les apprécier en connaissance de cause.

Sur les procès-verbaux relatifs à des faits contestables, on doit reproduire scrupuleusement les raisons des parties intéressées et chacune d'elles reste libre, après la signature, d'y consigner ses observations et ses réserves de toute nature.

Dans les procès-verbaux destinés à constater les transactions ou conventions passées, on doit employer toutes les formes et observer toutes les règles en vigueur d'après les lois et règlements ou indiquer les motifs obligeant à s'en départir. Ils doivent, en tous cas, être l'image fidèle et la complète expression de tous les faits et de toutes les circonstances.

Le tableau ci-après résume l'ensemble des personnels et des moyens d'action se rapportant aux services administratifs proprement dits.

Tableau récapitulatif des personnels et moyens d'action administratifs.

UNITÉS DIVERSES.	Officiers généraux commandants	OFFICIERS D'ÉTAT-MAJ. Généraux	Supérieurs	Capitaines	OFFICIERS DU COMMISSARIAT. Généraux	Supérieurs	Capitaines	Subalternes	OFFICIERS COMPTABLES. Supérieurs	Capitaines	Subalternes	TRAINS D'ARTILLERIE. Officiers	Vétérinaires	Hommes de troupe	TROUP[es] D'ADM[on]. Secrétaires-ordonnances	Ouvriers	EMPL. CIVILS. Agents	Secrét.-ouvriers conducteurs	CHEVAUX. d'officiers	de selle	de trait	VOITURES. à deux roues	à quatre roues	Fours roulants
Administration du grand quartier général....	»	»	»	»	»	1	1	»	»	1	2	»	»	»	10	»	»	»	2	»	»	»	»	»
Etat-major de l'intendance générale..........	1	1	1	3	1	1	»	3	1	»	5	»	2	44	28	»	20	44	28	55	98	4	21	»
Direction générale des transports.............	1	»	1	2	»	»	1	»	»	1	»	»	»	6	»	»	3	8	13	1	12	2	4	»
Administration d'un quartier général d'armée.	»	»	»	»	»	1	»	3	»	»	3	1	1	49	4	»	»	8	»	6	57	2	12	»
Etat-major d'une intendance d'armée..........	1	»	1	2	»	»	»	2	1	»	2	1	»	45	2	»	12	22	14	56	63	3	12	»
Direction d'un commissariat d'armée..........	»	»	»	»	»	3	4	6	»	1	3	1	1	33	36	»	1	2	8	5	32	»	8	»
Direction des transports d'une armée.........	»	»	»	»	»	»	1	1	»	1	1	»	»	6	4	»	2	65	»	»	152	61	6	»
Administration d'un quartier général de corps d'armée....................................	»	»	»	»	»	»	»	»	»	»	1	1	1	103	2	»	3	»	»	31	35	2	8	»
Direction d'un commissariat de corps d'armée.	»	»	»	»	»	2	2	3	»	1	1	»	»	13	20	»	»	2	4	2	16	»	4	»
Administration d'un quartier général de division	»	»	»	»	»	»	»	»	»	»	1	1	1	25	2	»	2	1	2	30	23	2	5	»
Direction d'un commissariat de division.......	»	»	»	»	»	1	2	3	»	»	2	»	»	6	16	»	»	»	»	»	8	»	2	»
Magasin avancé de vivres ordinaires..........	»	»	»	»	»	»	»	»	1	1	6	»	»	»	14	»	»	436	2	»	832	400	»	»
Parc de vivres de réserve d'armée............	»	»	»	»	»	»	»	»	»	1	2	»	»	»	5	»	»	328	»	»	624	300	»	»
Section de boulangerie à vingt-quatre fours ...	»	»	»	»	»	»	»	»	»	1	6	»	»	»	11	212	»	93	»	»	178	36	»	24
Section de boulangerie à quatorze fours	»	»	»	»	»	»	»	»	»	1	6	»	»	»	11	212	»	57	»	»	110	52	»	»
Section de subsistances (Infanterie)..........	»	»	»	»	»	»	»	»	»	1	3	»	»	»	4	45	»	»	»	»	12	2	2	»
Section de subsistances (Cavalerie)..........	»	»	»	»	»	»	»	»	»	1	2	»	»	»	3	32	»	»	»	1	6	1	1	»
Commandement d'une colonne de vivres	»	»	»	»	»	»	»	»	»	»	»	1	2	19	»	»	»	»	2	5	8	»	2	»
Section d'une colonne de vivres..............	»	»	»	»	»	»	»	»	»	»	»	2	»	116	»	»	»	»	4	7	156	15	30	»
Parc de vivres de réserve de corps d'armée...	»	»	»	»	»	»	»	»	»	»	1	1	»	112	1	»	»	»	2	4	148	68	1	»
Parc de vivres de réserve de division de cavalerie.	»	»	»	»	»	»	»	»	»	»	1	1	»	51	1	»	»	»	2	5	64	»	16	»
Parc d'habillement et d'équipement...........	»	»	»	»	»	»	»	»	»	1	1	»	»	»	4	»	»	38	»	»	72	35	»	»

V. — *Réquisitions militaires, contributions, prises à l'ennemi.*

Les troupes, lorsque l'ordre en est expressément donné, pourvoient à leur ravitaillement et à leurs autres besoins généraux à l'aide de réquisitions sur le pays traversé ou occupé. Ces réquisitions peuvent porter sur tout ce qui est nécessaire aux armées : vivres, fourrages, combustibles, effets d'habillement, moyens de traitement, moyens de transport, outils de sapeurs, matériaux de construction, emploi des habitants aux travaux, etc.

Souvent aussi les réquisitions portent sur le numéraire. Dans ce dernier cas, on ne les appelle plus réquisitions, mais bien contributions de guerre.

Les réquisitions en territoire national ou allié n'ont lieu qu'en cas de nécessité absolue et contre payement immédiat d'après les tarifs locaux, ou, s'il n'en existe pas, d'après les tarifs arrêtés par les autorités requérantes, d'accord avec les municipalités.

Les réquisitions en pays ennemi sont réglées avec circonspection, d'après l'importance des ressources existantes ; elles ne donnent pas droit à remboursement, mais à la remise d'un simple reçu ; le commandant en chef, toutefois, peut ordonner qu'elles aussi seront payées. Aussitôt la conclusion de la paix, il ne peut plus être levé de contributions, et les réquisitions sont effectuées comme en territoire allié. On doit, dans toutes les circonstances, exclure des réquisitions toutes celles qui auraient pour but de contraindre les habitants à prendre part aux opérations de guerre contre leur propre pays.

On distingue les réquisitions en réquisitions régulières et réquisitions forcées.

Les premières sont assurées par l'autorité municipale, qui se charge de répartir les réquisitions entre les habitants et de les amener dans un lieu déterminé.

Les secondes sont effectuées directement par les troupes en cas d'absence ou de mauvais vouloir des municipalités ou bien lorsque le temps manque pour recourir aux premières.

Les conditions locales, le genre de guerre et d'autres considérations d'ordre moral déterminent le mode de réquisition à employer.

En principe, toutefois, on ne doit procéder qu'à des réquisitions régulières. Quel que soit le mode employé, l'autorité militaire exerce toujours son droit de surveillance, prête tout concours aux municipalités et commande les troupes nécessaires pour assurer le bon ordre et la régularité des opérations.

Il appartient à l'intendant général, aux intendants d'armée, aux chefs de service de corps d'armée et de division de proposer au commandant en chef ou à leurs commandants respectifs les réquisitions qu'ils jugent utile ou nécessaire d'opérer. Ces derniers seuls ont qualité pour les ordonner, et l'ordre doit être donné par écrit. En cas urgent, toutefois, pour subvenir à des besoins imprévus, les commandants de troupes détachées, d'étapes et de forteresse ont le droit d'ordonner des réquisitions dans leur résidence ou les localités circonvoisines, sous leur propre responsabilité et à la charge par eux d'en rendre compte à l'autorité supérieure ; les chefs de service ont cette même faculté pour le réapprovisionnement des magasins.

Réquisitions régulières des vivres, fourrages et combustibles. — A chaque corps d'armée il est assigné un territoire pour l'exécution de ces réquisitions avec indication de la qualité et de la nature des denrées à requérir. Le commandant du corps d'armée répartit ce territoire entre ses divisions et ses troupes non endivisionnées et fixe à chacune de ces grandes unités une zone d'alimentation. Aussitôt l'arrivée des premières troupes dans leurs zones respectives, un officier commissaire remet aux autorités municipales une demande de denrées à fournir avec indication des quantités nécessaires, du temps accordé pour les réunir, et du lieu où elles devront être remises. Cette remise est effectuée entre les mains des représentants de la direction du commissariat ou directement aux troupes. En territoire national ou allié, la direction procède au payement immédiat, ou, si la chose n'est pas possible sur-le-champ, délivre un reçu provisoire en échange duquel les sommes dues seront payées aussitôt que faire se pourra ; en territoire ennemi, le reçu provisoire, toujours délivré, ne donne qu'éventuellement droit à un payement ultérieur.

Afin de pouvoir assurer les payements, l'intendance générale et l'intendance d'armée veillent à ce que les directions du commissariat soient dotées d'une caisse spéciale pour ce service, pourvue à tout instant par les caisses militaires d'une avance représentant les sommes présumées nécessaires pour une quinzaine ; cette caisse est confiée à un officier comptable de la direction ; elle est munie de deux clefs, conservées l'une par le directeur dans les divisions et corps d'armée ou par le sous-directeur dans les armées, l'autre par le comptable.

Les denrées requises pour le réapprovisionnement des établissements sont remises aux consignataires qui en prennent charge contre reçu qu'ils délivrent.

Les divers reçus sont transmis à l'officier commissaire qui a procédé aux réquisitions sur le vu desquels il ordonne le payement par la caisse de la direction s'il y a lieu. Le renouvellement des avances de la caisse s'effectue sur présentation d'une note des denrées requises et des sommes payées, appuyée des divers reçus.

Quand les denrées existant dans le pays ne sont pas celles en usage pour la composition normale des rations, le commandant de division, après avis des directeurs de santé et du commissariat, fixe la mesure d'équivalence et la composition de ces rations. Si même il est nécessaire, il en diminue le taux.

Lorsqu'à la suite de réquisitions opérées il se produit des excédents, ceux-ci sont rendus à la municipalité à moins qu'ils ne puissent être facilement transportés. Il est bien entendu que les reçus provisoires remis sont modifiés en conséquence. Lorsque, durant les marches, la zone d'alimentation assignée est insuffisante, les troupes suppléent aux différences par des réquisitions dans les villes, bourgs, villages et fermes échelonnés le long de la route ; ces réquisitions sont effectuées par des officiers commissaires assistés d'une escorte suffisante, marchant avec l'avant-garde, et les denrées chargées sur voitures requises sont transportées aux lieux de distribution, si les voitures à la suite des troupes ne suffisent pas.

Toutes les fois qu'il n'existe pas d'officier commissaire pouvant être chargé des réquisitions, le commandant supérieur des troupes désigne un adjudant-major ou un autre officier pour en remplir les fonctions. Les denrées prélevées par cet officier sont distribuées aux parties prenantes contre bons; le relevé de ces bons est transmis à la direction du commissariat, ainsi qu'une copie authentique des reçus délivrés aux municipalités. Sur le vu de ces documents, le consignataire de l'établissement qui aurait dû normalement assurer les distributions prend à la fois charge des denrées reçues et décharge des distributions, et la direction pourvoit, s'il y a lieu, au payement des sommes dues.

Réquisition forcée des vivres, fourrages et combustibles. — Cette réquisition est opérée par des troupes constituées en détachements sous la conduite de leurs officiers, qui vont prendre les denrées là où elles se trouvent et en donnent des reçus provisoires. Leur distribution aux compagnies et parties prenantes individuelles s'effectuent sur bons, et les bons collectifs qui les récapitulent sont transmis aux directions du commissariat ; à l'aide de ces bons, le comptable consignataire de la section de subsistance prend en charge les denrées reçues et se décharge de celles distribuées.

Sur la production des reçus délivrés aux municipalités en territoire national ou allié, il est procédé au payement conformément aux prix fixés par les directions du commissariat, d'après les tarifs locaux ou les indications des personnes autorisées du pays.

Prestations aux troupes logées chez l'habitant. — Dans les cantonnements, en même temps que le logement, peut être imposée aux habitants l'obligation de nourrir les troupes ou bien de fournir les denrées nécessaires avec les ustensiles et les combustibles pour leur préparation.

Autant que possible, dans l'un ou l'autre de ces cas, la répartition des cantonnements doit être conforme aux ressources probables de chaque localité, et la zone d'alimentation répartie entre les corps de troupe eux-mêmes ; les commandants de compagnie, d'escadron ou de batterie répartissent leurs hommes et leurs chevaux par maison sans occuper celles qui ont recueilli des malades ou blessés à quelque nation qu'ils appartiennent, et qui doivent être considérées comme placées sous une sauvegarde particulière.

Les vivres et fourrages à fournir par les habitants doivent être ceux entrant dans la composition normale des rations ou leurs équivalents. Les soldats ne doivent en rien molester les habitants, et les commandants d'unités y doivent veiller tout particulièrement. Dans chaque maison, le plus élevé en grade seul règle avec le propriétaire les prestations à fournir et doit, en cas de contestations, en référer à son commandant d'unité ; ce dernier ne peut procéder qu'en cas de mauvais vouloir indéniable à la recherche des provisions, et si des mesures de coërcition sont nécessaires, il doit lui-même en référer à son supérieur immédiat.

Afin de laisser aux habitants toute facilité de pourvoir aux prestations imposées, aucun achat individuel né doit être autorisé durant tout le temps nécessaire, à moins que les ressources de la localité ne soient indiscutablement supérieures aux besoins. Autant que possible, l'autorité militaire doit au préalable aviser les autorités municipales des denrées à fournir, de la composition des rations. et des équivalences admises. La municipalité, en outre, est obligée de pourvoir directement aux prestations qui ne pourraient pas être assurées par certains habitants.

Chaque jour les commandants de compagnie, escadron ou batterie remettent au bureau d'administration de leur corps deux bons partiels distincts, un pour les hommes, un pour les chevaux, ainsi qu'un relevé nominatif des habitants qui ont fourni les prestations, avec indication, pour chacun d'eux, des prestations fournies. Avant le départ des troupes, les chefs de corps font établir, et remettre à la direction du commissariat, les bons collectifs des prestations et les états des propriétaires qui les ont fournies, d'après les bons et relevés des unités. La direction du commissariat vérifie les uns et les autres, puis, si l'on est en pays national ou allié, paye aux municipalités les fournitures effectuées en échange des repas; si l'on est en pays ennemi, elle remet simplement aux municipalités les relevés des prestations fournies par les propriétaires.

Quant aux bons collectifs, les directions du commissariat les utilisent pour faire prendre en charge, par le consignataire de la section de subsistance, les vivres touchés et porter en décharge ceux distribués ; les rations ne sont inscrites dans les comptes que pour leur nombre et non pas d'après leur composition effective.

Réquisitions autres que celles relatives à l'alimenta-

tion. — Lorsque les troupes se trouvent dans des centres importants de population, ou de productions spéciales utiles à l'armée, le commandant en chef, de même que les commandants d'armée et de corps d'armée, sur la proposition de l'intendant général, des intendants d'armée ou des chefs de service, peuvent ordonner la réquisition des objets et matières de toutes sortes, telles que chevaux, voitures, étoffes, linges, etc.

L'exécution de ces réquisitions est confiée aux directions des services qui ont à faire usage des matériels ou des matières et qui en règlent ensuite la répartition, selon les formes prescrites pour les autres réquisitions.

Contributions de guerre. — Ces contributions sont de quatre espèces : 1° celles ordonnées par mesures politiques ; 2° pour recomplètement des caisses militaires ; 3° pour remplacement de prestations non fournies en nature ; 4° par punition.

Le commandant en chef seul, sous sa propre responsabilité, a qualité pour ordonner des contributions de guerre. Toutefois, cette faculté peut être accordée par le commandant en chef aux commandants d'armée ou de corps d'armée appelés à opérer isolément.

En principe, l'armée ne doit prélever en pays ennemi que les contributions normalement existantes établies au profit de l'Etat, et autant que possible selon les règles ordinaires locales, en utilisant le plus souvent les administrations du pays lui-même. Dans le cas seulement où ces administrations auraient cessé de fonctionner, le commandant en chef y pourvoit.

Les contributions levées pour remplir les caisses militaires revêtent le caractère de prestations forcées et impliquent le droit pour les pays ou les personnes imposés à un remboursement éventuel ultérieur.

Celles pour prestations non fournies en nature ou par

punition ne donnent droit à aucune espèce de remboursement.

Quel que soit le motif pour lequel des contributions sont levées, il y est procédé selon les formes prescrites pour les réquisitions régulières. La répartition des sommes à payer par chaque habitant résulte des rôles des contributions et des registres tenus par les administrations locales; seuls en sont dispensés ceux couverts par les dispositions de la Convention de Genève.

Aux autorités locales il est remis un document constatant l'ordre, le motif et la valeur de la contribution ; les fonds sont versés sans désemparer dans les caisses militaires.

Prises à l'ennemi. — Toutes les propriétés mobilières appartenant au gouvernement ennemi et susceptibles d'être utilisées par l'armée telles que : valeurs, armes, munitions, vivres, effets, voitures, chevaux, matériel des chemins de fer et des télégraphes, bateaux à vapeur, équipages de ponts, etc., sont susceptibles de prise. Aux termes du droit international, les propriétés privées n'en peuvent jamais faire partie, à l'exception des matériels des chemins de fer et des télégraphes, des bateaux, armes et munitions de sociétés privées, sauf restitution à la fin de la guerre ou indemnité. Les biens des établissements de culte, de charité, d'instruction, d'art et de sciences sont respectés à l'égal des propriétés privées.

Les prises à l'ennemi sont en principe propriété du gouvernement, sauf compensation pécuniaire allouée aux preneurs dans certaines circonstances ou abandon de tout ou partie du produit.

Les troupes s'emparant d'un convoi ou d'un magasin de denrées ont droit à une indemnité ; toute prise par capitulation n'ouvre aucun droit non plus que celles des matériels d'artillerie, des chemins de fer ou des télégraphes. Les objets privés ramassés sur le champ de bataille doi-

vent être remis aux chefs de corps et de détachements,
et ne donnent lieu à prise que si le propriétaire ou ses
héritiers ne sont pas retrouvés.

Lorsqu'il y a lieu de payer aux capteurs une indemnité pour les matières susceptibles d'entrer dans les magasins, le chef d'état-major du corps d'armée ou de la
division, assisté du directeur du commissariat, procède
à l'estimation des matières et procès-verbal est dressé
en double expédition, l'une destinée à accompagner le
butin et à servir de document d'entrée dans le magasin,
l'autre adressée à l'intendant général. La moitié de
cette valeur appartient au Trésor, l'autre moitié est répartie entre les capteurs, les officiers généraux et supérieurs recevant cinq parts, les capitaines quatre, les lieutenants et sous-lieutenants trois, les sous-officiers deux
et les caporaux et soldats chacun une. Le chef de détachement, en outre, quel que soit son grade, a droit à
six parts en plus. L'état de répartition, signé par le chef
d'état-major et le directeur du commissariat, est établi
en deux expéditions, l'une adressée au corps, l'autre à
l'intendance générale.

Le chef de corps donne les ordres nécessaires pour
que chaque militaire touche ce qui lui est dû et le corps
réclame au ministère le remboursement des sommes
ainsi payées.

L'intendance, de son côté, donne des ordres pour que
les denrées et matières soient versées dans les magasins;
les directions ne procèdent à ce versement qu'après en
avoir reçu l'ordre; toutefois, elles peuvent utiliser immédiatement les denrées pour les prestations aux troupes en rendant compte des quantités ainsi prélevées.

Lorsqu'il s'agit d'effets d'habillement, avant même
l'envoi des procès-verbaux, l'intendance est prévenue,
afin qu'elle puisse fixer les établissements sur lesquels
ils devront être expédiés, et les effets, en attendant, sont

remis en consigne à un comptable quelconque de la direction.

Si les matières prises ne sont pas susceptibles d'emploi, les directions du commissariat procèdent à leur vente et le produit en argent est réparti tout entier entre les troupes.

Les chevaux d'officiers pris à l'ennemi sont la propriété des capteurs et remis par eux au commandant de leur corps qui leur en fait payer la valeur résultant de la vente par adjudication. Les chevaux de troupe, au contraire, sont la propriété de l'Etat et remis au chef de corps de troupe à cheval le plus proche qui les prend en subsistance et prévient la direction du commissariat d'en disposer selon les ordres de l'intendance générale.

Dons à l'armée. — Les objets provenant de dons à l'armée sont mis à la disposition de l'intendance générale qui les répartit entre les intendances d'armée pour être distribués aux troupes.

S'il s'agit de denrées ou d'effets d'habillement, ils sont versés par procès-verbal du commissariat aux consignataires des établissements chargés de les distribuer selon les ordres reçus comme s'il s'agissait de denrées ou effets appartenant à l'Etat.

VI. — *Train civil.*

Le train civil (train auxiliaire) est constitué par ordre du Ministre de la guerre lors de la mobilisation; il est recruté par les soins des directions territoriales du commissariat, en territoire national, et des chefs de service directement intéressés et dûment autorisés dans la zone de l'armée.

Les directions territoriales constituent à l'intérieur du royaume les escouades du train civil qui doivent concourir à la formation des services prévus pour la mobilisation, et pendant le cours des opérations ceux en supplément ordonnés par le Ministre pour renforcer les premiers.

Les services intéressés, au contraire, constituent, à l'aide des ressources de la zone occupée par l'armée, ceux nécessaires pour les besoins éventuels ou permanents qui se présentent.

Escouades formées par les directions territoriales. — L'ordre de formation de l'armée mobilisée établit les escouades à former par les directions territoriales. Dès le temps de paix, chaque direction du commissariat reçoit de son commandant de division l'indication du nombre, de la force et de la destination des escouades à constituer. Quant à celles à constituer ultérieurement, l'ordre direct en sera donné par le Ministre selon les besoins.

Aussitôt la réception de l'ordre de mobilisation, les escouades sont réunies et envoyées au lieu de rassemblement général. Au cas où le nombre des conducteurs, chevaux et voitures ne serait pas suffisant, le Ministre en devrait être prévenu par télégraphe. Le départ des escouades est réglé par les ordres de mouvements généraux.

Le recrutement des hommes a lieu par engagement volontaire avec le concours des autorités communales. Les chefs d'escouades et conducteurs s'engagent pour toute la durée de la guerre. Chacun d'eux reçoit un signe distinctif et un livret personnel, puis est inscrit sur un rôle administratif dont copie est adressée aux directions du commissariat de campagne qui recevront les hommes. Seuls les hommes appartenant à la milice territoriale ou dispensés de tout service peuvent être acceptés s'ils sont sains, robustes et justifient qu'ils ont satisfait aux obligations de leur classe dans l'armée permanente et dans la mobile; les chefs d'escouades ne doivent pas avoir plus de 50 ans, et les conducteurs plus de 45 ans.

Les voitures doivent être en bon état, pourvues de tout le nécessaire et aptes au service en campagne; elles doivent être de dimensions ordinaires, attelées à deux chevaux et montées sur deux roues, celles à quatre roues n'étant admises qu'à défaut absolu des premières. Les conducteurs doivent maintenir leurs propres voitures en bonne condition, munies de freins, de lanternes, de bâches, et autres accessoires.

Les chevaux doivent être sains, robustes, âgés de 4 ans au moins, en bon état, complètement harnachés et de taille à traîner journellement une charge de 12 quintaux en dehors du poids de la voiture sur les routes ordinaires.

Les conducteurs doivent tenir en bon état d'entretien la ferrure et le harnachement, toutes les réparations ordinaires étant à leur charge ainsi que la ferrure des chevaux; ce n'est qu'en cas d'avarie extraordinaire que l'administration militaire intervient, mais ses ressources et moyens d'action peuvent être utilisés, tels que forges militaires, ressources des établissements, etc.

Les voitures et les chevaux doivent être présentés dans les localités chefs-lieux de directions du commissariat et acceptées par un officier commissaire, assisté d'un officier du train d'artillerie et d'un vétérinaire; cette présentation peut avoir lieu également dans d'autres localités désignées à cet effet pour faciliter le recrutement.

Chaque escouade comprend des chefs de sections à raison de un par groupe de 20 voitures responsables vis-à-vis du chef d'escouade de la marche du service dont ce dernier est responsable lui-même vis-à-vis de l'autorité militaire qui l'emploie.

La solde due aux conducteurs leur est payée tous les dix jours, sous retenue d'un dixième pour la formation d'un fonds de masse de 60 francs auquel il ne doit être touché, sous aucun prétexte, jusqu'au licenciement et sous déduction des sommes dues pour réparations, avaries, amendes, dépenses d'hôpital, etc., jusqu'à concurrence du tiers des sommes dues au maximum.

Les hommes ont droit aux rations de vivres et les chevaux aux rations de fourrages distribuées selon les règles ordinaires.

Les avaries et pertes pour cause de service sont réglées et liquidées sans désemparer par les chefs de service.

Les amendes infligées pour manquement au service varient entre 1 et 10 francs; elles sont retenues lors de la paye, inscrites en même temps que celle-ci sur les livrets et portées sur les pièces à l'appui de l'état de solde ainsi que les imputations pour dommages ou avaries par négligence ou maladresse.

Les hommes malades sont traités dans les établissements militaires sauf retenue sur la paye; ils peuvent être licenciés s'il est démontré que la maladie doit être de trop longue durée ou si elle doit entraîner l'incapacité de servir. Hors ce cas, ils ne peuvent être licenciés que pour manquement grave de nature à compromettre le service sur ordre de l'intendant d'armée.

La comptabilité du train est tenue par l'officier d'administration du service chargé également de l'établissement des bons.

Cet officier assure les payements à l'aide de fonds demandés tous les dix jours à la direction du commissariat contre signature des intéressés pour émargement sur la feuille de paye.

Tous les mois, il est transmis à la direction un compte rendu des fonds touchés et des sommes payées appuyé de la feuille de paye. Lors du licenciement, les livrets individuels sur lesquels toutes les sommes payées ont été inscrites sont joints au dernier compte rendu et à la dernière feuille de paye.

Train civil constitué par les corps et services mobili-sés. — En dehors des escouades, constituées par les directions territoriales, il peut être nécessaire de recourir, pour des besoins éventuels ou permanents, à des trains civils, formés sur place, à l'aide de locations ou de réquisitions ordonnées ou autorisées par les commandants de corps d'armée ou de divisions pour les services de première ligne, par les intendants d'armée pour ceux de deuxième ligne. Les chefs de détachements ou de service peuvent y recourir directement sous leur responsabilité en cas d'urgence, à charge d'en rendre compte sur-le-champ.

Pour les locations, on se conforme, dans la mesure du possible, aux prescriptions réglant la constitution normale des escouades du train civil; les réquisitions sont soumises aux règles applicables à toutes les réquisitions selon qu'elles sont assurées par réquisition régulière ou forcée.

La location n'a jamais lieu que pour un temps déterminé ; la réquisition, au contraire, le plus souvent pour un temps indéterminé. Les sommes dues sont payées lors du licenciement ; elles comprennent à la fois la solde proprement dite et les frais de nourriture des hommes et des chevaux auxquels il n'est pas fait de distributions en nature. Lorsque le service doit avoir une certaine durée, toutefois, les vivres et les fourrages peuvent être alloués.

Les dépenses effectuées par les corps et services pour le train civil loué ou requis leur sont remboursées par les directions du commissariat sur production d'états de dépenses appuyés d'une copie de l'autorisation donnée ou d'une déclaration originale du chef de corps ou de service ayant agi sous sa propre responsabilité, ainsi que des reçus signés par les conducteurs.

En territoire ennemi, il est toujours procédé par voie de réquisition sans payement, mais les vivres et les fourrages sont accordés aux conducteurs de chevaux ou de voitures réquis. Ces distributions sont justifiées par des bons signés des parties prenantes.

VII. — *Ravitaillement.*

Nous avons vu que le commandement dispose, pour assurer les ravitaillements, d'établissements de subsistances de première et de deuxième ligne :

Les établissements de première ligne, colonnes de vivres, parcs de vivres de réserve de corps d'armée, sections de subsistances et magasins éventuels de corps d'armée et de division dépendent des généraux commandants des grandes unités auxquelles ces établissements sont affectés.

Les établissements de seconde ligne, dépôts centraux, établissements avancés et magasins d'étapes, dépendent directement de l'intendance d'armée.

Chaque corps d'armée a une colonne de vivres divisée en trois sections : une pour chacune des divisions et la troisième pour les troupes non endivisionnées ; les sections portent une journée de vivres, pain et viande sur pied compris, pour les hommes et une journée d'avoine pour les chevaux.

Chaque corps d'armée et chaque division de cavalerie a un parc de vivres de réserve ; celui du corps d'armée transporte deux rations de biscuit, quatre de sel, de sucre et de café pour les hommes, une ration d'avoine pour les chevaux ; celui de la division de cavalerie ne transporte qu'une seule ration de ces mêmes denrées, plus une ration de viande de conserve pour les hommes.

Chaque division a une section de subsistance et le corps d'armée une troisième section pour les troupes non endivisionnées ; elles ont pour mission de réunir et de distribuer les vivres, qu'ils proviennent de la colonne de vivres, d'achats sur place ou de réquisitions.

Les magasins éventuels de division et de corps d'armée ne sont formés sur l'ordre des commandants respectifs que dans certaines circonstances spéciales; ils peuvent en particulier être constitués lors des stationnements pour la fabrication du pain, à l'aide de personnels appartenant aux établissements de deuxième ligne et cédés momentanément ; on utilise pour la fabrication les fours des pays et, au besoin, des fours roulants prêtés dans les mêmes conditions que le personnel.

Les établissements de seconde ligne sont constitués par armée, chacune d'elles étant également dotée.

Le dépôt central de vivres renferme une certaine quantité de farine et de vivres ordinaires, fixée par le Ministre, ainsi que six rations de biscuit, quatre de viande de conserve, cinq de sucre et de café et neuf d'avoine pour l'ensemble de l'armée.

La boulangerie centrale avec son annexe, la boulangerie intermédiaire, s'il y a lieu, vient en aide à la boulangerie avancée pour la fabrication du pain ; cette boulangerie centrale fabrique aussi du biscuit et surtout du pain biscuité.

Le dépôt de bœufs réunit les animaux nécessaires pour le service des parcs de bœufs formés aux établissements avancés.

Le magasin avancé de vivres ordinaires contient environ six jours de vivres, pain et farine compris, et six jours d'avoine ; le parc de vivres de réserve, trois rations de biscuit, une de viande de conserve, trois de sel, deux de sucre et de café, trois de tabac et une d'avoine.

La boulangerie avancée est spécialement chargée de la fabrication du pain pour l'armée en utilisant les fours roulants (Taddei) ou les fours démontables (Rossi) dont elle est dotée et les fours du pays.

Le parc de bœufs contient environ quatre jours de viande sur pied.

Règles générales du service. — Les approvisionnements nécessaires aux divers établissements sont constitués par marchés ou achats d'urgence, par expéditions d'autres établissements, par fabrication, par réquisition, par prise à l'ennemi, enfin par dons à l'armée.

Le système général est celui de l'exécution du service par voie de gestion économique directe. En conséquence, même quand les fournisseurs, aux termes de leurs contrats, remettent aux établissements désignés pour les recevoir les matières et denrées, toutes les autres opérations, mouvements, transformations, préparations et distributions, sont effectuées par les personnels d'exécution attachés à l'armée en campagne.

Il n'est fait exception que pour les distributions aux lieux de concentration de l'armée.

En principe, d'ailleurs, la remise directe des matières et denrées par les fournisseurs est elle-même limitée aux établissements de deuxième ligne, et le commandant en chef détermine si cette remise directe doit se borner aux seuls dépôts centraux ou s'étendre aux magasins intermédiaires et aux magasins avancés.

Toutes les distributions sont assurées par les divers établissements de première ligne qui se ravitaillent eux-mêmes sur ceux de deuxième ligne ou bien par achats et réquisitions sur place.

Lorsque les denrées sont requises directement par les troupes ou fournies par l'habitant, elles sont, nous l'avons vu, considérées et prises en charge comme si elles avaient été distribuées par les établissements.

Les rations de vivres ou de fourrages distribuées ont la composition normale indiquée à la deuxième partie, mais le foin est toujours acheté ou requis sur place ; il n'en est pas constitué dans les approvisionnements des établissements, ni transporté à la suite des troupes.

La composition de la ration normale de campagne peut être modifiée par le commandant en chef et par les commandants d'armée, selon les circonstances, sur la proposition de l'intendant général ou des intendants de l'armée ; les commandants de corps d'armée et de division peuvent également la modifier s'il est nécessaire, sur la proposition des directeurs et chefs de service du commissariat, en rendant compte par la voie hiérarchique : les premiers au commandant d'armée, les seconds à l'intendance.

Des distributions extraordinaires peuvent avoir lieu sur l'ordre du commandant en chef ou des commandants d'armée ; elles portent sur les vivres de réserve, le vin et l'eau-de-vie.

Les lieux et heures de distribution ainsi que le tour de présentation des corps sont fixés par les généraux commandants, dans l'ordre du jour.

Les lieux où doivent au début être établis les dépôts centraux sont fixés par le Ministre ; ils sont ensuite déplacés sur l'ordre du commandant en chef, de concert avec le Ministre.

Les autres établissements de deuxième ligne sont ouverts, fermés et déplacés sur l'ordre des intendances d'armée, conformément aux instructions des commandants d'armée.

Les directions du commissariat pourvoient directement, d'après les ordres des commandants respectifs, à la formation et à la translation des magasins intermédiaires.

Les établissements de première ligne, à l'ouverture de la campagne, sont organisés par l'intendance d'armée ; ils sont déplacés à la suite de l'unité à laquelle ils sont attachés sur les ordres des directions des commissariats d'après les postes qui leur sont assignés par les commandants de corps d'armée et de division ; leur place dans les colonnes de marche est fixée par l'ordre général de mouvement.

Afin de mettre à couvert la responsabilité des consi-

gnataires, le nombre nécessaire de gardes et de sentinelles leur est donné.

En général, le bois est requis sur place par les directions du commissariat qui le font transporter autant que
possible, par les propriétaires, aux lieux fixés pour les
distributions.

Cette réquisition, toutefois, peut être effectuée directement par les troupes, sauf à faire liquider ultérieurement
les dépenses par les directions du commissariat.

Lorsqu'il n'est pas possible de trouver du bois dans
les localités occupées par les troupes ou dans le voisinage
immédiat, les généraux commandants prennent toutes
mesures utiles.

La paille est toujours considérée en campagne comme
une distribution extraordinaire à laquelle on ne doit
recourir que dans des cas spéciaux; elle est requise et
payée dans les mêmes conditions que le bois.

Règles spéciales pour les corps. — Aussitôt la mobilisation décrétée, la distribution aux troupes mobilisées
des vivres et des fourrages est assurée au compte de
l'Etat et les règles ordinaires du temps de paix cessent
d'être en vigueur.

Les corps, au départ de la garnison pour le lieu de
concentration, doivent être pourvus de quatre jours de
vivres (moins le pain et la viande) payés sur les fonds de
leur propre caisse et dont ils sont remboursés à l'arrivée
par les directions du commissariat, sur présentation d'un
décompte appuyé des quittances des fournisseurs et des
bons de distribution aux troupes.

Pour les vivres touchés aux lieux de stations de chemins de fer, en route il est remis des bons spéciaux
indiquant le nombre et la composition des rations d'après
les instructions de l'officier préposé aux distributions.
Quant au compte de ces distributions, le district ou le
dépôt qui en aura été chargé établit des relevés par

corps des distributions faites, appuyés des bons et d'un état récapitulatif des dépenses effectuées. A l'aide de ces documents, il se procurera auprès des corps le remboursement des dépenses y relatives par inscription aux comptes courants.

A l'arrivée au lieu de rassemblement, les corps reçoivent, dès le jour du débarquement, le pain et les fourrages, par les directions du commissariat contre remise des bons ordinaires comme en temps de paix. A dater de ce même jour, ils touchent la viande auprès des fournisseurs que leur indiquent les directions du commissariat contre remise à chacun de bons ordinaires.

Les rations distribuées par le service normal de ravitaillement sont prélevés sur bons, de même que celles distribuées par le service des étapes; celles au contraire obtenues par les réquisitions forcées sont constatées par des bons spéciaux.

Tous les bons remis par les troupes pour les distributions au compte de l'Etat doivent, pour être admis en comptabilité, avoir été visés par un officier commissaire ou un officier en remplissant les fonctions.

Ravitaillement pendant la concentration et le rassemblement. — Avant de quitter les garnisons pour se rendre aux lieux de concentration, les troupes auxquelles ont déjà été distribuées les deux rations de vivres de réserve existants dès le temps de paix, doivent se pourvoir en outre, comme nous venons de le voir, de quatre jours de vivres ordinaires, le pain et la viande exceptés.

Ces quatre jours de vivres doivent être consommés aux lieux de rassemblement seulement, et il ne doit, sous aucun prétexte, y être touché dans le cours du voyage.

Le pain est distribué au départ pour toutes les journées de voyage en chemin de fer, y compris celle de l'arrivée.

L'avoine et les fourrages sont distribués de la même façon.

Lorsque la marche s'exécute par les routes ordinaires, les corps se pourvoient selon les règles habituelles, en prélevant le pain dans les boulangeries militaires ou chez les entrepreneurs, les fourrages chez les entrepreneurs, en achetant dans le commerce les vivres ordinaires.

Pendant le voyage en chemin de fer, les vivres, à l'exception du pain, sont distribués par les stations; les chevaux y sont abreuvés.

Lors de l'arrivée au lieu de rassemblement, les corps sont donc pourvus de tout ce qui leur est nécessaire pour le jour d'arrivée : de deux rations de vivres de réserve portées par la troupe; de quatre rations de vivres ordinaires, le pain et la viande exceptés. Quant aux chevaux, ils ont le nécessaire pour le jour d'arrivée.

A dater de ce jour, les corps reçoivent du service spécial de ravitaillement établi dans la zone de rassemblement la viande fraîche et le pain dès le soir même pour le lendemain, et successivement chaque jour; les vivres ordinaires dès le quatrième jour. Quant aux fourrages, ils leur sont distribués chaque jour pour le lendemain.

Bien que ce service spécial du ravitaillement dans la zone de rassemblement soit seulement destiné à satisfaire à des besoins momentanés et qu'il doive cesser de fonctionner aussitôt qu'il aura été remplacé par le service normal du ravitaillement en campagne, son fonctionnement régulier est l'un des plus graves problèmes à résoudre. Il est organisé par le personnel des directions du commissariat assignées à l'armée en campagne, transporté dès le début de la mobilisation sur les points de concentration, avec l'aide des directions de commissariat locales.

On y pourvoit : 1° pour les distributions des vivres

ordinaires, à l'aide de marchés distincts autant que possible par corps d'armée et même par divisions ; 2° pour les distributions de pain, à l'aide de boulangeries militaires territoriales existantes, de boulangeries utilisant les fours du pays, des fours de construction et subsidiairement des fours roulants des boulangeries de campagne, les directions territoriales du commissariat étant autorisées à réunir les farines nécessaires par tous les moyens possibles, et les troupes leur adressant directement leurs demandes jusqu'à la constitution définitive des directions du commissariat de campagne ; 3° par la formation de magasins provisoires de corps d'armée et de divisions.

L'approvisionnement de ces magasins provisoires est assuré : 1° par des envois de l'intérieur ordonnés par le Ministre dès le premier jour de la mobilisation, à l'aide des trains spéciaux prévus par le plan général des transports s'il n'ont pas été effectués auparavant ; 2° par les remises des entreprises fonctionnant dans la région ; 3° par les ressources locales achetées ou requises sur place,

Le premier mode doit être employé de préférence aux deux autres, qui ne doivent donner que le surcroît indispensable non fourni par le premier.

Ces magasins provisoires doivent être dotés de dix jours de vivres environ. Lors du passage aux opérations de l'armée, les existants restant dans ces magasins provisoires serviront à doter les établissements de première ligne et notamment les magasins avancés.

Les directions du commissariat d'armée, alors même qu'elles ne seraient pas entièrement constituées, assument, dès leur arrivée, la direction de ce service spécial et ont sous leur dépendance directe les services territoriaux du commissariat. Etablies en principe au siège des dépôts centraux, elles pourvoient aux besoins qui ne peuvent être assurés par les moyens locaux et prennent toutes dispositions nécessaires avec les commissaires de ligne pour les expéditions à faire par voie ferrée. Tant que l'intendance générale et les intendances d'armée ne fonctionnent pas, elles sont autorisées à correspondre directement avec le Ministre, et les transports dans l'intérieur des cantonnements sont assurés par des voitures louées ou requises sur place.

Toutes les expéditions faites de l'intérieur sont assignées aux dépôts centraux d'où les intendances diverses et les directions du commissariat en disposeront pour assurer la dotation de ces mêmes dépôts ou celle des divers établissements.

Tous les moyens dont nous venons de parler sont ceux normalement indiqués pour le ravitaillement dans la zone de rassemblement de l'armée; en cas de besoins imprévus, on peut recourir aux réquisitions et aux contributions qui, dans cette période, devront nécessairement donner d'heureux résultats. Toutefois, ce dernier mode ne doit être spécialement employé que pour les corps destinés à couvrir la zone de rassemblement et qui sont établis à une distance telle que leur ravitaillement ne peut être assuré par les établissements organisés pour le gros de l'armée dans cette même zone.

Ravitaillement pendant le déploiement et les opérations. — Aussitôt que tous les éléments devant constituer le service normal du ravitaillement sont réunis, les directions du commissariat des armées, des corps d'armée et des divisions se disposent à en assurer le fonctionnement régulier.

Comme il est nécessaire de s'assurer au préalable du jeu régulier de tous les organes, les directions du commissariat devront s'efforcer de les faire fonctionner dès avant le début des opérations proprement dites, concurremment avec les moyens spéciaux de ravitaillement établis pour la période précédente.

Les moyens normaux dont doivent disposer les directions du commissariat pour le fonctionnement du service du ravitaillement durant le déploiement et les opérations sont, nous l'avons vu, les suivants :

Première ligne : deux rations de vivres de réserve portées par la troupe ; une ration de pain, de vivres ordinaires et de fourrages en distribution près des corps ; une ration de pain, de vivres ordinaires et de fourrages transportée par la section de la colonne de vivres détachée près des sections de subsistances ; une ration de pain, de vivres ordinaires et d'avoine près la colonne de vivres ; les vivres et l'avoine de réserve près les parcs de vivres de réserve de corps d'armée.

Deuxième ligne : six rations de vivres ordinaires, y compris le pain ou la farine et l'avoine, près les magasins avancés de vivres ordinaires d'armée ; les vivres et l'avoine de réserve près les parcs de vivres de réserve d'armée ; les vivres ordinaires et de réserve, y compris l'avoine, près les dépôts centraux.

Au début du déploiement et des opérations, l'armée quitte ses cantonnement de la zone de rassemblement. Le remplacement régulier des vivres et des fourrages ne pourra présenter dès l'abord beaucoup de difficultés ; mais, à mesure que s'accentueront les concentrations de masses, il deviendra nécessaire que la majeure partie des voitures soient échelonnées en arrière et le réapprovisionnement devenant chaque jour plus difficile, il pourra arriver que les communications soient impossibles entre les unités de guerre et leurs établissements respectifs, ou bien entre les établissements de première et de deuxième ligne. Dans ce cas, comme il n'est pas prudent de recourir aux parcs de vivres de réserve qui doivent être considérés comme ressources pour les jours de combat, il sera nécessaire de se servir le plus largement possible des achats sur place et des réquisitions.

Les troupes de sûreté, de couverture, d'avant-gardes et de flanc-gardes doivent aussi, durant les marches, se pourvoir, dans la majeure partie des cas, à l'aide de réquisitions.

La période des combats, et surtout celle des combats successifs à de brefs intervalles, est toujours un moment grave et critique pour la régularité des ravitaillements.

L'alimentation par les distributions des établissements devient incertaine puisque la prudence exige de tenir les colonnes de voitures loin de l'action et que le temps manque le plus souvent ainsi que les moyens pour préparer les distributions.

Quand néanmoins les circonstances ne permettent pas le réapprovisionnement des vivres ordinaires, si ce n'est avec les parcs de vivres de réserve maintenus à portée des troupes, ceux-ci doivent être réapprovisionnés avant et aussitôt après les combats. C'est à la suite de ces combats qu'il est nécessaire de recourir avant tout aux moyens exceptionnels. Il peut arriver, en effet, que les distributions aient vidé les convois sans qu'il ait été possible de les reconstituer. Les réquisitions sont àlors employées dans la plus large mesure ou bien la nourriture chez l'habitant qui rend les mouvements plus faciles et plus indépendants.

Lors des marches en retraite, les colonnes de vivres prennent la tête des troupes et, lorsqu'il est nécessaire, les voitures sont déchargées pour constituer des dépôts momentanés avec le personnel de distribution indispensable sur les points de passage obligé. Au cas où ces dépôts coincideraient avec les lieux de bivouacs des troupes, les distributions s'effectuent aussitôt l'arrivée ; au cas où ils seraient simplement sur la route, il est fait halte pour les distributions ; dans ce dernier cas toutefois, leurs emplacements doivent être réglés de façon à ne pas entraver la marche.

Si la retraite s'effectue le long d'une ligne d'étapes, les magasins de cette ligne sont tout indiqués pour les distributions et les denrées en surplus sont chargées sur des voitures requises marchant à la gauche des troupes ou remises à l'arrière-garde ; elles ne doivent être abandonnées qu'en cas de nécessité absolue.

La nourriture des arrière-gardes pendant la marche en retraite offre les plus grandes difficultés ; les moyens à employer ne peuvent être prévus ni réglementés et varient selon les circonstances. Cette difficulté, d'ailleurs, existe presque au même degré pour toutes les troupes. Toutes les fois que la ligne suivie ne sera pas celle des établissements eux-mêmes, il sera nécessaire de vivre exclusivement sur le pays à moins que la facilité des communications ne permette de transporter les approvisionnements sur la nouvelle route suivie.

Le personnel de ravitaillement doit précéder les troupes et chercher à ressembler le plus possible d'approvisionnements ; il recourt aux réquisitions forcées pour peu que les populations témoignent de la moindre hostilité.

Lignes d'étapes et bases de réapprovisionnement. — Le ravitaillement des troupes le long des lignes d'étapes est assuré par les magasins d'étapes. L'intendance d'armée fixe les localités où chacun d'eux doit être établi et leurs dotations tant en personnel qu'en matériel et en denrées. Ces magasins en général ne sont pas mobiles, mais ils fonctionnent selon les mêmes règles que les autres établissements de l'armée d'opérations. Outre les deux lignes ordinaires d'établissements, ils en comprennent une troisième constituée par les établissements territoriaux de l'intérieur non compris dans la zone d'action de l'armée mobilisée, lesquels dépendent directement du Ministre et dont les expéditions sont réglées par lui de concert avec l'intendance générale ; ils fonctionnent selon les règles ordinaires du temps de paix, sont situés dans les grands centres de production et de commerce et servent à réunir toutes les ressources du territoire pour les envoyer vers les dépôts centraux.

Indépendamment des approvisionnements rassemblés en vue des besoins de l'armée, il en est constitué pour les places fortes, calculés d'après la force prévue pour la défense et la durée probable de la résistance. Toutes les dispositions y relatives sont prises par le Ministre avec le concours des autorités administratives locales.

VIII. — *Service des caisses militaires.*

Les employés du ministère des finances détachés à l'armée pour le service des caisses militaires sont, à ce point de vue, sous la dépendance de l'intendance générale et des directions du commissariat d'armée ou de corps d'armée.

L'intendance générale adresse au Ministre des finances, par l'intermédiaire du Ministre de la guerre, les demandes des fonds nécessaires pour sa propre caisse, les directions de commissariat d'armée, de même pour toutes les caisses de chaque armée. Les demandes sont transmises dans la première quinzaine de chaque mois et comprennent les fonds présumés nécessaires pour le mois suivant distinctement pour chacune des caisses. De leur côté, les directions de corps d'armée adressent, le 1er et le 16 de chaque mois, à la direction d'armée un état des sommes présumées nécessaires pour leur caisse dans le courant de la quinzaine suivante.

Les fonds destinés à la caisse de l'intendance générale lui sont envoyés directement par le Ministre des finances; ceux destinés aux autres caisses sont envoyés en bloc aux caisses d'armée qui les répartiront, ou séparément à chacune des caisses de corps d'armée.

Les fonds reçus sont enfermés dans un coffre-fort à deux ou plusieurs clefs confiées aux divers contrôleurs. Ils sont réalisés: par bons du Trésor tirés par la trésorerie centrale sur les trésoreries provinciales ; par lettres de crédit du Ministre des finances tant pour l'intérieur que pour l'étranger ; par lettres de change à l'ordre des caissiers ; par lettres de change à un ou plusieurs mois de date ou à vue tirées par l'intendant général ou son chef d'état-major ou en cas d'urgence par les directeurs de commissariat d'armée, revêtues de la signature du caissier, négociables et payables dans les places du territoire ou de l'étranger fixées par le Ministre des finances ; par bons sur le Trésor à dix jours de vue émis par le Ministre des finances, négociables par l'intendance générale et les directions d'armée, et payables sur signatures du caissier et du contrôleur par la trésorerie centrale ou pour son compte par les trésoreries provinciales ; par envois matériels de fonds de la trésorerie centrale, des trésoreries provinciales ou d'une autre caisse militaire.

Toute réalisation de fonds effectuée de quelque façon que ce soit par un caissier figure toujours comme fonds reçus du Trésor et donne lieu à une quittance du caissier extraite d'un registre à matrice et à contre-matrice, au nom du trésorier central ou pour son compte de la personne qui a effectué le versement ; cette quittance est visée par le contrôleur.

La quittance fille est envoyée immédiatement au Ministre des finances par l'intendance générale ou la direction, selon le cas, après enregistrement sur un carnet. Le caissier conserve la matrice et la contre-matrice qui seront jointes par lui à son état mensuel des recettes et des payements, s'il ne s'agit pas d'un envoi matériel de fonds.

Lorsqu'il est envoyé des fonds en numéraire, un exemplaire du procès-verbal d'extraction des fonds, envoyé à la caisse militaire, sert de décharge provisoire au trésorier ; ce procès-verbal retourné, signé par le caissier, lui servira de décharge définitive avec la contre-matrice qui lui sera transmise par le convoyeur. Un deuxième exemplaire du procès-verbal est remis à ce dernier en même temps que la contre-matrice pour sa propre décharge.

Lorsque l'envoi de fonds est effectué par les soins d'une autre caisse militaire, il est procédé à l'aide d'un mandat émis par l'intendance générale ou les directions du commissariat, comme pour un payement ordinaire. Le reçu de la personne chargée d'accompagner les fonds sert de décharge provisoire au caissier envoyeur et la contre-matrice de quittance remise au convoyeur sert à ce dernier de décharge; il la fera parvenir au caissier envoyeur pour être mise à l'appui du mandat.

Payements. — Aucun payement ne peut être effectué par les caissiers militaires si ce n'est en vertu d'un mandat émis par l'intendant général, ou en son nom par les directeurs de commissariat d'armée ou de corps d'armée.

Toutes les dépenses pour le service de l'armée mobilisée sont applicables au budget de la guerre, alors même qu'elles se rapporteraient à des services dépendant d'autres ministères, ceux de la marine exceptés.

Elles sont toujours distinctes par chapitre.

Les avances de fonds nécessaires aux agents des postes pour le payement des mandats sur la poste leur sont fournies à l'aide de mandats de l'intendance générale sauf remboursement par le ministère des postes et télégraphes.

Tous les mandats de l'intendance générale et des directions du commissariat sont tirés sur le trésorier central du royaume ou pour son compte sur les caissiers militaires.

Ils ne sont considérés comme définitifs qu'après régularisation par le ministre compétent.

Tous les mandats sont établis et contresignés par les fonctionnaires chargés de ce service, puis signés par l'intendant général ou son représentant ou les directeurs du commissariat auprès desquels fonctionne la caisse militaire. Toute difficulté lors des payements doit être soumise aux signataires des mandats, et les solutions données par écrit et jointes aux mandats.

Tous les documents justificatifs y sont également joints.

Tous les mandats émis sont enregistrés sur un registre spécial.

Lorsque les mandats doivent être payés par les trésoreries de l'intérieur, ils sont transmis aux ayants droit par l'intermédiaire des intendances de finances provinciales, qui font procéder aux payements par les trésoreries après inscription sur un registre particulier dont le relevé est transmis au Trésor.

Les mandats payés sont retournés aux ordonnateurs qui les font inscrire comme payés directement par les caisses militaires.

Comptabilité courante. — Les caissiers tiennent un livre-journal de toutes leurs opérations. Tous les soirs, ils remettent à l'intendance générale ou aux directions du commissariat dont ils dépendent une note, visée par les contrôleurs, des recettes et des payements effectués. Cette note dans les corps d'armée est remise en double expédition dont une transmise immédiatement par la direction du corps d'armée à celle de l'armée.

Tous les mois, les caissiers remettent dans les mêmes conditions : l'état des payements et des recettes du mois appuyé des contre-matrices des quittances ; les relevés des mandats payés appuyés de ces mandats eux-mêmes, distincts par ministère.

L'intendance générale, après avoir vérifié et visé ces divers documents, les transmet aux ministres compétents en même temps que les quittances des fonds expédiés par la trésorerie centrale lui sont adressés.

Produits divers. — Les produits divers réalisés sont versés par les officiers et employés dans les caisses militaires sur autorisation de l'intendance générale ou des directions auprès desquelles fonctionnent les caisses. Les quittances sont transmises au Trésor comme fonds provenant de la trésorerie centrale, mais avec indication des noms des versants auxquels sont remises les contre-quittances.

Les officiers et employés qui ont effectué des versements en tiennent note de leur côté, et ces notes, appuyées des contre-quittances, sont réunies mensuellement par les directions dans un état en double original et transmises aux directions d'armée.

Toutes les directions tiennent un registre des versements effectués et les directions d'armée un registre des notes récapitulatives reçues.

Les notes et relevés sont transmis par les directions d'armée au Ministre, pour la régularisation de la trésorerie centrale.

Le produit de la vente du tabac est versé dans les caisses militaires sur ordre des intendances et directions contre remise aux versants des contre-quittances, tandis que les quittances sont envoyées au Ministre des finances. Les contre-quittances seront mises à l'appui des comptes rendus adressés par les versants aux intendances ou directions.

Les sommes reçues sont versées par compte courant à la régie des tabacs.

Les sommes provenant de l'encaissement des mandats postaux sont versées et régularisées de la même façon pour le compte de l'administration des postes.

Comptabilité générale. — Les caissiers militaires rendent compte de leur gestion au Ministre des finances lors de la démobilisation selon les instructions qu'ils en reçoivent.

IX. — *Service de l'habillement et de l'équipement.*

Chaque armée, nous l'avons vu, a un dépôt d'habillement et d'équipement près du dépôt central, un parc d'habillement et d'équipement près de l'établissement avancé.

La dotation de chacun de ces établissements est réunie par les soins du Ministre et de l'intendance générale; elle sert au réapprovisionnement des effets nécessaires aux troupes.

Chacun d'eux forme un magasin annexe du district qui a servi à sa formation lors de la mobilisation.

Les dépôts centraux n'en sont détachés qu'au moment où l'armée se porte en avant, mais ils continuent à en dépendre pour la reddition des comptes; dans ce but, un officier comptable leur est assigné dès le début comme consignataire.

Les parcs, réapprovisionnés par les dépôts, marchent avec les directions du commissariat dont ils dépendent; les effets sont enfermés dans des caisses chargées sur des voitures du train civil; le capitaine comptable consignataire de chacun d'eux est, sous les ordres des directeurs, chargé d'aller prendre les effets nécessaires au dépôt central pour se réapprovisionner et de remettre aux corps ceux qui leur sont nécessaires.

A cet effet, tous les corps adressent, le 10 et le 25 de chaque mois, à la direction d'armée une demande des quantités de chaque espèce d'objets dont il est besoin pour la quinzaine suivante. Ces demandes peuvent être adressées à toute époque en cas de besoins urgents et imprévus.

Ces diverses demandes peuvent être réduites par l'intendant d'armée; elles sont adressées ensuite à l'établissement le plus proche qui y satisfait sans avis préalable et les effets sont remis à l'officier comptable du corps ou à tout autre délégué. L'officier consignataire de l'établissement établit en double l'état des effets remis ; l'une des expéditions, signée par le recevant, sert de décharge au consignataire ; l'autre, signée par le consignataire, sert de prise en charge par le corps.

L'officier délégué, étant responsable des effets reçus, procède à leur reconnaissance ; en cas de contestation, la direction du commissariat intervient et décide. Toutefois, le délégué peut consigner ses observations à la suite du procès-verbal rapporté afin de permettre au chef de corps d'en appeler à l'intendant d'armée s'il le juge convenable. Les corps pourvoient directement par leurs propres moyens au transport des effets prélevés ou bien à l'aide de voitures de réquisition.

Les versements éventuels par les corps sont effectués dans les mêmes conditions que les prélèvements.

Les parcs sont considérés comme des annexes des dépôts ; ils dépendent donc de ces derniers pour la gestion comptable. Les uns et les autres dépendent, au point de vue de leur service spécial, des directions du commissariat correspondantes ; l'action de celles-ci s'exerce par l'envoi d'ordres d'exécution et par des vérifications ordinaires ou extraordinaires.

X. — *Service intérieur des établissements.*

Dispositions générales. — L'ouverture de chaque établissement de subsistances est constatée par procès-verbal d'un officier commissaire qui détermine la prise en charge initiale de l'officier comptable consignataire. La gestion et la responsabilité de ce dernier commencent le jour où le procès-verbal est établi ; elles ne finissent qu'au jour de la remise du service à un successeur ou de sa cessation définitive pour quelque motif que ce soit.

Les mouvements d'entrée et de sortie des denrées

constituent la charge et la décharge du consignataire et doivent toujours être justifiés par des documents authentiques, sauf ceux résultant des fabrications et changements de classification qui ne sont justifiés que par les écritures corrélatives d'entrée et de sortie.

Aucune perte ou avarie ne peut être admise en décharge sauf les cas de force majeure : vol, incendie, inondation, effondrement d'édifice, sinistre, prise par l'ennemi, abandon forcé par fait de guerre. Il en est de même pour les déperditions de liquides par évaporation ou fuite des récipients et les avaries de denrées ne résultant pas de négligence selon que les directions de commissariat en jugeront. Ces pertes et avaries devront dans tous les cas être constatées par procès-verbal d'un officier commissaire délégué de la direction qui aura dû être prévenue par le comptable aussitôt les faits accomplis. Le procès-verbal relatant les diverses circonstances est soumis à l'appréciation du directeur qui décide sans appel. Toute autre perte ou avarie est à la charge du comptable qui est tenu à remboursement envers l'Etat, sauf décision gracieuse du Ministre. Les remboursements sont dus sans préjudice des peines disciplinaires ni des poursuites judiciaires s'il y a lieu.

Les excédents constatés à la suite d'inventaires ou de vérifications sont propriété de l'Etat et doivent être pris en charge dans les écritures. Ceux provenant d'erreurs d'écritures sont rectifiés purement et simplement.

Aucune opération à charge ou à décharge effective ne peut être exécutée sans un ordre signé d'un officier commissaire sur le document justificatif et leur effet date du jour de cette signature.

Les denrées et matières sont conservées séparées dans les magasins et disposées de façon à faciliter les recensements et les vérifications.

L'autorité des officiers commissaires ne limite en

rien la responsabilité des consignataires quant à l'état de conservation et aux quantités devant exister.

Lorsqu'une opération, par suite de distribution inopinée ou de tout autre motif, doit avoir lieu en l'absence du comptable, la direction du commissariat la fait surveiller par un officier commissaire qui en dresse procès-verbal pour dégager la responsabilité du comptable.

Hors ce cas, cette responsabilité est entière et absolue et le comptable reste civilement garant, envers l'Etat, de toute perte ou avarie non justifiée survenue durant son absence ou par la faute d'un de ses subordonnés, sauf son recours contre ce dernier. Il a toutefois le droit de faire valoir sa propre justification à ce sujet s'il était absent pour une cause indépendante de sa volonté.

En cas de remise de service, il y est procédé par un officier commissaire, qui dresse procès-verbal pour constater d'une part la décharge du comptable sortant ou de ses ayants droit, et d'autre part la charge de son remplaçant. Les opérations sont effectuées en présence des deux intéressés ou de leurs représentants dûment agréés. S'il y a controverse, le procès-verbal mentionnant les observations de chacun est soumis au directeur du commissariat qui décide sans appel.

En cas de mort ou d'absence non justifiée du comptable, il est procédé sans désemparer aux mêmes opérations en présence du comptable désigné pour le remplacer et d'une personne déléguée pour le représenter.

Opérations à charge et à décharge. — Les principales opérations à charge résultent des réceptions provenant : d'autres établissements ; des fournisseurs à la suite de marchés, contrats et conventions passés par les Ministres, l'intendance générale, les intendants d'armée et les directeurs du commissariat ; des réquisitions, prises à l'ennemi et dons à l'armée ; des transformations et préparations ; des erreurs ou omissions reconnues.

Les envois d'un autre établissement sont reconnus par le comptable en présence d'un officier commissaire, d'après les indications portées sur la police d'expédition.

Les résultats de cette reconnaissance sont consignés au dos de la police ; le convoyeur signe cette reconnaissance, et l'officier commissaire comme légalisation de signature.

En cas de différences contestées par le convoyeur, il est dressé un procès-verbal, à moins que les transports n'aient été effectués par le train civil, la déclaration de l'officier commissaire suffisant alors.

Les denrées en caisses closes et intactes sont reçues sans autres formalités, sauf les liquides qui doivent toujours être reconnus et mesurés. Si des différences étaient ultérieurement signalées à l'ouverture des caisses, elles seraient constatées par procès-verbal de l'officier commissaire appelé à y assister, et l'autorité compétente serait prévenue par l'envoi d'une copie du procès-verbal.

Toutes les reconnaissances ont lieu sur le vu de la police d'expédition ; si cette dernière est égarée, un procès-verbal détaillé de réception en tient lieu.

Les réceptions en exécution de marchés, conventions ou achats sont effectuées en présence d'un officier commissaire qui, d'accord avec le comptable et sur l'avis d'experts et de vétérinaires, s'il y a lieu, constate la qualité. Il en est de même pour les réceptions par réquisitions, mais avec plus de tolérance quant à la qualité. Les dons à l'armée sont reçus sur simple procès-verbal.

Les principales opérations à décharge sont : les expéditions à d'autres établissements ; les distributions ; les pertes pour avaries ; les ventes et dons ; les fabrications et les corrections par suite d'erreurs ou d'omissions.

. Lors des expéditions, il sera autant que possible procédé au pesage et au numérotage des colis, en présence d'un officier commissionnaire ou tout au moins du transporteur : les colis portent indication de leur contenance et sont plombés ; les colis seront ensuite accompagnés par les polices d'expédition.

Les distributions aux troupes sont effectuées sur présentation de bons remis par les corps ou bureaux d'après le nombre des rations ou les quantités de denrées. Elles ont lieu généralement la veille pour le lendemain.

Aucun contre-bon n'est permis, sauf dans le cas de cessation forcée des distributions ; le contre-bon est alors visé par l'officier commissaire qui assistait aux distributions.

Les bons sont distincts pour le pain, les vivres et les fourrages, et les bons de fourrages distinguent, en outre, le foin de l'avoine.

L'officier commandé aux distributions remet au comptable les bons accompagnés d'un relevé par unité s'il y a plusieurs compagnies, escadrons ou batteries; le comptable les vise, les inscrit sur son registre et les rend à l'officier de distribution, qui s'en servira pour toucher les denrées auprès de l'officier de magasin. En cas de plaintes sur la qualité, la direction du commissariat prend les mesures nécessaires pour tenir compte à la fois de l'intérêt des troupes et de l'intérêt de l'Etat.

Les ventes ne peuvent avoir lieu que sur l'ordre des directions de commissariat d'armée ou, en cas d'urgence, des directions inférieures. Elle sont toujours faites aux prix fixés par ces mêmes directions et les opérations sont constatées par procès-verbal d'un officier du commissariat qui reçoit le produit de la vente et le verse dans la caisse de la direction du commissariat qui a ordonné la vente, sinon la dépose entre les mains du comptable de la caisse de sa direction chargée du paiement des réquisitions, en attendant le moment favorable pour le versement à qui de droit. Les directions tiennent note des ventes effectuées.

Les dons ne peuvent être reçus que sur l'ordre de l'intendant général ou, par délégation, des intendants d'armée ; ils ne peuvent être employés que sous les mêmes conditions.

Les opérations relatives aux fabrications sont effectuées sans autorisation spéciale, non plus que les corrections par suite d'erreur matérielle.

Opérations intérieures. — Ces diverses opératious sont toutes effectuées sous la responsabilité du consignataire par le personnel sous ses ordres, et dont il assure la répartition entre les divers services selon les besoins et les aptitudes, avec l'agrément de la direction du commissariat dont il dépend.

Si le comptable, en vérifiant le carnet des chefs de services intérieurs, reconnaît des erreurs, des différences et en particulier des consommations exagérées pour les fabrications, il en recherche les causes pour sa propre justification, et détermine à qui elles sont imputables.

Les comptables des magasins éventuels annexes agissent comme gestionnaires pour le compte du consignataire principal dont ils reçoivent les fonds pour les dépenses courantes, et auquel ils adressent tous les documents justificatifs.

Les transports sont assurés par les moyens spécialement accordés à chaque établissement dans ce but, et s'il est nécessaire à l'aide de voitures de réquisition. Ce dernier cas échéant, les comptables informent les directions du nombre de voitures strictement nécessaires; celles-ci y pourvoient.

S'il est nécessaire, avec l'agrément des directions, les consignataires peuvent faire accompagner les convois par un officier comptable; ils n'en restent pas moins responsables de la qualité et de la quantité, le convoyeur n'étant responsable que du nombre et de l'état des colis.

Lorsque le transport doit avoir lieu par chemin de fer, le convoyeur est muni d'une demande d'expédition à présenter au chef de station en même temps que le bulletin ou la note d'expédition.

Tous les cinq jours, le consignataire établit et remet à la direction du commissariat dont il dépend un relevé de ses opérations d'après ses registres principaux. Pour les magasins de divisions, ce relevé est établi en deux expéditions, l'une d'elles destinée à la direction de corps d'armée, l'autre à celle d'armée.

Vérifications des établissements. — Le dernier jour de chaque mois, le consignataire procède à l'arrêté de ses registres ; un officier du commissariat les vérifie et signe en même temps les pièces justificatives qu'il certifie ; il recense tout ou partie du matériel et des denrées ou matières, dont il dresse procès-verbal indicatif des irrégularités ou erreurs relevées.

A la suite de ces opérations, le consignataire établit le compte rendu de ses opérations en double original distinct par établissement et dans chacun d'eux par article du budget, lequel est transmis aux directions du commissariat et, après vérification, au Ministre par l'intermédiaire des intendances d'armée d'abord, de l'intendance générale ensuite.

Outre leurs visites journalières et leurs vérifications mensuelles, les officiers commissaires procèdent encore à des visites inopinées et à des recensements extraordinaires généraux ou partiels.

Les résultats, constatés par procès-verbaux, sont transmis de la même façon au Ministre.

Ces dernières vérifications et ces contrôles n'exonèrent pas les consignataires de la responsabilité inhérente à leur gestion ni des comptes qu'ils doivent rendre à l'administration centrale et à la Cour des comptes, selon les règles ordinaires du temps de paix ; les comptabilités qui en résultent sont établies lors de la liquidation après la fin de la guerre.

Dispositions spéciales aux sections de subsistances et de boulangerie. — Les dotations de ces divers établissements sont inscrites à la suite des régistres ordinaires de comptabilité des consignataires. Les personnels y afférents sont administrés comme des détachements du district qui a formé au début les diverses unités, et les officiers commandants rendent compte de leur administration selon les règles applicables aux détachements.

Dispositions spéciales aux établissements de l'habillemet et de l'équipement. — Les consignataires de ces établissements sont responsables des fonds et des effets qu'ils ont en consigne, selon les règles applicables aux agents des conseils d'administration des corps de troupe. Les fonds nécessaires pour les menues dépenses courantes leur sont alloués par les directions du commissariat, à l'aide d'acomptes mensuels de l'emploi desquels ils doivent justifier pour le compte du district dont les établissements constituent des annexes.

Tous les mois, ils rendent compte de leur gestion par un relevé des mouvements effectués, appuyé des demandes qui s'y rapportent. Ces pièces, transmises à la direction du commissariat, sont par elle adressées au conseil d'administration des magasins de districts correspondants, en même temps que le relevé des mêmes dépenses payées avec les fonds mensuels alloués à titre d'acomptes.

XI. — *Comptabilité des établissements.*

La comptabilité des établissements résulte des registres, des documents justificatifs et des comptes rendus tenus ou adressés par les divers consignataires.

Registres des établissements des subsistances. — Les

principaux registres tenus par les établissements des subsistances sont : le livre-maître, le registre des polices (factures) d'expédition, le registre des reçus, le registre des bons, les carnets mémoriaux et le registre de caisse. A ces registres comptables il convient d'ajouter le registre des procès-verbaux et des ordres reçus, ainsi que le registre de correspondance.

Le livre-maître sert à l'inscription des mouvements à charge et à décharge du comptable ; il diffère selon qu'il est applicable aux boulangeries ou aux autres services. Chacun d'eux est divisé en deux parties, la première concernant les denrées et leurs récipients, la seconde le matériel de dotation.

Le registre des polices d'expédition sert à prouver les envois effectués ; chacun des feuillets se divise en trois parties : matrice ou talon, police ou facture, contre-police ou accusé de réception. Les deux premières parties contiennent l'énoncé détaillé des expéditions faites, la troisième sert au destinataire pour donner reçu de l'expédition.

Les unes et les autres ne peuvent être détachées du registre avant d'avoir été signées par le comptable et visées par un officier commissaire.

Le talon est, en outre, signé par le convoyeur ou le transporteur comme document provisoire de décharge pour l'expéditeur.

La police et la contre-police sont présentées ensemble par le convoyeur ou le transporteur au destinataire qui retient la première comme pièce à charge et rend la seconde comme accusé de réception.

Le registre des reçus est un registre à matrice ; il sert pour les reçus à remettre par le consignataire aux fournisseurs ou remettants. Seuls les reçus extraits de ce registre sont valables en comptabilité. Avant de détacher les reçus du registre, ils doivent être soumis à la signature de l'officier commissaire qui tient note des réceptions. Copie de cette note est transmise mensuellement à la direction du commissariat d'armée.

Au dos des reçus, s'il y a lieu, sont consignées toutes les différences reconnues visées par l'officier commissaire.

Les comptables recevants doivent se porter en charge des quantités mentionnées sur les polices et les reçus et en décharge des quantités reconnues manquantes.

Les polices, de même que les reçus, sont toujours établies distinctement pour le pain, les vivres, les fourrages et les autres chapitres du budget.

Le registre des bons sert à l'inscription des denrées distribuées et, par suite, constitue la base des écritures correspondantes sur le registre-maître. Il se divise en deux parties : pain et vivres d'une part, fourrages d'autre part. Ce registre est tenu en double original, l'un relié, l'autre composé de feuilles détachées qui seront unies aux fascicules des bons de chaque jour.

Les bons sont inscrits au jour le jour sur l'un et l'autre de ces registres, en distinguant ceux établis en nombre de rations de ceux établis en quantités de denrées.

Chaque jour, le total, pour chaque espèce de denrées qui en résulte, est reporté sur le livre-maître au compte de chacune d'elles. Tous les totaux sont en outre reportés sur un relevé mensuel des distributions effectuées.

Les carnets mémoriaux tenus par chacun des comptables chargés d'un service spécial servent à l'inscription des mouvements journaliers effectués par eux et sont contrôlés journellement par le consignataire.

Le registre de caisse sert à l'inscription de tous les mouvements de fonds, recettes et dépenses à la charge du consignataire. Il est divisé en autant de colonnes qu'il y a d'articles du budget, et toutes les opérations tant de recette que de dépense sont inscrites dans les colonnes qui s'y rapportent.

Registres des établissements de l'habillement et de l'équipement. — Les principaux registres tenus par les consignataires de ces établissements sont :

Le registre des effets neufs, divisé en deux parties : entrées d'une part, sorties d'autre part ;

Le registre des effets en cours de durée, divisé de la même façon ;

Le registre des objets divers, également divisé en deux parties.

Comptabilité-matières. — Cette comptabilité résulte des écritures tenues par les consignataires, des inscriptions sur les registres, des documents justificatifs à l'appui et des comptes rendus périodiques.

Les écritures à charge sont passées au fur et à mesure des actes divers, procès-verbaux et autres qui s'y rapportent ; elles résultent de l'accomplissement même de ces actes.

Les entrées résultant des factures d'expédition et des reçus sont inscrites aussitôt après la signature par l'officier commissaire délégué.

Celles par suite de fabrication ou de transformations sont effectuées sans ordre particulier. Il est de même de toutes les rectifications par suite d'erreurs ou d'omissions, à moins qu'elles ne soient prescrites à la suite de vérifications ou de recensements par les officiers du commissariat, auquel cas le procès-verbal de ces derniers ordonne l'inscription correspondante.

Toutes les inscriptions à décharge, hors celles résultant des fabrications ou des transformations, doivent être ordonnées par les directions du commissariat, que cet ordre soit donné par visa sur les bons pour les distributions ou par procès-verbal pour les expéditions.

Les inscriptions à décharge sur le livre-maître résultent du relevé des bons de distributions extrait des registres correspondants. Ces bons, classés par spécialité de service et par corps, sont joints au feuillet journalier du second exemplaire des registres et sont conservés à l'appui des écritures.

Les pertes, avaries et consommations sont inscrites sur le livre-maître, d'après les conclusions du procès-verbal qui s'y rapporte.

Les denrées vendues sont inscrites au jour le jour sur le livre-maître, de même que celles employées pour les fabrications et les transformations.

Comptabilité en deniers. — Les recettes et les payements effectués par le consignataire sont inscrits sur le registre de caisse au fur et à mesure que l'opération a lieu sur le vu des documents justificatifs.

Afin de pouvoir subvenir aux dépenses à payer directement, les comptables remettent en temps utile aux directions du commissariat une demande d'avances représentant approximativement les besoins d'une quinzaine, en indiquant distinctement les nécessaires par titre du budget. Les demandes, signées par les directeurs, sont adressées par ceux-ci aux directions chargées de l'émission des mandats.

Les dépenses à faire par les comptables sont limitées aux cas suivants : achat d'apparaux et d'ustensiles que les dépôts centraux ne sont pas à même de fournir, réparations et menues dépenses d'entretien du matériel, suppléments aux ouvriers militaires des sections de subsistances et de boulangerie, paye des ouvriers civils.

Les dépenses pour achats et réparations doivent être au préalable approuvées par les directions du commissariat et justifiées ensuite par les reçus des fournisseurs.

Les menues dépenses peuvent être justifiées par une note de l'officier comptable.

Ces reçus et ces notes doivent, pour être valables, être visés par un officier commissaire lors de la vérification mensuelle des comptes.

Les suppléments de solde dus aux ouvriers militaires sont payés conformément au décret royal sur les prestations.

La paye convenue avec les ouvriers civils provisoires est décomptée par journée de travail selon les dispositions ordinaires du temps de paix.

Ces suppléments et cette paye sont réglés tous les cinq jours, à terme échu, par le consignataire et soldés sur feuille d'émargement signée par les intéressés et jointe aux comptes.

Nota. — Le présent travail a été rédigé en compulsant les principaux règlements officiels italiens.

TABLE DES MATIÈRES

IIᵉ PARTIE. — Administration militaire en temps de paix.

I. — *Administration centrale.*

II. — *Administration territoriale.*

III. — *Administration locale.*

IV. — *Administration des deniers.*

V. — *Administration des matières et des matériels.*

Paris et Limoges. — Imprimerie militaire Henri CHARLES-LAVAUZELLE.

L'armée anglaise, son histoire, son organisation actuelle, par A. GARÇON. — Volume in-32 de 128 pages, broché... » 50
   Relié toile anglaise... » 75
La marine anglaise, histoire, composition, organisation actuelle, par A. GARÇON. — Volume in-32 de 96 pages, broché... » 50
   Relié toile anglaise... » 75
L'armée italienne, son organisation actuelle, sa mobilisation. — Volume in-32 de 128 pages, broché... » 50
   Relié toile anglaise... » 75
Instruction pour les formations de guerre, l'équipement et la mobilisation de l'armée italienne. Traduction française par le capitaine SOULIÉ, du 112e de ligne (à jour jusqu'au 20 février 1890). — Volume in-8º de 708 pages, broché... 46
Règles générales pour l'emploi des trois armes dans le combat. — *Bureau du Chef d'état-major de l'armée italienne.* — Traduction française par le capitaine SOULIÉ, du 112e d'infanterie. Ouvrage orné de 3 planches hors texte et suivi d'un graphique en trois couleurs indiquant un exemple du développement normal d'une attaque exécutée par des troupes encadrées contre des troupes également encadrées. — Vol. in-8º de 72 pages, broché... 2
Instruction pour les convois alpins dans l'armée italienne, traduction française par le capitaine SOULIÉ, du 112º de ligne. — Brochure in-8º de 96 pages... 2
Règlement du 23 novembre 1888 sur le tir de l'infanterie italienne, traduit par le lieutenant JAGUIN, du 137e d'infanterie. — Volume in-32 de 160 pages, relié toile... 2·50
L'armée belge, composition, recrutement, mobilisation, écoles militaires, institut cartographique, armement, manufacture d'armes de Liège, régime intérieur, alimentation, uniformes, système défensif. — Volume in-32 de 96 pages, broché... *(épuisé)*
   Relié toile anglaise... » 75
L'armée ottomane contemporaine, par Ch. LEBRUN-RENAUD. — Vol. in-32 de 88 pages, broché... » 50
   Relié toile anglaise... » 75
L'armée des Pays-Bas, notices militaires et géographiques. (Publication de la Réunion des officiers.) — 2 volumes in-32, brochés... 1 »
   Reliés toile anglaise... 1·50
L'armée espagnole. Aperçu historique et organisation; composition de l'armée: recrutement et mobilisation; établissements militaires, comités, instruction, service intérieur, alimentation; grades et uniformes; système défensif de la Péninsule; colonies; retraites et pensions militaires. — Volume in-32 de 128 pages, broché... » 50
   Relié toile anglaise... » 75
L'Espagne et l'armée espagnole. — Brochure in-8º de 16 pages... » 50
La garde civile espagnole, traduction par E. TAILHADES, capitaine de gendarmerie. — Volume in-32 de 128 pages, broché... » 50
   Relié toile anglaise... » 75
L'armée portugaise, par A. GARÇON. — Vol. de 108 pages, broché... » 50
   Relié toile anglaise... » 75
L'armée suisse, son histoire, son organisation actuelle, par le commandant HEUMANN, O. ⚜, ancien instructeur à l'École de Saint-Cyr (2º édition). — Volume in-32 de 136 pages, broché... » 50
   Relié toile anglaise... » 75
L'armée suédoise, par le capitaine R. R***. — Vol. de 62 pages, br. » 50
   Relié toile anglaise... » 75
L'armée et la marine japonaises, par Pierre LEHAUTCOURT. — Brochure in-8º de 52 pages... 1·25

Souvenirs de Saint-Maixent, par Ch. DES ÉCORRES, préface de Théo-Critt, illustrés de nombreuses gravures dans le texte et hors texte, de Baïonnette et Astier. — Volume in-18 de 256 pages 3 50

Au pays des étapes, notes d'un légionnaire, par Ch. DES ÉCORRES. Ouvrage illustré de nombreuses gravures dans le texte et hors texte par Baïonnette. — Volume in-18 de 372 pages 3 50

Souvenirs de Saint-Cyr. *Esquisse de la vie militaire en France*, par A. TELLER, 1re année. — Volume in-18 de 252 pages .... 3 »
2e année, avec de magnifiques gravures dans le texte. — Volume in-18 de 288 pages 3 50

Péchés d'école. *Carnet d'un artilleur*, par ÉTOUPILLE. — Volume in-18 de 226 pages 3 50

Amours bizarres, par Octave DOSSOT. Nombreuses illustrations dans le texte. — Volume in-18 de 224 pages 3 50

Le lieutenant Mauclerc, par Pierre LEHAUTCOURT. — Volume in-18 de 220 pages .... 3 »

Nouvelles. — **Le curé colonel** (historique); **Dieu me juge; L'inventeur de la poudre** (Mario Montfalcone), par PAUL FÉVAL fils. — Volume in-18 de 144 pages .... 2 »

Ourida, par le cheik Si HABIL KLARIN M'TA EL CHOTT. — Volume in-18 de 316 pages 3 50

Le moulin de Lauterbourg, par Albert MONNIOT. — Volume in-18 de 244 pages .... 3 »

Madeleine Fabiane, par E. CORALYS. — Volume in-18 de 400 pages ... 4 50

Fraternité, par L. DES BOUFFIOLES. — Roman philosophique, social et militaire, couronné par la Société d'encouragement au bien. — Volume in-18 de 176 pages 2 50

La fille du lieutenant, traduit de l'anglais par G. HERBIGNAC. — Volume in-18 de 430 pages 3 50

Mi aime à vous. — Dans le Midi. — Sous les hortensias. — **Fanfreluche et Beaucousset**, par Joseph MAIRE. — Vol. in-18 de 293 pages ... 3 50

Bourse plate, par le même. — Volume in-18 de 364 pages 3 50

Madame la Préfète, par le même. — Volume in-18 de 236 pages ...... 3 »

Les voyages merveilleux de Jacques Vernot, par A. TELLER. — Volume in-18 broché de 360 pages 3 50

La langue verte du troupier, avec préface de M. Raoul BONNERY, membre de la Société des Gens de lettres. — Brochure in-18 de 92 pages ... 2 »

Les Saint-Cyriennes, poésies, par Fernand BERNARD, avec de splendides gravures dans le texte et hors texte. — Volume in-18 de 216 pages ... 3 50

Reischoffen, poésie, par Gaston ARMELIN, ayant obtenu le 1er prix au concours littéraire du Centre. — Plaquette in-8° de 16 pages .... » 50

Stances d'un volontaire, par Paul DE TOURNEFORT. Poésies patriotiques, honorées d'une souscription du ministère de la guerre. — Brochure in-8° de 36 pages .... 1 »

D'estoc et de taille, poésies patriotiques, par Georges DU LYS. — Volume in-32 de 88 pages, broché .... » 50
Relié toile anglaise .... » 75

Les fredons, poésies, par Alexandre VALLET. — Volume de 136 pages. 3 »

Intimités, sourires et larmes, poésies, par F. J. MONS, officier d'administration. — Volume vélin teinté .... 2 »

L'amour proscrit, rêves, souvenirs et impressions, poésies, par Pierre DAITONE. — Brochure in-18 de 88 pages 2 50

Chants militaires, chansons de route et refrains de bivouac, par le capitaine DU FRESNEL, officier d'académie (3e édition, revue et augmentée). — Volume in-32 de 128 pages, broché .... » 50
Relié toile anglaise .... » 75

Le catalogue général de la librairie militaire est envoyé gratuitement à toute personne qui en fait la demande.